职业教育“双高建设”规划教材
道路与桥梁工程技术专业群校企合作一体化教材

道路工程概论

主　编　才西月　金旭昌　张美娜
副主编　郑　晖　王加弟　桑海军
主　审　于国锋

本书数字资源

黄河水利出版社
·郑州·

内 容 提 要

本书为高职高专非道路桥梁专业道路工程概论课程教材，根据道路工程的特点，围绕道路设计、施工、管理等不同岗位需求，分别从道路线形组成及结构组成两个方面加以展开。全书共分为四章，主要内容包括道路基本知识认知、道路线形设计、路基设计与施工、路面设计与施工。本书主要介绍了道路的基本组成，道路平面、纵断面、横断面线形设计的基本概念、设计理论与设计方法，路基、路面设计的基本原理、主要设计指标和设计方法，以及路基、路面的材料要求、施工工艺、施工要点等。

本书可供高等职业技术院校交通土建类非道路桥梁专业教学使用，也可作为从事交通土建类的工程技术人员的培训用书或参考用书。

图书在版编目(CIP)数据

道路工程概论/才西月，金旭昌，张美娜主编. —
郑州：黄河水利出版社，2024.2
ISBN 978-7-5509-3655-3

Ⅰ.①道… Ⅱ.①才… ②金…③张… Ⅲ.①道路工程-高等职业教育-教材 Ⅳ.①U41

中国国家版本馆 CIP 数据核字(2023)第 138888 号

策划编辑：贾会珍　电话：0371-66028027　E-mail：110885539@qq.com

责任编辑	郑佩佩	责任校对	母建茹
封面设计	黄瑞宁	责任监制	常红昕
出版发行	黄河水利出版社		
	地址：河南省郑州市顺河路 49 号　邮政编码：450003		
	网址：www.yrcp.com　E-mail：hhslcbs@126.com		
	发行部电话：0371-66020550		
承印单位	河南承创印务有限公司		
开　　本	787 mm×1 092 mm　1/16		
印　　张	14.25		
字　　数	326 千字		
版次印次	2024 年 2 月第 1 版	2024 年 2 月第 1 次印刷	

定　　价　49.00 元

前 言

我国对高等职业教育要求越来越高,高职学生不仅应该具有广泛的基础知识和系统的专业知识,还应对与本专业相关的知识有一定了解,这样才能适应社会的需要。为满足越来越多的非道路桥梁专业学生学习的需要,特编写本教材。

本教材的教学目标是让学生了解道路的发展与道路工程的基本概念;熟悉道路平面、纵断面、横断面线形设计的基本概念、基本理论与基本方法;了解路基、路面设计的基本原理,熟悉主要设计指标的概念;了解路基、路面材料要求、施工工艺、施工要点等。

本教材充分考虑高职高专非道路桥梁专业学生学习的特点,在内容编排上以对道路的构造和施工技术的认识为主,兼顾一般设计知识。按照最新设计、施工技术规范进行编写,做到基本理论简明扼要,重点突出各种道路工程实用技术,主要介绍道路工程平面、纵断面、横断面设计的基本知识;路基、路面工程的构造、施工技术等。

全书为了便于学生加深对课程内容的理解和提高实际应用能力,在各章的开头均提出学习引导,并在书中安排了相当数量的插图、课件、动画和虚拟仿真内容,其中部分资源采用数字化形式,符合党的二十大精神"推进教育数字化"。

本教材编写过程中,科学融入党的二十大精神,在各章的开头设置学习目标和知识结构作为学习引导。在素质目标中,提出职业素养目标及课程思政目标,坚持育人的根本在于立德,培养德智体美劳全面发展的社会主义建设者和接班人。

本教材由辽宁省交通高等专科学校才西月制订编写大纲,辽宁省交通高等专科学校才西月、金旭昌、张美娜担任主编,辽宁省交通建设管理有限公司郑晖、辽宁省交通高等专科学校王加弟和桑海军担任副主编。具体分工如下:第一章、第二章由才西月编写,第三章由才西月、郑晖、王加弟、桑海军编写,第四章由金旭昌、张美娜编写。全书由才西月统稿。本教材由辽宁省交通高等专科学校于国锋担任主审。除编者外,为本教材提供数字资源的老师还有于国锋、关超、郭扬。

在编写过程中,参考和引用了大量有关文献资料,在此对原作者顺致谢意。

由于编者水平有限,加之时间仓促,书中难免存在错误和疏漏之处,敬请读者批评指正。

编 者

2023 年 5 月

目 录

第一章 道路基本知识认知

学习目标

【知识目标】

了解我国道路运输的发展概况；掌握道路的线形组成和结构组成；掌握道路的分类和分级。

【技能目标】

熟悉道路的基本组成；了解各个结构组成部分的主要功能；熟悉公路的分类和分级；了解各级公路的特点。

【素质目标】

具有终身学习的意识；具有专业自信；培养良好的发展眼光和国际化视野；培养社会责任意识和爱国情怀。

课件　道路基本知识认知

学习重点

道路的基本组成；公路的分类和分级。

学习难点

道路各结构组成部分的主要功能；各级公路的特点及适用条件。

知识结构

- 第一章 道路基本知识认知
  - 道路运输的特点及其发展概况
  - 道路的基本组成
    - 线形组成
    - 结构组成
  - 道路的分类、分级与技术标准
    - 道路的分类
    - 公路的分类与分级
    - 城市道路的分级与技术标准

第一节　道路运输的特点及其发展概况

一、道路运输的特点

交通运输是国民经济的基础产业之一，是联系工业和农业、城市和乡村、生产和消费的纽带，是推动社会经济全面发展和人类文明进步的“先行官”。发达完善的交通运输网络，对于提高人们的物质文化水平、增进交流起着非常重要的作用。

现代交通运输系统是由铁路、水运、航空、管道、道路五种运输方式所组成的。这些运输方式在技术上各有特点：铁路运输对于远程的大宗货物和人流运输具有明显的优势，起着主要作用；水运在通航的地区利用天然的水道或稍加整治，就能具有通过能力高、运量大、耗能省、成本低的优点；航空运输速度快，适宜快速运输旅客及贵重紧急商品货物；管道运输多用于运输液态和气态及散装物品，连续性强，运输成本低，损耗少，安全性好；道路运输机动灵活，对客货运输尤其是短距离的运输，效益比较明显。各种运输方式各自适应着一定的自然地理条件和各类运输的需要，在服从于国民经济全面发展的大局下，合理分工，协调发展，相互衔接，取长补短，形成统一的运输体系，发挥综合运输的作用。

道路运输与其他运输方式相比，主要有如下特点：

(1)机动灵活性。道路能够在需要的时间、规定的地点迅速集散货物。同时受固定设施的限制较小，可以深入到城市、工厂、矿山、边远地区和山区。

(2)直达性。道路能深入到货物集散点进行直接装卸且不需要中转，这样就可以大大节约时间和费用，减少货物损耗，对于短途运输，效益尤为显著。

(3)道路运输投资少，资金周转快，社会效益比较显著。

(4)公益性好。道路分布广，涉及面宽，开发效益良好，容易受到社会各方面的关注和支持。

(5)道路运输由于燃料贵，行业服务人员多，单位运量较少，从而导致运输成本偏高。另外，道路运输对环境污染较大，治理困难。

近几十年来，随着道路等级的不断提高及汽车性能的不断改善，再加上高新技术在道路运输中的广泛应用，使得道路运输越来越快捷、安全、舒适、方便，道路在国民经济和社会生活中的地位日益提高，道路运输已成为各国广泛采用的一种主要的运输方式。

二、道路发展概况

(一)道路发展简史

道路的名称源于周代，“周道如砥，其直如矢”，表明当时道路发展的盛况。周代在道路交通管理和养护方面也颇有成就。例如：“用礼”中规定“雨毕而除道，水涸而成梁”，意即雨后修整道路，枯水季节修理桥梁。

秦始皇统一六国后，十分重视道路交通，大修驰道，颁布了“车同轨”政令，修筑了以咸阳为中心，向各方辐射的国道网。

唐代国家强盛，疆土辽阔，道路发展至有驿道五万里，每三十里设一驿站，驿制规模宏大，并在城市建设中规划了“棋盘式”道路网。

20 世纪初(1902 年)汽车输入我国，公路才随之发展起来。1913 年在湖南长沙至湘潭修筑了我国的第一条公路，全长约 45 km。至 1949 年底，全国公路通车里程仅有 7.8 万 km，而且分布极不均匀。

中华人民共和国成立以后，为了迅速恢复和发展国民经济，巩固国防，国家对公路建设作了很大努力，取得了显著的成就。第一个五年计划期间(1953—1957 年)，我国完成了重要的公路干线——青藏、康藏、青新、川黔、昆洛等公路的建设，全国公路里程达 30 万 km。尤其是改革开放后，公路建设迅速发展，公路质量明显提高。同时，一大批公路科技成果得到了推广应用，新技术、新设备、新工艺和新材料的综合运用，基本上改变了公路勘测、设计、施工、养护和管理的落后面貌。

为适应国民经济发展的需求，公路建设应有与之相适应的公路规划。国务院批准的《国家公路网规划(2013—2030 年)》中指出，我国的公路网络要形成布局合理、功能完善、覆盖广泛、安全可靠的国家干线公路网络，实现首都辐射省会、省际多路连通、地市高速通达、县县国道覆盖。其中，普通国道全面连接县级及以上行政区、交通枢纽、边境口岸和国防设施；国家高速公路全面连接地级行政中心，城镇人口超过 20 万的中等及以上城市，重要交通枢纽和重要边境口岸。

(二)我国的高速公路发展

1988 年，上海至嘉定高速公路建成通车，结束了我国没有高速公路的历史；1990 年，被誉为“神州第一路”的沈大高速公路全线建成通车，标志着我国高速公路发展进入了一个新的时代；1993 年京津塘高速公路的建成，使我国拥有了第一条利用世界银行贷款建设的、跨省市的高速公路。为了集中力量、突出重点，加快我国高速公路的发展，1992 年，交通部(现改为交通运输部)制定了“五纵七横”国道主干线规划并付诸实施，从而为我国高速公路持续、快速、健康发展奠定了基础。由 5 条南北纵线和 7 条东西横线组成的“五纵七横”国道主干线总里程约 3.5 万 km，全部是二级以上的高等级公路，其中高速公路约占总里程的 76%，连接了全国所有人口在 100 万人以上的特大城市和 93% 的人口在 50 万人以上的大城市，于 2007 年底全线贯通。

视频 1-1　雅(安)康(定)高速

到 1997 年底，我国高速公路通车里程达到 4 771 km，10 年间年均增长 477 km。相继建成了沈大、京津塘、成渝、济青等一批具有重要意义的高速公路，突破了高速公路建设的多项重大技术“瓶颈”，积累了设计、施工、监理和运营等建设和管理全过程的经验，为 1998 年后的快速发展奠定了基础。

《国家公路网规划(2013—2030 年)》中高速公路采用放射线与纵横网格相结合的布局方案，形成由中心城市向外放射及横贯东西、纵贯南北的大通道，由 7 条首都放射线、11 条南北纵向线和 18 条东西横向线组成，简称为“71118”国家高速公路网，总规模约 13.6 万 km。

首都放射线 7 条：北京—哈尔滨、北京—上海、北京—台北、北京—港澳、北京—昆明、北京—拉萨、北京—乌鲁木齐。

南北纵向线 11 条：鹤岗—大连、沈阳—海口、长春—深圳、济南—广州、大庆—广州、二连浩特—广州、呼和浩特—北海、包头—茂名、银川—百色、兰州—海口、银川—昆明。

东西横向线18条:绥芬河—满洲里、珲春—乌兰浩特、丹东—锡林浩特、荣成—乌海、青岛—银川、青岛—兰州、连云港—霍尔果斯、南京—洛阳、上海—西安、上海—成都、上海—重庆、杭州—瑞丽、上海—昆明、福州—银川、泉州—南宁、厦门—成都、汕头—昆明、广州—昆明。

此外,规划方案还包括:辽中地区环线、杭州湾地区环线、成渝地区环线、珠江三角洲地区环线、首都地区环线、海南地区环线,共6条地区性环线,以及12条都市圈环线、30条城市绕城环线、31条并行线、163条联络线。

目前,我国高速公路通车里程已居世界第一,以国家高速公路为主体的高速公路网络已经覆盖了98.8%的城区人口20万人以上城市及地级行政中心,连接了全国约88%的县级行政区和约95%的人口。我国高速公路下一步的发展,是在保持国家高速公路网络布局和框架总体稳定的基础上,优化部分路线走向,避让生态保护区域和环境敏感区域;补充连接城区人口10万人以上市县、重要陆路边境口岸;以国家综合立体交通网主骨架为重点,强化城市群及重点城市间的通道能力;补强城市群内部城际通道、临边快速通道,增设都市圈环线,增加提高路网效率和韧性的部分路线。

第二节　道路的基本组成

道路是布置在大地表面供各种车辆行驶的一种三维空间的线形带状结构物,由线形和结构两部分组成,因此道路设计就有线形设计和结构设计两大部分。

一、线形组成

道路受到自然条件的制约,在平面上有转折、纵面上有起伏。在转折点和起伏变化点处为满足车辆行驶的顺适、安全和行驶速度的要求,道路就需要进行线形组合设计。

一般所说的路线,是指道路中线的空间位置,如图1-1所示。道路中线在水平面上的投影叫路线平面;用一个曲线沿道路中线竖直剖切,再展开成平面的图示叫纵断面(纵面);沿道路中线任一点(即中桩)作的法向剖切面叫横断面(横面)。

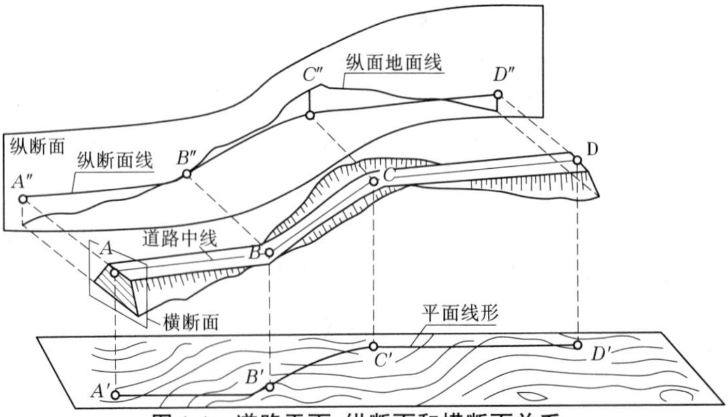

图1-1　道路平面、纵断面和横断面关系

二、结构组成

道路是交通运输的建筑结构物，它不仅承受荷载的作用，而且受着自然条件的影响，其结构组成主要包括：路基、路面、桥涵、防护工程（挡土墙、护坡、护栏等）、特殊构造物及交通服务设施。

（一）路面

路面是用各种筑路材料铺筑在路基上直接承受车辆荷载的层状构造物，即供汽车安全、迅速、经济、舒适行驶的公路表面部分，又称行车道，如图 1-2 所示。路面应具有足够的强度和稳定性，尚应达到平整、抗滑和无尘等要求。路面的类型主要有沥青混凝土、水泥混凝土、沥青贯入、沥青碎石、沥青表面处治和砂石路面。按其力学性质可分为柔性路面和刚性路面两大类。常用材料有沥青、水泥、碎（砾）石、砂、黏土等。

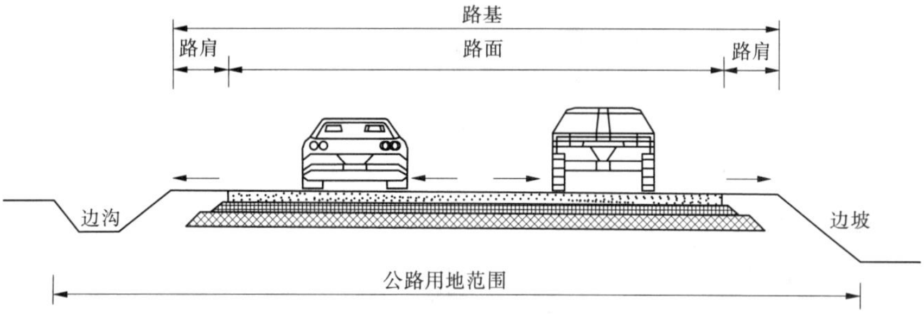

图 1-2　路面和路基

（二）路基

路基是按照路线位置和一定技术要求修筑的作为路面基础的带状构造物，承受由路面传来的行车荷载。通常包括路槽（供铺筑路面的浅槽）、路肩、边坡、边沟等组成部分，如图 1-2 所示。路基是用当地土石填筑或在原地挖筑而成的，既要有足够的强度和稳定性，还要经济合理。通常路基可分为路堤、路堑、半填半挖路基三种基本形式，如图 1-3 所示。路堤即高于原地面的填方路基；路堑即低于原地面的挖方路基；在一个横断面内部分为填方、部分为挖方的称半填半挖路基。

（三）桥涵

桥涵为公路跨越河流、山谷等障碍物而修建的构造物，其中单孔跨径大于 5 m 的称为桥梁，单孔跨径小于 5 m 的称为涵洞。桥梁、涵洞统称为桥涵，如图 1-4 所示。

（四）排水系统

为了确保路基稳定，避免受水的侵蚀，公路还应修建排水系统。公路排水系统按其排水方向分有纵向排水系统和横向排水系统。

纵向排水系统常见的有：边沟（见图 1-5）、截水沟（见图 1-6）、排水沟等。

(a)路堤

(b)路堑

(c)半填半挖路基

图 1-3　路基横断面形式

(a)桥梁

(b)涵洞

图 1-4　桥梁和涵洞

图 1-5　边沟

图 1-6　截水沟

横向排水系统常见的有:路拱、桥涵、透水路堤、过水路面等。

公路排水系统按其排水位置不同可分为地面排水和地下排水。地面排水主要是排除危害路基的雨水、积水及外来水等地面水;地下排水系统主要是排除地下水和其他需要通过地下排除的水。

(五)防护工程

防护工程是为保证路基稳定或行车安全所修筑的工程设施,如挡土墙(见图 1-7)、护坡(见图 1-8)、护栏等。

图 1-7　挡土墙

图 1-8　护坡

(六)特殊构造物

例如:隧道是穿越山岭,为改善线形、缩短路线长度所修筑的山洞。半山桥(洞)是山区路基悬出一半所修筑的桥梁或所开挖的部分路宽的山洞,如图 1-9 所示。悬出路台,是在悬崖峭壁上所修筑的悬臂式构造物。

(七)交通服务设施

(1)照明设施:如灯柱、弯道反光镜等。

(2)交通标志:使驾驶员知道前面路段的情况和特点,有下列四类。

警告标志:指明前面有行车障碍物和行车危险的地点,促使驾驶员集中注意力。

禁令标志:指明各种必要遵守的交通限制,如车速限制、不准停车等。

指示标志:指示驾驶员行驶的方向、里程等。

指路标志:表示行政区划分界、地名、预告出入口等。

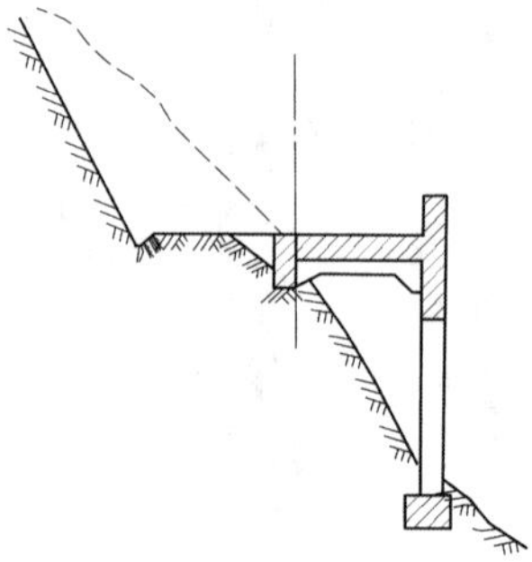

图 1-9　半山桥

(3)服务设施：如加油站、汽车站、养路站、食宿站等。

(4)植树绿化与美化工程：是美化公路环境的必要组成部分，它为公路使用者提供一个安全、舒适的行车环境。环境绿化有利于净化空气、舒畅人们的心情，且可提高行车的安全。

第三节　道路的分类、分级与技术标准

一、道路的分类

道路是供各种车辆(无轨)和行人等通行的工程设施。按其使用特点分为公路、城市道路、厂矿道路、林区道路及乡村道路等。

(一)公路

公路是指连接城市、乡村和工矿基地等，主要供汽车行驶，具备一定技术和设施的道路。公路按其重要性和使用性质又可划分为：国家干线公路(简称国道)、省级干线公路(简称省道)、县级公路(简称县道)、乡道及专用公路等。

国道是指在国家干线网中，具有全国性的政治、经济、国防意义，并经确定为国家干线的公路。

省道是指在省公路网中，具有全省性的政治、经济、国防意义，并经确定为省级干线的公路。

县道是指具有全县性的政治、经济意义，并经确定为县级的公路。

乡道是指连接乡与乡之间及乡与外部联络的公路，该类公路一般技术标准较低，主要解决通达的问题。

专用公路是指由工矿、农林等部门投资修建，主要供部门使用的公路。

在城市、厂矿、林区、港口等内部的道路，都不属于公路范畴，但穿过小城镇的路段仍属公路。全国公路网组成体系如图 1-10 所示。

(二)城市道路

城市范围内，供车辆及行人通行的，具备一定技术条件和设施的道路叫城市道路。

城市道路的功能除把城市各部分联系起来，为城市提供各种交通服务外，还起着形成

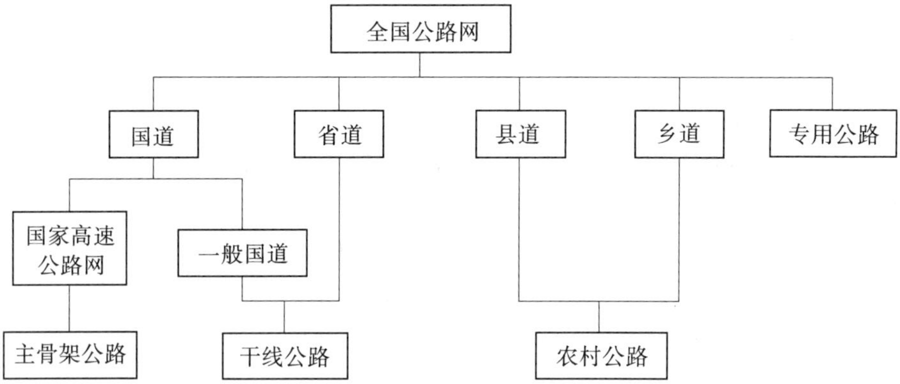

图 1-10　全国公路网组成体系

城市结构布局的骨架,提供通风、采光,保持城市生活环境空间及为防火、绿化提供场地的作用。

(三)厂矿道路

厂矿道路是指主要为工厂、矿山运输车辆通行的道路。通常分为厂内道路和厂外道路及露天矿山道路。厂外道路为厂矿企业与国家公路、城市道路、车站、港口相衔接的道路或厂矿企业分散的车间、居住区之间连接的道路。

(四)林区道路

林区道路是指修建在林区,主要供各种林业运输工具通行的道路。由于林区地形及运输木材的特征,其技术要求应按专门制定的林区道路工程技术标准执行。

(五)乡村道路

乡村道路是指修建在乡村、农场,主要供行人及各种农业运输工具通行的道路。由于乡村道路主要为农业生产服务,一般不列入国家公路等级标准。

各类道路由于其位置、交通性质及功能均不相同,在设计时其依据、标准及具体要求也不相同,要特别注意。

二、公路的分类与分级

(一)公路的分类

《公路工程技术标准》(JTG B01—2014)中,公路按照交通功能分为干线公路、集散公路和支线公路三类。干线公路细分为主要干线公路和次要干线公路,集散公路细分为主要集散公路与次要集散公路。

1. 主要干线公路

(1)连接 20 万人口以上的大中城市、交通枢纽、重要对外口岸和军事战略要地。

(2)提供省际间及大中城市间长距离、大容量、高速度的交通服务。

2. 次要干线公路

(1)连接 10 万人口以上的城市和区域性经济中心。

(2)提供区域内或省域内中长距离、较高容量和较高速度的交通服务。

3. 主要集散公路

(1)连接5万人口以上的县(市)、主要工农业生产基地、重要经济开发区、旅游名胜区和商品集散地。

(2)提供中等距离、中等容量及中等速度的交通服务。

(3)与干线公路衔接,使所有的县(市)都在干线公路的合适距离之内。

4. 次要集散公路

(1)连接1万人口以上的县(市)、大的乡镇和其他交通发生地。

(2)提供较短距离、较小容量、较低速度的交通服务。

(3)衔接干线公路、主要集散公路与支线公路,疏散干线公路交通、汇集支线公路交通。

5. 支线公路

(1)以服务功能为主,直接与用路者的出行源点相衔接。

(2)衔接集散公路,为地区出行提供接入与通达服务。

公路功能分类指标包括区域层次、路网连续性、交通流特性和公路自身特性等定性和定量指标。不同地区经济发展水平与地形、地貌差异直接影响到分类指标的选取。

(二)公路的分级

《公路工程技术标准》(JTG B01—2014)中,公路根据功能和适应的交通量分为高速公路、一级公路、二级公路、三级公路、四级公路五个等级。

(1)高速公路为专供汽车分向、分车道行驶,全部控制出入的多车道公路。高速公路的年平均日设计交通量宜在15 000辆小客车以上。

(2)一级公路为供汽车分向、分车道行驶,可根据需要控制出入的多车道公路。一级公路的年平均日设计交通量宜在15 000辆小客车以上。

(3)二级公路为供汽车行驶的双车道公路。二级公路的年平均日设计交通量宜为5 000~15 000辆小客车。

(4)三级公路为供汽车、非汽车交通混合行驶的双车道公路。三级公路的年平均日设计交通量宜为2 000~6 000辆小客车。

(5)四级公路为供汽车、非汽车交通混合行驶的双车道或单车道公路。双车道四级公路的年平均日设计交通量宜在2 000辆小客车以下;单车道四级公路的年平均日设计交通量宜在400辆小客车以下。

(三)公路等级的选用

选用技术等级时,应首先根据公路网规划、地区特点、公路的交通特性等因素确定公路功能,然后根据公路功能结合交通量论证选用公路等级。公路功能是指公路在路网中为车辆出行提供畅通直达、汇集疏散和出入通达的交通服务能力。主要干线公路和次要干线公路具有畅通直达的功能,主要集散公路和次要集散公路具有汇集疏散的功能,支线公路具有出入通达的功能。

公路技术等级选用应遵循下列原则:

(1)公路技术等级选用应根据路网规划、公路功能,并结合交通量论证确定。

(2)主要干线公路应选用高速公路。

(3)次要干线公路应选用二级及二级以上公路。

(4)主要集散公路宜选用一级、二级公路。

(5)次要集散公路宜选用二级、三级公路

(6)支线公路宜选用三级、四级公路。

(四)公路的技术标准

公路的技术标准是指公路路线和构造物的设计与施工在技术性能、几何形状和尺寸、结构组成上的具体尺寸和要求,将这些要求用指标和条文的形式确定下来即形成公路工程的技术标准。它反映了我国公路建设的技术方针,是公路设计和施工的基本依据与必须遵守的准则。各级公路的主要技术指标汇总参见表1-1。

表1-1　各级公路主要技术指标汇总简表

公路等级	高速公路			一级公路			二级公路		三级公路		四级公路	
设计速度/(km/h)	120	100	80	100	80	60	80	60	40	30	30	20
车道数	≥4						2	2	2	2	2或1	
车道宽度/m	3.75	3.75	3.75	3.75	3.75	3.50	3.75	3.50	3.50	3.25	3.25	3.00
圆曲线最小半径/m	570	360	220	360	220	115	220	115	60	30	30	15
停车视距/m	210	160	110	160	110	75	110	75	40	30	30	20
最大纵坡/%	3	4	5	4	5	6	5	6	7	8	8	9
汽车荷载	公路—Ⅰ级								公路—Ⅱ级			

注:本表仅为简单汇总,所列各项指标应按有关条文规定选用。

三、城市道路的分级与技术标准

城市道路按道路在道路网中的地位、交通功能及对沿线的服务功能等,分为快速路、主干路、次干路和支路四个等级,并应符合下列规定:

(1)快速路应中央分隔、全部控制出入、控制出入口间距及形式,应实现交通连续通行,单向设置不应少于两条车道,并应设有配套的交通安全与管理设施。

快速路两侧不应设置吸引大量车流、人流的公共建筑物的出入口。

(2)主干路应连接城市各主要分区,应以交通功能为主。

主干路两侧不宜设置吸引大量车流、人流的公共建筑物的出入口。

(3)次干路应与主干路结合组成干路网,应以集散交通的功能为主,兼有服务功能。

(4)支路宜与次干路和居住区、工业区、交通设施等内部道路相连接,应解决局部地区交通,以服务功能为主。

各级城市道路的技术指标参见后面的内容。

本章小结

道路是供各种车辆和行人等通行的工程设施，是布置在大地表面供各种车辆行驶的一种三维空间的线形带状结构物。道路中线的空间位置是由平面、纵断面和横断面共同组成的，称为线形组成；同时道路在结构上是由路基、路面、桥涵、防护工程（挡土墙、护坡、护栏等）、特殊构造物及交通服务设施等共同组成的。道路按其使用特点分为公路、城市道路、厂矿道路、林区道路及乡村道路等。公路根据功能和适应的交通量分为高速公路、一级公路、二级公路、三级公路、四级公路五个等级。城市道路按道路在道路网中的地位、交通功能及对沿线的服务功能等，分为快速路、主干路、次干路和支路四个等级。

复习思考题

1. 简述道路运输的特点。
2.《国家公路网规划（2013—2030 年）》中的“71118”国家高速网的含义是什么？
3. 简述道路的基本组成。
4. 道路的分类有哪些？
5. 我国是如何对公路和城市道路进行分级的？
6. 公路技术等级选用应遵循的原则是什么？

第二章　道路线形设计

学习目标

【知识目标】

掌握道路平面设计方法；掌握道路纵断面设计方法；掌握道路横断面设计方法；认识道路交叉设计的要点。

课件　道路线形设计

【技能目标】

能够进行道路平面设计与计算；能够进行道路纵断面设计与计算；能够进行道路横断面设计与计算；认识道路平面交叉与立体交叉的各种形式。

虚拟仿真　路线设计计算

【素质目标】

具有终身学习的意识；具备独立思考的意识、能力、习惯；培养对问题的分析、归纳、总结能力；培养良好的科学思维能力；培养社会责任意识和爱国情怀。

学习重点

平面直线、圆曲线和缓和曲线设计；纵断面纵坡、竖曲线设计；横断面超高、加宽设计；道路平面交叉和立体交叉的类型。

学习难点

缓和曲线设计计算；竖曲线设计计算；超高的设计计算。

知识结构

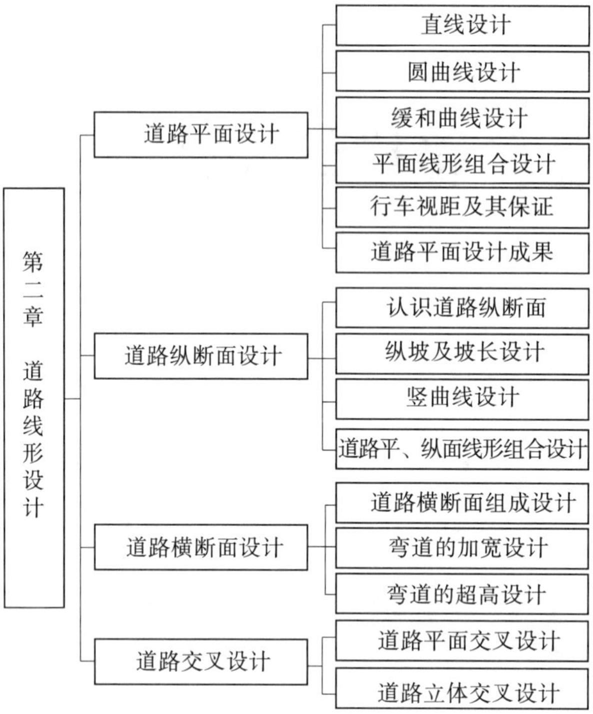

第一节 道路平面设计

视频 2-1 道路设计过程视频演示

道路是一个三维空间的实体。它的中线是一条空间曲线，中线在水平面上的投影称为路线的平面。

公路的平面线形，由于其位置受社会经济、自然地理和技术条件等因素的制约，公路从起点到终点在平面上不可能是一条直线，而是由许多直线段和曲线段组合而成的。现代的道路是供汽车行驶的，在路线的平面设计中，只有当平面线形与汽车的行驶轨迹相符合或相接近时，才能保证汽车的顺适与安全。行驶中的汽车其导向轮旋转面与车身纵轴之间有三种关系：角度为零，角度为常数，角度为变数。与上述状态对应的行驶轨迹为：曲率半径为无穷大的线形——直线；曲率半径为常数的线形——圆曲线；曲率半径为变数的线形——缓和曲线。三种线形在透视图中的形状如图 2-1 所示。道路平面线形正是由上述三种线形，即直线、圆曲线和缓和曲线构成的，称为“平面线形三要素”。其中，圆曲线和缓和曲线统称为平曲线。在低速道路上，为简化设计，也可以只使用直线和圆曲线两种要素。这说明三要素是基本组成，各要素所占比例及使用频率并无规定。各要素使用合理、配置得当，均可满足汽车行驶要求。至于它们的参数，则要视地形情况和人的视觉、心理、道路技术等级等条件来确定。

一、直线设计

在公路建设中，直线是最常用的线形要素之一。在平原地区，直线作为主要线形要素

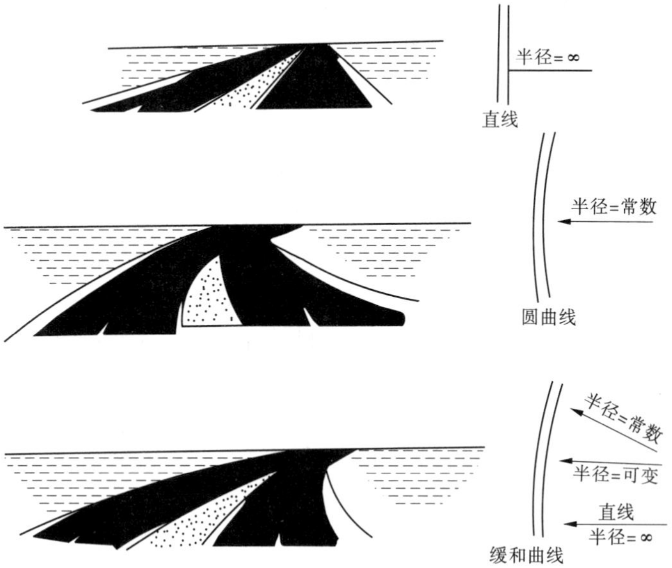

图 2-1　直线、圆曲线、缓和曲线三种线形要素的比较

是适宜的。因为汽车在行驶中司机的视线较好，不需要改变行驶方向，而且直线具有距离最短、线形最易选定的优点。但是，过长的直线容易造成行车的单调，容易使驾驶员疲劳，往往出现过高的车速，交通事故发生率较高。因此，设计上要避免使用过长的直线，并注意直线的设置要与地形、地物和环境相适应。

在下述地区或路段上可考虑采用直线线形：

(1)路线完全不受地形、地物限制的平坦地区或山间的宽阔河谷地带。

(2)城镇及其近郊公路，或以直线为主体进行规划的地区。

(3)长大桥梁、隧道等构造物路段。

(4)路线交叉点前后。

(5)双车道公路提供超车的路段。

在公路平面线形设计时，一般应根据路线所处地带的地形、地物条件，驾驶员的视觉、心理感受及保证行车安全等因素，合理地布设直线路段，对直线的最大长度与最小长度应有所限制。

(一)直线的最大长度

从理论上讲，合理的直线长度应根据驾驶员的心理反应和视觉效果来确定，但目前这一问题尚在研究之中。有些国家在长直线的运用上有条件地加以限制。像日本这样的多山国家，高速公路平面线形以曲线为主，如日本、德国规定直线最大长度不宜超过设计速度的 20 倍；美国规定线形应尽可能直捷，但应与地形一致；俄罗斯对直线的运用未作规定，且部分类似于高速公路的快速干道则不封闭，但都采用宽中央分隔带改善路容，设置低路堤、缓边坡以增加高速行车的安全度。

我国地域辽阔，地形变化万千，对直线长度很难作出统一的规定，加之在混合交通的公路上，超车、会车、错车及避让非机动车和行人的机会甚多，驾驶员的感觉与国外大不相同。因此，我国《公路工程技术标准》（JTG B01—2014）和《公路路线设计规范》（JTG D20—2017）中均未对直线的最大长度规定具体的数值。在实际工作中，设计人员可根据地形、地物、自然景观及经验等来判断和决定直线的最大长度。既不强求长直线，也不硬性设置不必要的曲线。

一般长大桥（包括高架桥）、隧道及其接线路段，考虑到施工的方便、经济合理等因素，线形以直线为好；即便不得已而采用了长直线，为弥补景观上的单调缺陷，可结合沿线情况采取相应的技术措施予以改善。

当不得已而采用了长直线时，应注意其对应的纵坡不宜过大；若两侧地形过于空旷，宜采取种植不同树种或设置一定建筑物等技术措施予以改善；定线时应注意把能引起兴趣的自然风景或建筑物纳入驾驶员的视线范围之内。在长直线尽头设置的平曲线，除曲线半径、超高、视距等必须符合规定要求外，还必须采取设置标志、增大路面抗滑能力等安全保护措施，以确保行车安全。

（二）直线的最小长度

1. 同向曲线间的直线最小长度

同向曲线是指两个转向相同的相邻曲线之间连以直线而形成的平面线形，如图 2-2 所示。其中间的直线长度是指前一曲线的终点到后一曲线的起点之间的距离。当此直线很短时，在视觉上容易形成直线与两端曲线构成反弯的错觉，当直线过短甚至把两个曲线看成是一个曲线，破坏了线形的连续性，形成所谓的“断背曲线”，如图 2-3 所示，易造成驾驶操作失误。因此，《公路路线设计规范》（JTG D20—2017）规定：当设计速度≥60 km/h 时，同向曲线间的直线最小长度（以 m 计）以不小于设计速度（以 km/h 计）的 6 倍为宜。

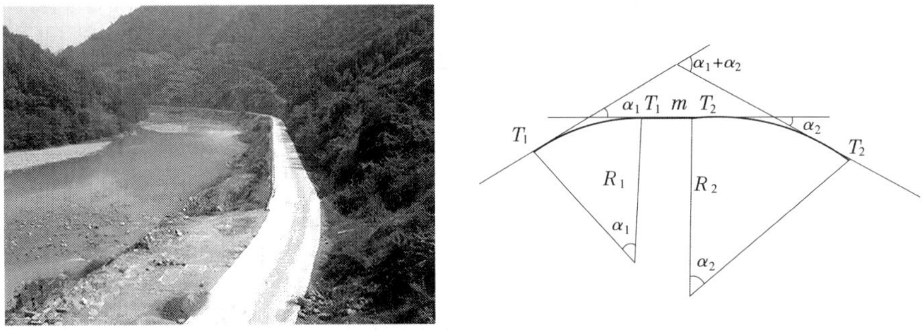

图 2-2　同向曲线

2. 反向曲线间的直线最小长度

反向曲线是指两个转向相反的相邻曲线之间连以直线所形成的平面线形，如图 2-4 所示。由于两弯道转弯方向相反，考虑到其超高和加宽缓和的需要，以及驾驶人员操作的方便，其间的直线最小长度应予限制。《公路路线设计规范》（JTG D20—2017）规定：当设计速度≥60 km/h 时，反向曲线间直线最小长度（以 m 计）以不小于设计速度（以 km/h 计）的 2 倍为宜。当两反向曲线已设置有缓和曲线时，在受限制的地点也可将两反向缓和曲线首尾相连，但被连接的两缓和曲线和圆曲线宜满足一定的条件。

当设计速度≤40 km/h 时，可参照上述规定执行。

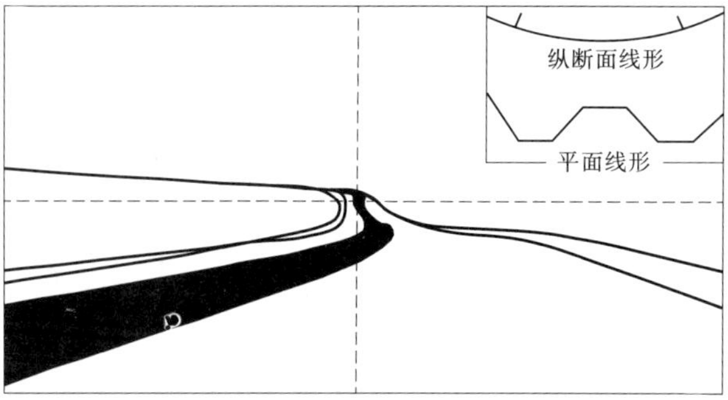

图 2-3　同向曲线间插入短直线

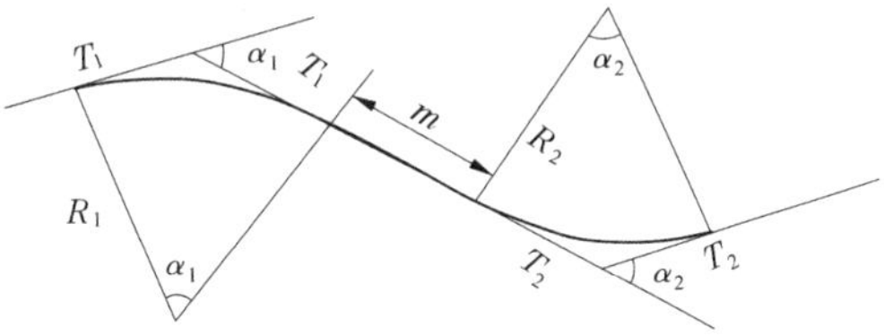

图 2-4　反向曲线

二、圆曲线设计

圆曲线是公路线形设计中最常采用也是最简单的曲线要素之一，在路线改变方向的转折处（交点处），往往可插入与两端直线相切的圆曲线来实现路线方向的改变。按照地形平面或立体的不同形态及大小，选用适当的圆曲线远比直线更能表达地形的实际情况。

（一）圆曲线半径及其选择

圆曲线是平面线形设计中经常采用的线形要素之一，《公路路线设计规范》（JTG D20—2017）规定：各级公路不论转角大小均应设置圆曲线。圆曲线的技术标准主要是曲线半径大小。半径是圆曲线的重要参数，半径一旦确定，圆的大小和曲率也就完全确定了。圆曲线的半径是以汽车在曲线部分能安全而又顺利地行驶所需要的条件而确定的。

对汽车转弯时的横向稳定性进行分析可知，汽车在平曲线上行驶时，除受到重力外，还受到离心力的影响。汽车在侧向力的作用下，当车轮的侧向反作用力达到附着力时，汽车将沿着侧向力的作用方向滑移；侧向力同时还将引起左右车轮法向反作用力的改变，当一侧车轮上的法向反作用力变为零时，汽车将发生侧向翻车。

下面对汽车在曲线上行驶所产生的横向力进行分析，如图 2-5 所示为汽车在曲线上行驶的受力情况。

则横向力 Y 为：

$$Y = C\cos\alpha \pm G_a \sin\alpha$$

其中，α 很小，$\cos\alpha \approx 1$，$\sin\alpha \approx \tan\alpha = i_0$。

所以

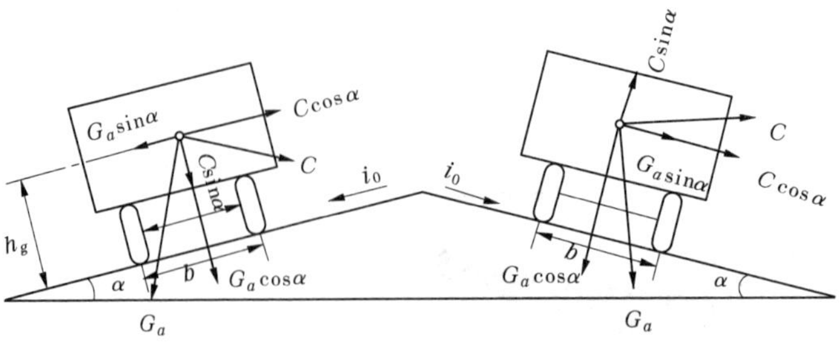

G_a—汽车总重(N);h_g—汽车重心高度(m);α—道路横向坡度角(°);

C—离心力(N);b—汽车轮距(m);i_0—路拱横坡度。

图 2-5 汽车在曲线上行驶的横向力

$$Y = C \pm G_a i_0$$

式中 "+"——路拱双坡外侧;

"-"——路拱双坡内侧。

离心力:

$$C = m\frac{v^2}{R} = \frac{G_a v^2}{gR}$$

式中 R——平曲线半径,m;

v——汽车行驶速度,m/s。

$$Y = \frac{G_a v^2}{gR} \pm G_a i_0 \tag{2-1}$$

横向力 Y 是汽车行驶的不稳定因素,就横向力而言,只从其值的大小无法反映不同重量汽车的稳定程度。例如:5 kN 的横向力若作用在小汽车上,可能使其产生横向倾覆的危险,而作用在重型载重汽车上则可能是安全的。于是采用横向力系数 μ 来衡量稳定性程度,其意义为单位车重的横向力,即

$$\mu = \frac{Y}{G_a} = \frac{v^2}{gR} \pm i_0 \tag{2-2}$$

由式(2-2)可知,平曲线半径 R 必须满足下式的要求:

$$R = \frac{v^2}{g(\mu \pm i_0)}$$

当车速以 V(km/h)代替 v (m/s)时,则:

$$R = \frac{V^2}{127(\mu \pm i_0)} \tag{2-3}$$

式中 V——各级公路的设计速度,km/h。

为了减小或消除汽车向外滑移,我们一般将路面外侧抬高,使之向内侧倾斜,这种倾斜称为设置超高,如图 2-6 所示,其倾斜度的大小用超高横坡度(i_c)表示。

设计超高后:

$$R = \frac{V^2}{127(\mu + i_c)} \tag{2-4}$$

图 2-6　设置超高的平曲线

设计超高后,当向内倾斜的角度过大时,会使汽车向内产生滑移。所以,为了保证在平曲线上行车的安全,必须根据汽车、平曲线及路面的具体情况,采取相应的超高横坡度,以求得行驶中力系的平衡。

最大超高横坡度应符合下列规定:

(1)一般地区,圆曲线最大超高应采用 8%。

(2)积雪冰冻地区,最大超高值应采用 6%。

(3)以通行中、小型客车为主的高速公路和一级公路,最大超高可采用 10%。

(4)城镇区域公路,最大超高值可采用 4%。

横向力系数 μ 值的选用不仅要考虑汽车在弯道上行驶的力学稳定性要求,而且须考虑乘客的舒适性及汽车燃料和轮胎的消耗等因素。

汽车在弯道上行驶的稳定性,主要是指汽车的横向抗滑稳定,即保证汽车不会在没有超高的斜面上产生横向滑移。抗滑稳定性取决于路面的潮湿程度、车速及路面类型等,尤其与路面的潮湿程度关系最大。

根据试验分析,当 $\mu=0.15\sim0.16$ 时,可保证汽车在潮湿的公路上以较高的速度安全行驶;而按 $\mu=0.07$ 设计的弯道,在路面结冰的情况下,汽车也能安全行驶。

μ 值不同,汽车在弯道上行驶时乘客的感觉也不同。根据试验得知,μ 值对乘客的感觉有如下影响:

(1)当 $\mu<0.10$ 时,乘客不感到有曲线存在,很平稳。

(2)当 $\mu=0.15$ 时,乘客略感到有曲线存在,但尚平稳。

(3)当 $\mu=0.20$ 时,乘客已感到有曲线存在,略感到不平稳。

(4)当 $\mu=0.35$ 时,乘客感到有曲线存在,已感到不平稳。

(5)当 $\mu>0.40$ 时,转弯时已非常不稳定,人站不住,有倾倒的危险。

由此可见,从乘客的舒适性要求出发,μ 值最好不超过 0.10,最大也应不超过 0.15~0.20。

μ 值不同,汽车燃料和轮胎的消耗也不同。已有研究资料表明,曲线上行车的燃料和轮胎消耗量要比直线行车大,而且:

当 $\mu=0.10$ 时,燃料消耗增加 10%,轮胎磨耗增加 1.2 倍;

当 $\mu=0.15$ 时,燃料消耗增加 15%,轮胎磨耗增加 2 倍;

当 $\mu=0.20$ 时,燃料消耗增加 20%,轮胎磨耗增加 2.9 倍。

一般情况下,公路等级确定后,设计速度也相应确定,圆曲线半径 R 仅与横向力系数 μ 和路面横坡有关。从汽车运营的经济性考虑,μ 值以不超过 0.10~0.15 为宜。

根据行车要求,确定不同的 μ 值和路面横坡的限制值后,即可按公式计算出《公路路线设计规范》(JTG D20—2017)规定的圆曲线最小半径极限值、圆曲线最小半径一般值和不设超高最小半径值,详见表 2-1。圆曲线最小半径的实质是汽车行驶在公路曲线部分时,所产生的离心力等横向力不超过轮胎与路面的摩阻力所允许的界限。下面对圆曲线几个半径的制订情况作简要介绍。

表 2-1　圆曲线最小半径

设计速度/(km/h)		120	100	80	60	40	30	20
圆曲线最小半径(一般值)/m		1 000	700	400	200	100	65	30
圆曲线最小半径(极限值)/m	$i_{cmax}=10\%$	570	360	220	115	—	—	—
	$i_{cmax}=8\%$	650	400	250	125	60	30	15
	$i_{cmax}=6\%$	710	440	270	135	60	35	15
	$i_{cmax}=4\%$	810	500	300	150	65	40	20
不设超高最小半径/m	路拱≤2.0%	5 500	4 000	2 500	1 500	600	350	150
	路拱>2.0%	7 500	5 250	3 350	1 900	800	450	200

注:“一般值”为正常情况下的采用值;“极限值”为条件受限制时可采用的值;“i_{cmax}”为采用的最大超高值;“—”为不考虑采用最大超高的情况。

1. 圆曲线最小半径极限值

最小半径的极限值是相应于设计速度时允许的最小稳定行驶半径,它是圆曲线设计半径的极限值,在设计中任何情况下都必须满足。《公路工程技术标准》(JTG B01—2014)中的最小半径极限值是考虑了行车稳定、舒适和经济等因素,采用最大的 μ 值(μ_{max} 值为 0.10~0.17)和允许的最大超高横坡度 i_{cmax}(分别用 6%、8%和 10%),按式(2-4)计算并取整后得到的。公路线形设计时,应根据沿线地形等情况,合理选用不小于圆曲线最小半径极限值。在不得已情况下,方可使用圆曲线最小半径极限值。

2. 圆曲线最小半径一般值

圆曲线最小半径一般值是使按设计速度行驶的车辆能保证其安全性与舒适性,而建议的采用值。参考国内外使用的经验,确定圆曲线最小半径一般值采用的横向力系数值为 0.05~0.06。经计算并取整数,即可得出圆曲线最小半径一般值。这种在一般情况下采用的圆曲线最小半径,将使行车更加舒适,而且这种半径在大多数情况下,有可能被采用。

3. 圆曲线不设超高最小半径

所谓不设超高的圆曲线最小半径,是考虑到圆曲线半径较大时,离心力的影响已较小，路面的摩阻力可以保证汽车具有足够的稳定性，可以不设置超高而允许设置与直线路段相同的路拱横坡。汽车在不设超高的平曲线上行驶时，由于路面有路拱坡度，汽车可能在路拱外侧行驶。表 2-1 中圆曲线不设超高最小半径值，即是按路面泥泞或结冰时的最不利情况，考虑汽车在路拱外侧行驶，并满足行车的舒服和线形的协调要求，取 $\mu=0.035\sim0.04$、路拱横坡 $i_0\leqslant2\%$（或 $\mu=0.04\sim0.05$，$i_0>2\%$），按式(2-3)计算得出的。

4. 圆曲线最大半径

公路平面线形设计选用圆曲线半径时，在地形等条件允许的前提下，应尽量采用大半径曲线，以保证行车的舒适和安全；但半径过大，使圆曲线太长，对测设和施工都不利，而且过大的半径，其几何性质与直线已无太大的差异。因此，《公路路线设计规范》（JTG D20—2017）规定，圆曲线的最大半径以不超过 10 000 m 为宜。

选用圆曲线半径时，既要适应沿线地形地物条件变化，同时应注意前后线形协调，不应突然采用小半径曲线。长直线或大半径圆曲线路段，不能采用最小圆曲线半径。从地形条件好的区段进入地形条件较差的区段时，线形技术指标应逐渐过渡，防止突变。

表 2-2 为城市道路圆曲线最小半径值，一般情况下应采用大于或等于不设超高最小半径值；当地形条件受限制时，可采用设超高最小半径的一般值；当地形条件特别困难时，可采用设超高最小半径的极限值。

表 2-2　城市道路圆曲线最小半径值

设计速度/(km/h)		100	80	60	50	40	30	20
不设超高最小半径/m		1 600	1 000	600	400	300	150	70
设超高最小半径/m	一般值	650	400	300	200	150	85	40
	极限值	400	250	150	100	70	40	20

注："一般值"为正常情况下的采用值；"极限值"为条件受限时，可采用的值。

（二）圆曲线的几何要素计算

如图 2-7 所示为未设置缓和曲线单圆曲线，图中的几何关系如下：

切线长　$T=R\tan\dfrac{\alpha}{2}$

曲线长　$L=\dfrac{\pi}{180}\alpha R$

外距　$E=R\left(\sec\dfrac{\alpha}{2}-1\right)$

切曲差　$D=2T-L$

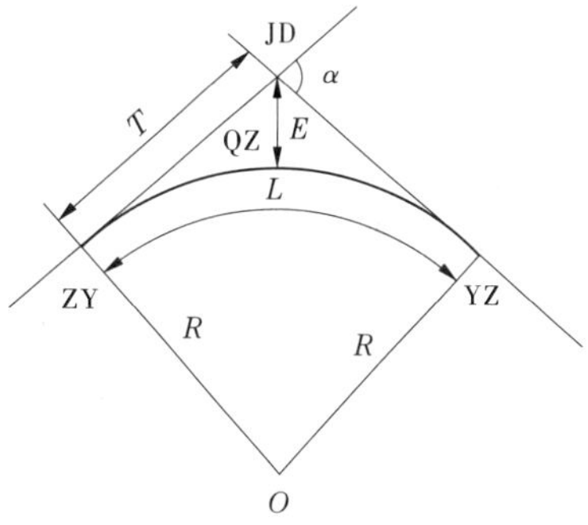

图 2-7　圆曲线要素计算

式中　R——曲线半径，m；

α——转角，(°)。

曲线主点桩号计算如下：

$$ZY(桩号)=JD(桩号)-T$$

$$YZ(桩号)=ZY(桩号)+L$$

$$QZ(桩号) = YZ(桩号) - L/2$$

$$JD(桩号) = QZ(桩号) + D/2$$

照片 2-1 道路的里程桩号

【例 2-1】 已知某四级公路，有一弯道半径 $R=100$ m，交点 JD 里程桩号为 K5+034.27，转角 $\alpha=45°36'$，试计算该圆曲线的曲线要素及主点桩号。

解：切线长 $T = R\tan\dfrac{\alpha}{2} = 100 \times \tan\dfrac{45°36'}{2} = 42.04(\mathrm{m})$

曲线长 $L = \dfrac{\pi}{180}\alpha R = \dfrac{\pi}{180} \times 45°36' \times 100 = 79.59(\mathrm{m})$

外距 $E = R\left(\sec\dfrac{\alpha}{2} - 1\right) = 100 \times \left(\sec\dfrac{45°36'}{2} - 1\right) = 8.48(\mathrm{m})$

切曲差 $D = 2T - L = 4.49(\mathrm{m})$

曲线的主点里程桩号为：

	JD		K5+034.27
−	T	−	42.04
	ZY		K4+992.23
+	L	+	79.59
	YZ		K5+071.82
−	$L/2$	−	$\dfrac{79.59}{2}$
	QZ		K5+032.025
+	$D/2$	+	4.49/2
	JD		K5+034.27

说明计算无误

三、缓和曲线设计

缓和曲线是道路平面线形要素之一，它是直线与圆曲线之间或半径相差较大的两个同向圆曲线之间的一种曲率连续变化的曲线。《公路工程技术标准》（JTG B01—2014）规定，除四级公路可不设缓和曲线外，其余各级公路都应设置缓和曲线。在现代高速公路上，有时缓和曲线所占的比例超过了直线和圆曲线，成为平面线形的主要组成部分。

（一）缓和曲线的作用与性质

1. 缓和曲线的作用

1）便于驾驶员操纵方向盘

汽车从直线驶入圆曲线，其曲率半径从无穷大变到一个定值，这时汽车的前轮转向角需要经过一段距离逐渐变化，才能使汽车较为安全舒适地进入圆曲线。缓和曲线通过其曲率的逐渐变化，恰好能适应汽车转向操作的行驶轨迹。

2）满足乘客的舒适与稳定，减小离心力的突变

直线段上无离心力，而圆曲线上存在离心力。如果不设缓和曲线，则汽车直接从直线段上进入圆曲线，所受离心力在切点处是突然加上去的，而且在离开圆曲线时又突然消失，这不利于行车的安全性和舒适性；相反，如果在直线和圆曲线间插入缓和曲线后，汽车行驶过程中是从没有离心力的直线段逐渐进入到离心力为 C 的圆曲线，这就消除了离心力的突变。

3）满足超高和加宽的过渡，有利于平稳行车

当圆曲线上设置超高和加宽时，由直线段上无超高和加宽过渡到圆曲线的全超高和加宽时，必须有一个缓和段，一般情况下是在缓和曲线内完成超高或加宽的渐变过程。

4）与圆曲线配合得当，增加线形美观

圆曲线与直线径向连接，在连接处曲率突变，在视觉上有不平顺的感觉。设置缓和曲线后，使线形连接圆滑，增加线形的美观，同时有良好的视觉效果和心理效果。

2. 缓和曲线的性质

汽车由直线进入圆曲线是通过驾驶员操纵方向盘来实现的，考察汽车由直线进入圆曲线的行驶轨迹，先假定汽车是等速行驶的，并且司机匀角速度转动方向盘，其行驶轨迹线的曲率半径 ρ 可按如下方法推求。

如图 2-8 所示，设汽车在缓和曲线上行驶的速度为 v(m/s)，行驶 t 秒后，方向盘的转动角度为 φ，前轮的转动角为 ϕ，两者的关系为

$$\phi = K\varphi \quad (K \leqslant 1 \text{ 的系数})$$

若方向盘转动的角速度为 ω，t 秒后转动的角度为 $\varphi = \omega t$，前轮的转动角为 $\phi = K\varphi = K\omega t$。

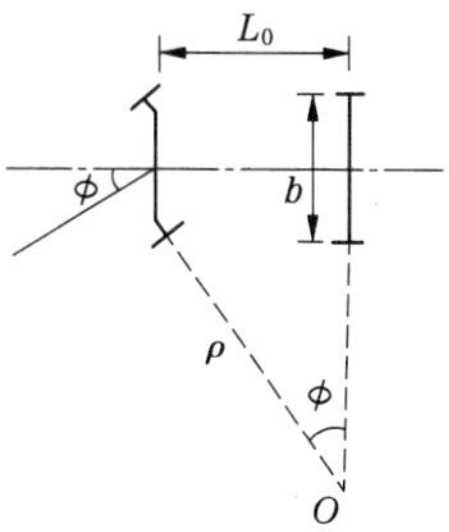

图 2-8　汽车的转弯行驶

假定汽车前后轮轴距为 L_0，则汽车的转动半径 ρ 为：

$$\rho = \frac{L_0}{\sin\phi} \approx \frac{L_0}{\phi} = \frac{L_0}{K\omega t}$$

汽车沿缓和曲线行驶 t 秒后，在曲线上行驶的距离为 l，则：

$$l = vt = v\frac{L_0}{K\omega}\frac{1}{\rho}$$

设 $c = v\dfrac{L_0}{K\omega}$ = 常数，则：

$$l = \frac{c}{\rho} \tag{2-5}$$

式(2-5)为汽车等速行驶，同时以不变的角速度转动方向盘所产生的轨迹。汽车行驶轨迹线的曲率半径值随着行驶距离（自转弯开始点算起）的增大而递减，即缓和曲线上任一点的半径与其距起点的距离成反比例。该方程即为回旋曲线方程。因此，《公路工程技术标准》(JTG B01—2014)规定缓和曲线采用回旋线。

为了设计方便，常用 A^2 代替回旋曲线常数 c，则：

$$\rho l = A^2 \tag{2-6}$$

式中　A——回旋曲线参数,m;

ρ——回旋曲线上任一点的曲率半径,m;

l——回旋曲线上任一点到曲线起点的曲线长度,m。

所有的回旋曲线在几何上都是相似的。参数 A 可认为是放大的倍数,R 确定了圆的大小,A 则确定了回旋曲线曲率变化的缓急。

在缓和曲线终点处 $\rho = R, l = L_h$,则:

$$\rho l = RL_h = A^2$$

(二)缓和曲线最小长度

缓和曲线的作用主要通过一定的长度来保证,且缓和曲线越长,其缓和效果就越好;但太长的缓和曲线也是没有必要的,因为这会给测设和施工带来不便。因此,缓和曲线的最小长度应按发挥其作用的要求来确定,即设置足够长的缓和曲线,使其能够起到缓和离心力突变、完成超高加宽渐变和便于驾驶操作等作用,并使线形顺畅、美观。缓和曲线的最小长度应满足如下要求。

1.根据离心加速度变化率计算缓和曲线的最小长度

汽车以速度 v 在缓和曲线上行驶时,所受离心力 C 为:

$$C = m\frac{v^2}{\rho}$$

则离心加速度为:

$$a = \frac{v^2}{\rho}$$

若汽车在 t(s)内从缓和曲线起点到达终点,行驶距离为缓和曲线长度 L_h,而缓和曲线的曲率半经由∞均匀变化到 R,离心加速度则由零均匀增加到了 $a = \frac{v^2}{R}$ 。

因此,离心加速度随时间的变化率 a_t 为:

$$a_t = \frac{\frac{v^2}{R} - 0}{t} = \frac{v^2}{Rt}, \text{而 } t = \frac{L_h}{v}$$

所以,有

$$a_t = \frac{v^3}{RL_h} = \frac{V^3}{47RL_h}$$

则:

$$L_h = \frac{V^3}{47Ra_t} \tag{2-7}$$

式中　a_t——离心加速度变化率,m/s^3;

R——圆曲线半径,m。

从乘客舒适的观点出发,并为使缓和曲线符合汽车运行特性、线形视觉良好,离心加速度变化率应限制在一定范围内。例如:日本规定高速公路为 0.35 m/s^3(推荐值)及 0.5 m/s^3(绝对最大值);设计速度 60 km/h 以下的一般匝道及主要地方道路为 0.6 m/s^3;山岭区及其他特殊地区为 0.75 m/s³ 及 0.775 m/s³。《公路工程技术标准》(JTG B01—2014)规定离心加速度变化率小于或等于 0.6 m/s³,则:

$$L_h = 0.036\frac{V^3}{R} \tag{2-8}$$

2. 根据驾驶员操作及反应时间计算缓和曲线的最小长度

在汽车从直线进入圆曲线的转向行驶过程中,驾驶员需要逐渐把方向盘转动一个角度,这一操作过程需要一定的时间,亦即汽车在缓和曲线上行驶的时间不宜太短,否则驾驶员的操作过于紧张而不利于安全行车。

试验表明,驾驶员在缓和曲线上操纵方向盘的最合适时间为 $t=3\sim5$ s,我国采用 $t=3$ s,所以缓和曲线最小长度为:

$$L_h = vt = \frac{V}{3.6}t = \frac{V}{1.2} \tag{2-9}$$

3. 根据超高渐变率 P 计算缓和曲线的最小长度

由缓和曲线作用可知,当设缓和曲线时,公路的超高是在缓和曲线上完成渐变过程的,而且超高渐变一般是在缓和曲线全长范围内进行的。因此,缓和曲线长度不得小于超高缓和段长度,可按下式计算:

$$L_h = L_c = \frac{B\Delta i}{P} \tag{2-10}$$

式中　B——旋转轴至行车道外侧路面边缘的宽度,m;

Δi——超高坡度与旋转轴外侧路拱横坡度的代数差,%;

P——超高渐变率。

关于 p 的规定详见第二章第三节式(2-31)的相关内容。

4. 根据视觉条件确定缓和曲线长度

按离心加速度变化率或超高渐变率所计算的缓和曲线长度,是随半径的增大而减小的,但从视觉连续性的角度上却希望随着曲线半径的增大,缓和曲线相应增大。特别是高等级公路,应注意选择适宜的缓和曲线长度,调整线形以适应地形与景观,使视觉舒顺。

根据德国的经验,使用回旋线作为缓和曲线时,回旋线参数 A 和所连接的圆曲线保持关系式:

$$R/3 \leqslant A \leqslant R \quad 或 \quad A \leqslant R \leqslant 3A \tag{a}$$

便可获得视觉上协调而又平顺的线形。

对式(a)两端同时平方,得:

$$R^2/9 \leqslant A^2 \leqslant R^2 \quad 或 \quad A^2 \leqslant R^2 \leqslant 9A^2 \tag{b}$$

把 $RL_h = A^2$ 代入并化简,得:

$$R/9 \leqslant L_h \leqslant R \quad 或 \quad L_h \leqslant R \leqslant 9L_h \tag{2-11}$$

式(2-11)为满足视觉条件的缓和曲线长度计算公式。一般来说按上式计算出的缓和曲线长度大于前面三个公式的计算值。

我国《公路路线设计规范》(JTG D20—2017)根据汽车在缓和曲线上行驶 3 s 和控制离心加速度变化率的大小,按不同的设计速度,经综合计算后取整(一般取至 5 的倍数),

规定了各级公路缓和曲线的最小长度值，见表 2-3。

表 2-3　缓和曲线最小长度

设计速度/(km/h)	120	100	80	60	40	30	20
缓和曲线最小长度/m	100	85	70	50	35	25	20

注：四级公路为超高、加宽缓和段的长度。

需要指出，回旋线参数及其长度应根据线形设计及对安全、视觉、景观等的要求，选用较大的数值。《公路路线设计规范》(JTG D20—2017)中所规定的缓和曲线最小长度主要考虑了线形缓和与行车缓和的需要，设计时尚需根据设置超高和加宽缓和段的需要，按上述式(2-10)计算出超高缓和段长度 L_c，然后与表 2-3 中规定的缓和曲线最小长度进行比较，取两者中的最大值作为设计缓和曲线的长度。在条件允许时，应尽量采用较长的缓和曲线，以满足各方面的需要。缓和曲线长度一经确定，就应在其中同时进行各种需要的渐变。

(三)缓和曲线的省略

在直线和圆曲线间设置缓和曲线后，圆曲线将产生一个内移值 $p=\dfrac{L_h^2}{24R}$，当此内移值 p 与已考虑在车道中的富裕宽度相比很小时，则可将缓和曲线省略。

1. 直线与圆曲线间缓和曲线的省略

《公路路线设计规范》(JGT D20—2017)规定，当圆曲线半径大于或等于表 2-1 中不设超高的圆曲线最小半径时可不设缓和曲线；四级公路可将直线与圆曲线径相连接，在圆曲线两端的直线上设置超高缓和段、加宽缓和段。

《城市道路工程设计规范》(CJJ 37—2012)规定：当设计速度小于 40 km/h 时，可以省略缓和曲线；当设计速度大于或等于 40 km/h 时，如半径大于不设缓和曲线的最小圆曲线半径时，缓和曲线可以省略，见表 2-4。

表 2-4　城市道路不设缓和曲线的最小圆曲线半径

设计速度/(km/h)	100	80	60	50	40
不设缓和曲线的最小圆曲线半径/m	3 000	2 000	1 000	700	500

2. 半径不同的圆曲线间缓和曲线的省略

(1)小圆半径大于不设超高的圆曲线最小半径时，可以省略缓和曲线。

(2)小圆半径大于表 2-5 中所列半径，且符合下列条件之一时，均可省略缓和曲线。

表 2-5　复曲线中小圆临界曲线半径

设计速度/(km/h)	120	100	80	60	40	30
临界曲线半径/m	2 100	1 500	900	500	250	130

①小圆曲线按规定设置相当于最小回旋曲线长的回旋线时，其大圆与小圆的内移值之差不超过 0.10 m。

②设计速度≥80 km/h 时，大圆半径与小圆半径之比小于 1.5。

③设计速度<80 km/h 时，大圆半径与小圆半径之比小于 2。

(四)缓和曲线的几何要素计算

为了能在直线与圆曲线之间插入缓和曲线,必须将原有圆曲线向内移动一定的距离 p 。圆曲线向内移动有两种方法:一种是圆心不变,使圆曲线半径减小,从而使圆曲线向内移动;另一种是半径不变,而圆心沿分角线方向内移,使圆曲线向内移动。由于后者是不平行移动,圆曲线上的各点的内移值不相等,测设工作麻烦,因此采用第一种方法。

采用圆心不动的平行移动方法,可以看成是平曲线在未设置缓和曲线时的圆曲线半径为 $R + p$,而该平曲线要插入缓和曲线,向内移动距离 p 后,圆曲线半径正好减小一个 p 值,即为 R,如图 2-9 所示。

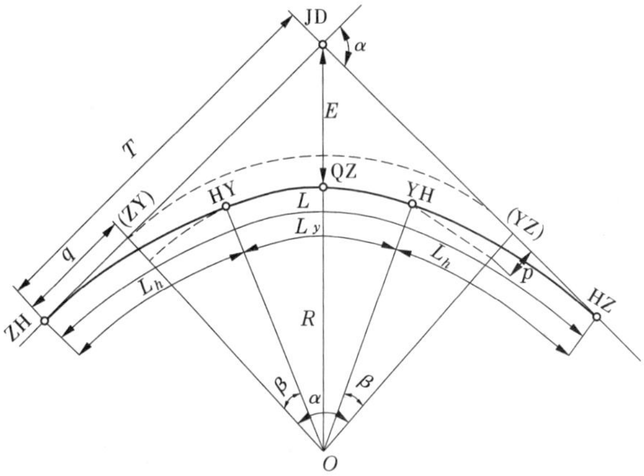

图 2-9　有缓和曲线的平曲线

设置缓和曲线后,圆曲线的中心角 α 会减小,减小后的中心角等于 $\alpha - 2\beta$, β 为缓和曲线角,因而设置缓和曲线的条件是 $\alpha \geqslant 2\beta$ 。

1. 缓和曲线角 β 、主曲线的内移值 p 及切线增长值 q

缓和曲线的切线角,是指缓和曲线上任一点的切线与该缓和曲线起点的切线所成夹角。在缓和曲线的终点处,缓和曲线的总切线角即为缓和曲线角。

通过数学推导,可得:

缓和曲线角:

$$\beta = \frac{L_h}{2R} \tag{2-12}$$

主曲线的内移值:

$$p = \frac{L_h^2}{24R} \tag{2-13}$$

切线增长值:

$$q = \frac{L_h}{2} - \frac{L_h^3}{240R^2} \tag{2-14}$$

2. 缓和曲线要素

切线总长:

$$T=(R+p)\tan\frac{\alpha}{2}+q$$

曲线总长：

$$L=\frac{\pi}{180}R(\alpha-2\beta)+2L_h=\frac{\pi}{180}R\alpha+L_h$$

外距：

$$E=(R+p)\sec\frac{\alpha}{2}-R$$

切曲差：

$$D=2T-L$$

在平曲线中设置了缓和曲线后，全部曲线有五个基本桩点（见图 2-9）需要定出：

ZH——第一缓和曲线起点（直缓）；

HY——第一缓和曲线终点（缓圆）；

QZ——圆曲线中点（曲中）；

YH——第二缓和曲线终点（圆缓）；

HZ——第二缓和曲线起点（缓直）。

【例 2-2】 已知某平原区二级公路，设计速度为 80 km/h，有一弯道半径 $R=260$ m，缓和曲线长 $L_h=70$ m，交点 JD 桩号为 K16+721.26，转角 $\alpha=29°23'24''$，试计算该曲线上设置缓和曲线后的 5 个基本桩号。

解：$p=\frac{L_h^2}{24R}=\frac{70^2}{24\times260}=0.79(\text{m})$

$$q=\frac{L_h}{2}-\frac{L_h{}^3}{240R^2}=\frac{70}{2}-\frac{70^3}{240\times260^2}=34.98(\text{m})$$

$$\beta=\frac{L_h}{2R}\times\frac{180}{\pi}=\frac{70\times180}{2\times260\times\pi}=7°42'46''$$

切线总长 $T=(R+p)\tan\frac{\alpha}{2}+q$

$$=(260+0.79)\times\tan\frac{29°23'24''}{2}+34.98=103.37(\text{m})$$

曲线总长 $L=\frac{\pi}{180}R\alpha+L_h=\frac{\pi}{180}\times260\times29°23'24''+70=203.37(\text{m})$

外距 $E=(R+p)\sec\frac{\alpha}{2}-R=(260+0.79)\times\sec\frac{29°23'24''}{2}-260=9.61(\text{m})$

切曲差 $D=2T-L=2\times103.37-203.37=3.37(\text{m})$

全部曲线的 5 个主点里程桩号为

	JD		K16+721.26
−	T	−	103.37

	ZH		K16+617.89
+	L_h	+	70
	HY		K16+687.89
+	$(L-L_h)$	+	(203.37−70)
	HZ		K16+821.26
−	L_h	−	70
	YH		K16+751.26
−	$(L-2L_h)/2$	−	(203.37−2×70)/2
	QZ		K16+719.575
+	$D/2$	+	3.37/2
	JD		K16+721.26

说明计算无误

四、平面线形组合设计

前面已对公路平面线形的几何要素(直线、圆曲线和缓和曲线)分别进行了介绍,由这三种基本线形要素可以得到很多种平面线形的组合形式。就道路平面线形设计而言,主要有基本形、S形、卵形、凸形、C形和复合形六种。下面对其构成及设计要求作简要介绍。

(一)平面线形的几种组合形式与要求

1. 基本形

如图2-10所示,当平曲线按直线—回旋线(A_1)—圆曲线—回旋线(A_2)—直线的顺序组合而成时,称为基本形。当两回旋曲线的参数值相等,即 $A_1=A_2$ 时,称为对称基本形;当 $A_1 \neq A_2$ 时,称为非对称基本形;当 $A_1=A_2=0$(即不设缓和曲线)时,又称为简单形。

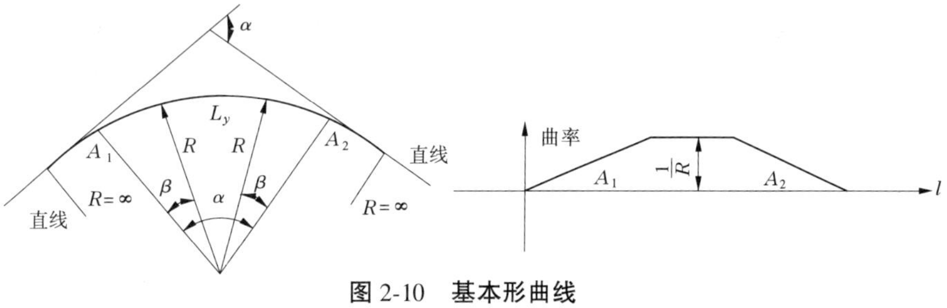

图2-10 基本形曲线

基本形设计时,为使线形协调,A值的选择最好使回旋线、圆曲线、回旋线的长度之比为1:1:1~1:2:1,并注意满足设置基本形曲线的几何条件:

$$2\beta \leqslant \alpha \tag{2-15}$$

式中 α——路线转角;

β——缓和曲线角。

2. S 形

如图 2-11 所示，两个反向圆曲线用两段反向回旋线连接的组合形式，称为 S 形。从行驶力学和线形协调、超高缓和考虑，S 形曲线相邻两个回旋线参数 A_1 和 A_2 值最好相等；当采用不同的参数时，A_1 与 A_2 之比应小于 2.0，有条件时以小于 1.5 为宜；两圆曲线半径之比也不宜过大，以 $R_1/R_2 \leqslant 2$ 为宜（R_1、R_2 分别为大小圆半径，A_1、A_2 分别为大小圆的缓和曲线参数）。

照片 2-2　高速公路 S 形曲线

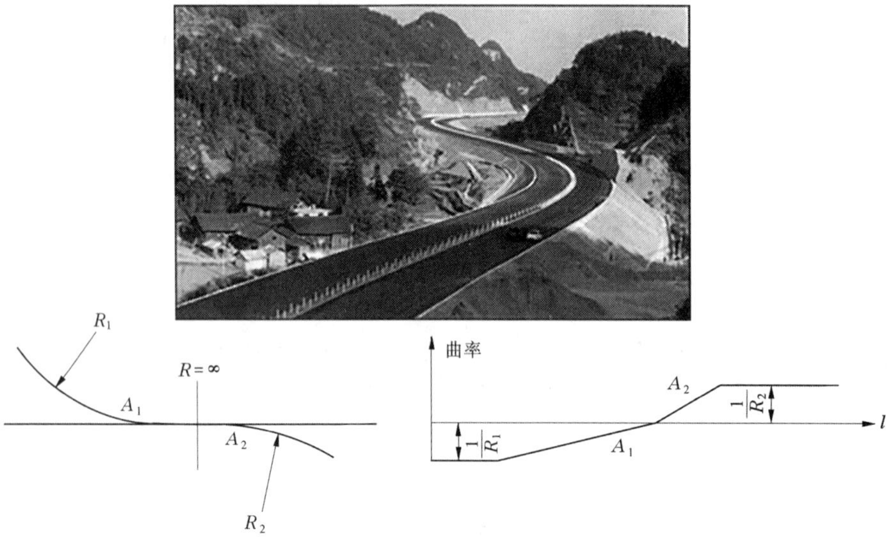

图 2-11　S 形曲线

3. 卵形

如图 2-12 所示，两个同向的平曲线，按直线—缓和曲线（A_1）—圆曲线（R_1）—缓和曲线（A）—圆曲线（R_2）—缓和曲线（A_2）—直线的顺序组合而成的线形，称为卵形。卵形曲线用一个回旋线连接两个圆曲线，其共用缓和曲线的参数 A 最好在 $R_2/2 \leqslant A \leqslant R_2$ 范围内（R_2 为小圆半径），两圆曲线半径之比以满足 $R_2/R_1 = 0.2 \sim 0.8$ 为宜。

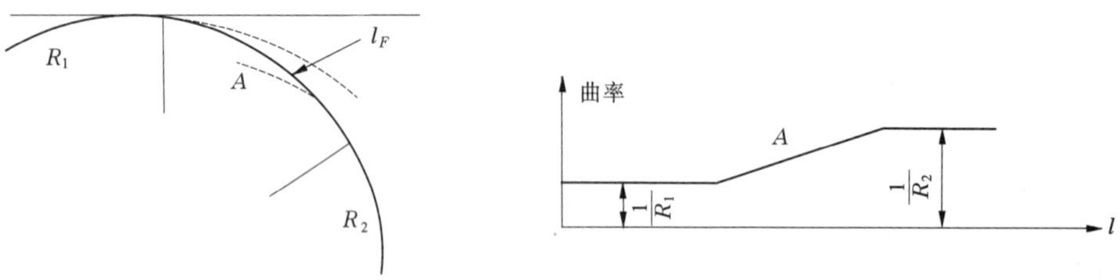

图 2-12　卵形曲线

用一个回旋线连接两个圆曲线而构成卵形，要求大圆能完全包住小圆。如果大圆半径为无限大，那么它就是直线，而回到基本形。所以，卵形可以认为是具有基本形的一般线形，只不过卵形的回旋曲线不是从原点开始的，而是使用曲率从 $1/R_1$ 到 $1/R_2$ 这一段。

4. 凸形

如图 2-13 所示，两段同向缓和曲线之间不插入圆曲线而径相衔接的组合形式（圆曲线长度为零），称为凸形。凸形曲线的回旋线最小参数及其连接点处的半径值，应分别符合容许最小回旋线参数（A 值）和圆曲线最小半径的规定。

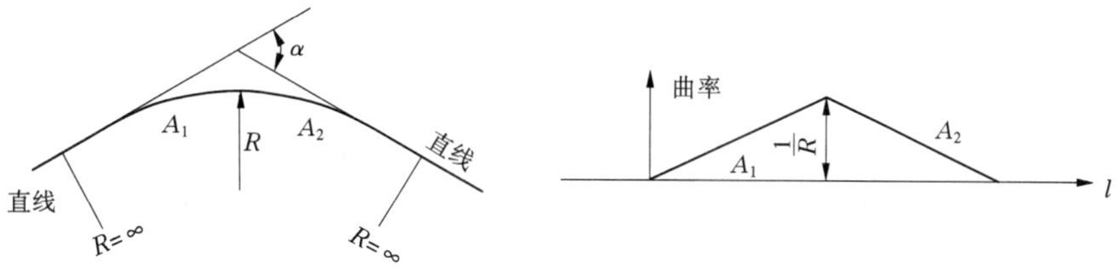

图 2-13　凸形曲线

凸形曲线在两个回旋曲线衔接处，曲率发生突变，这意味着汽车方向盘在刚转到某值时，马上就得向相反的方向回转，这对行车是不利的。因此，在平面线形设计中，一般情况下最好不采用凸形曲线，只有在路线受到地形条件限制的山嘴或特殊困难情况下才可考虑使用。

5. 复合形

如图 2-14 所示，将两个以上的同向回旋曲线在曲率相等处相互连接的线形，称为复合形。复合形的两个回旋曲线参数之比以小于 1∶1.5 为宜。复合形曲线中的回旋曲线在中途是变化的，所以驾驶人员中途要变更速度以适应变化后的回旋线，是行驶上所不希望的。除互通式立体交叉线形外，复合形曲线仅在受地形或其他特殊原因限制时使用。

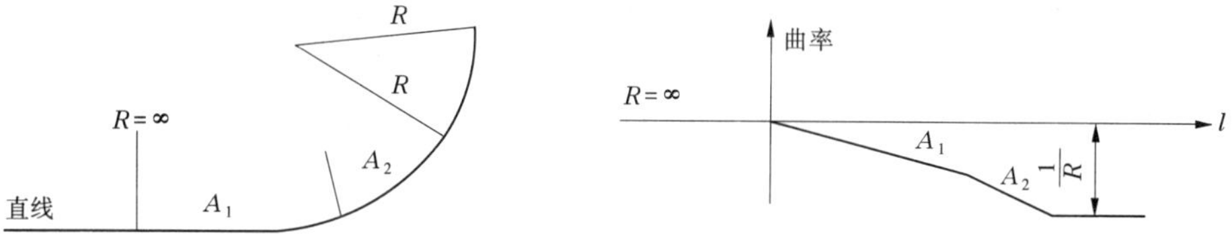

图 2-14　复合形曲线

6. C 形

如图 2-15 所示，两个同向回旋曲线在曲率为零处径相连接（连接处曲率为 0，半径为∞）的组合线形称为 C 形。C 形曲线只有在特殊地形条件下方可采用，两个回旋曲线的参数可相等，也可以不相等。

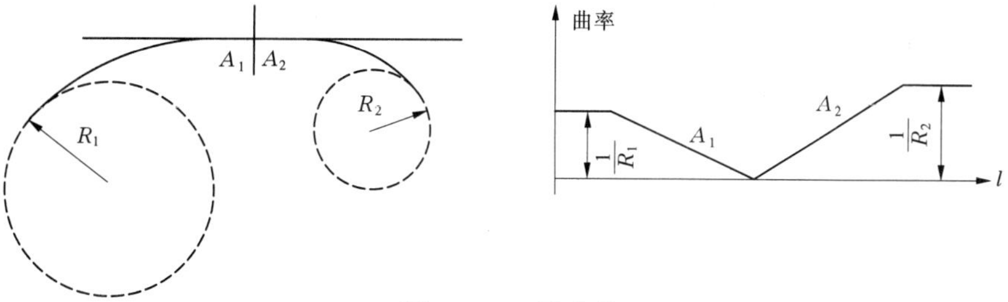

图 2-15　C 形曲线

(二)平面线形设计应注意的问题

道路平面线形设计是从线形设计的角度,去研究平面几何要素的选用、相互间的配合形式及设计要求等问题,设计中一般按上述组合类型和要求去做就可以。但在具体的指标选用和个别问题的处理方面还需要注意以下问题:

(1)避免采用极限半径。因为极限半径只能满足汽车行驶力学上的最低要求,而不能满足高速行驶中的视觉要求。经过经济论证必须选用最小指标时,也要注意线形曲率的过渡,防止曲率的突变。

(2)平曲线应有足够的长度。平曲线太短,汽车在曲线上行驶时间过短会使驾驶操纵来不及调整,所以《公路路线设计规范》(JTG D20—2017)规定了平曲线(包括圆曲线及其两端的缓和曲线)最小长度如表 2-6 所示。

表 2-6　公路平曲线最小长度

设计速度/(km/h)		120	100	80	60	40	30	20
平曲线最小长度/m	一般值	600	500	400	300	200	150	100
	最小值	200	170	140	100	70	50	40

注:“一般值”为正常情况下的采用值;“最小值”为条件受限时可采用的值。

公路弯道在一般情况下是由两段缓和曲线(或超高、加宽缓和段)和一段圆曲线组成的。缓和曲线(一般采用回旋线)的长度不能小于该级公路对其最小长度的规定;中间圆曲线的长度也宜大于 3 s 的行程,当条件受限时,可将缓和曲线在曲率相等处直接连接,此时的圆曲线长度等于 0。

路线转角的大小反映了路线的舒顺程度,小一些好。但转角过小,即使设置了较大的半径,也容易把曲线长看成比实际的要短,造成急转弯的错觉。这种倾向转角越小越显著,以致造成驾驶者枉作减速转弯的操作。

一般认为,公路转角 $\theta \leqslant 7°$ 应属小转角弯道。对于小转角弯道,应设置较长的平曲线,其长度应大于表 2-7 中规定的“一般值”,当地形条件及其他特殊情况限制时,可采用表 2-7 中的“最小值”。

表 2-7　公路转角小于或等于 7°时的平曲线长度

设计速度/(km/h)	120	100	80	60	40	30	20
一般值/m	1 400/θ	1 200/θ	1 000/θ	700/θ	500/θ	350/θ	280/θ
最小值/m	200	170	140	100	70	50	40

注:表中 θ 角为路线转角值(°),当 $\theta<2°$ 时,按 $\theta=2°$ 计算。

(3)公路线形的突变容易引发行车事故,应当避免。特别是长直线尽头设置小半径平曲线和平曲线大小半径间曲率过渡的突变均应避免。不得已遇到上述情况时,应在其间采取过渡措施。

(4)在平面线形设计中,一般来说直线不易和自然景观协调,并难以顺应地形变化,因此在公路设计中直线的应用要受到限制。曲线比直线更具有灵活性,其几何形态容易适应地形而组成顺适圆滑的线形,所以在公路线形设计中曲线被广泛采用。为此,要求平面线形设计时,对曲线和直线应根据地形的变化及地物状况,实事求是地巧妙组合运用,而不能片面强调以直线为主或以曲线为主。

(5)平面线形设计要避免错误地割断生态景观或视觉景观空间的做法。如图 2-16(a)所示，直线线形在景观中好像异物一样显得生硬而不协调，图 2-16(b)则借助线形的弯曲来适应地形而显得自然流畅和协调。

图 2-16　平面线形与景观的协调

(三)公路曲线的组合与衔接

在选定公路路线时，设计人员总是尽可能地选择起讫点间距离最短的路线方案。虽然直线是两点之间的最短连接，但对一条较长的公路来说，起讫点之间总有许多控制点要制约路线位置的选定。如桥位、垭口、交叉口、居民点，以及必须绕过的泥沼、冲沟等，这样在公路起讫点连线间必然要插入许多曲线。实际中的最短路线也很少采用直线，除特殊情况外，一般总是用圆曲线、缓和曲线及反向曲线等来连接。

视频 2-2　山区道路线形

随着汽车车速的不断提高，对线形流畅性的要求在增加，曲线在整个公路平面线形中所占的比例越来越大，公路的线形设计也逐渐趋向于以曲线为主。就公路曲线的组合而言，大体上可分为圆曲线、缓和曲线和回头曲线三大类型。

圆曲线是公路曲线的主要形式，它的组合有三种：①同向曲线(转向相同的两相邻曲线)；②反向曲线(转向不同的两相邻曲线)；③复曲线(两同向曲线直接相连，中间不设直线)。

缓和曲线是汽车从直线段行驶到半径为 R 的圆曲线或两段半径不同的同向圆曲线间行驶的过渡曲线，在线形设计中也将其作为主要线形要素加以运用，但它往往不单独使用，而总是与直线和圆曲线组合成不同的平面线形，如前面所述的基本形、S 形、卵形、凸形、C 形和复合形 6 种组合。

回头曲线是由一个主曲线、两个辅助曲线和主、辅曲线所夹的直线段组合而成的复杂曲线(圆心角接近于或大于 180°)，如图 2-17 所示，是在山区越岭线的特别困难地段，以延长展线方式克服高差而采用的一种特殊曲线类型。由于地形困难，为减少工程数量，《公路路线设计规范》(JTG D20—2017)对回头曲线的各项指标作了专门的规定，如表 2-8 所示。只有三级、四级公路在自然展线无法争取到需要的距离以克服高差，或因地形、地质条件所限而不能采取自然展线时，方可采用回头曲线。

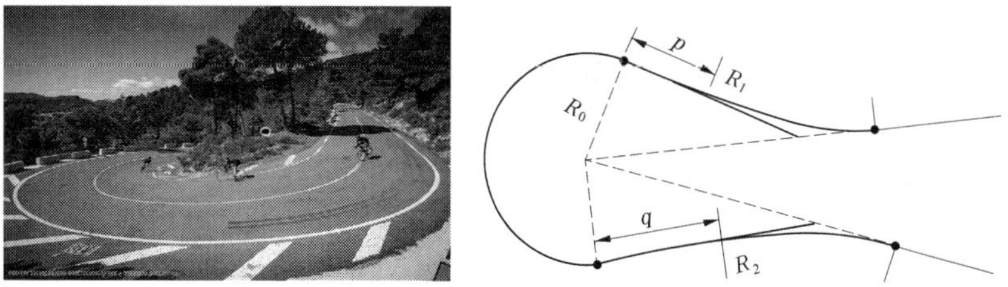

图 2-17　回头曲线

表 2-8　回头曲线指标

主线设计速度/(km/h)	40		30	20
回头曲线设计速度/(km/h)	35	30	25	20
主曲线最小半径/m	40	30	20	15
回旋线最小长度/m	35	30	25	20
超高横坡度/%	6	6	6	6
双车道路面加宽值/m	2.5	2.5	2.5	3.0
最大纵坡/%	3.5	3.5	4.0	4.5

五、行车视距及其保证

动画 2-1　视距的分类

(一)行车视距的类型

所谓视距就是指驾驶员在行驶过程中的通视距离。为了保证行车安全,驾驶员应能看到前方一定距离的公路及公路上的障碍物或迎面的来车,以便及时刹车或绕过。汽车在这段时间里沿公路路面行驶的必要安全距离,称为行车视距。无论在道路的平面上或纵断面上,都应保证必要的行车视距。在平面上,平曲线部分往往会有视线受阻的情况(如处于挖方路段的曲线段或内侧有障碍物的弯道),如图 2-18 所示。另外,路线平面交叉口处也存在视距问题。从纵断面上看,路线在凸形变坡处(见图 2-19)及下穿式立体交叉处都可能有视距不足的情况。由此可知,不论是平面上还是纵断面上都有视线不畅的情况,在设计时必须采取适当的措施,使其满足行车要求。

行车视距根据通视的要求不同,分为停车视距、会车视距和超车视距三种。

图 2-18　平面影响行车视距的地点

图 2-19　纵断面影响行车视距的地点

1. 停车视距

当汽车在单车道或有明显分隔带的双车道公路上行驶时，如前方遇到障碍物或路面破坏处，不可能驶入邻近车道去绕过它，只有采取制动措施，使汽车在障碍物前完全停住，以保证安全。这样，当驾驶员发现前方有障碍物后，立即采取制动措施，至汽车在障碍物前停下来所需要的最短距离称为停车视距。此时司机视线高度取 1.2 m，障碍物高出路面 0.1 m。

停车视距由三部分组成，见图 2-20，即

$$S_T = S_1 + S_Z + S_0 \tag{2-16}$$

式中　S_T——停车视距，m；

S_1——驾驶员反应时间内行驶的距离，m；

S_Z——制动距离，即司机开始制动到完全停止时所行驶的距离，m；

S_0——安全距离，一般可取 5~10 m。

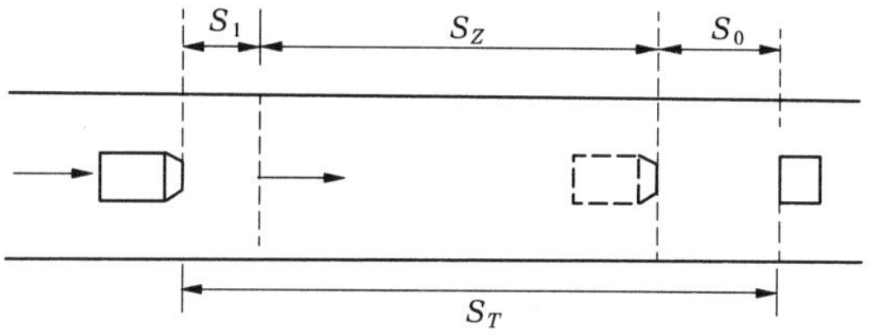

图 2-20　停车视距

从驾驶员发现障碍物开始，经判断采取制动措施，到制动生效的时间 t(s)，称为驾驶员的反应时间。这实际上包括两段时间，即驾驶员的反应判断时间和制动生效时间。前者一般与驾驶员的机敏程度和障碍物的颜色、大小有关，后者是指从开始制动到闸瓦完全抱死车轮，车轮处于滑动状态时的时间。根据测定资料，设计上采用判断时间为 1.5 s、制动生效时间为 1.0 s 是较适当的，则反应时间共计为 2.5 s，则汽车在这一时间内所行驶的距离为：

$$S_1 = \frac{v}{3.6}t \quad (\text{m}) \tag{2-17}$$

式中　t——驾驶员反应时间，取 2.5 s；

v——行驶速度，km/h，当设计速度为 120~80 km/h 时，为其 85%，当设计速度为 60~40 km/h 时，为其 90%，当设计速度为 30~20 km/h 时，为其 100%。

制动距离是指汽车以速度 v 行驶，从制动生效到汽车安全停止所行驶的距离，它取决于车辆的制动性能、行驶速度的大小，其值根据汽车的行驶理论为：

$$S_Z = \frac{Kv^2}{254(\varphi + \psi)} \tag{2-18}$$

式中　K——制动实际使用系数（或称制动系数），当考虑到实际使用中有时制动不充分等情况，可采用一个制动实际使用系数予以修正，其值在 1.0~1.4，公路设计时通常采用 1.2；

φ——轮胎与路面间的附着系数，见表 2-9，考虑到汽车轴间荷载的分配，制动减速度不宜过大等因素，在公路设计中，确定附着系数 φ 值时，一般采用路面状

况为潮湿时的 φ 值；

表 2-9　各类路面的附着系数 φ

路面类型	路面状况			
	干燥	潮湿	泥泞	冰滑
水泥混凝土路面	0.7	0.5	—	—
沥青混凝土路面	0.6	0.4	—	—
过渡式及低级路面	0.5	0.3	0.2	0.1

ψ ——道路阻力系数，$\psi = f \pm i$，即阻力仅与道路状况和坡度有关，其中，f 为滚动阻力系数，它与路面状况、轮胎和车速有关，其值一般由试验确定；i 为道路纵坡度，"+"号表示上坡，"-"号表示下坡；

其他符号意义同前。

综上所述，停车视距 S_T 为：

$$S_T = S_1 + S_Z + S_0 = \frac{v}{3.6}t + \frac{Kv^2}{254(\varphi + \psi)} + S_0 \tag{2-19}$$

2. 会车视距

对于不设分隔带的双车道公路，车辆在行驶中，驾驶员趋向于沿路面中心行驶，一旦发现前方来车，双方驾驶员各自把车辆驶回到自己的车道上，使两车安全交会。为保证双向行驶的双车道公路的行车安全，公路平面应能保证会车视距要求，即满足双向行驶的汽车能在同一车道上及时刹车所需的最短距离。

会车视距由三部分组成，如图 2-21 所示。①双方驾驶员反应时间内汽车所行驶的距离 $2S_1$；②双方汽车的制动距离 $S_{Z1}+S_{Z2}$；③安全距离 S_0。

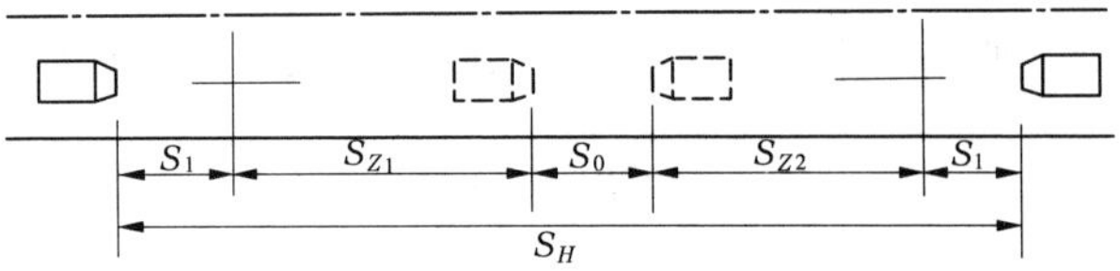

图 2-21　会车视距

由上面分析可知，会车视距几乎为停车视距的两倍，为简化计算，《公路工程技术标准》(JTG B01—2014)规定，会车视距等于 2 倍停车视距。

3. 超车视距

在交通稠密并有混合交通的双车道公路上，经常会出现高速车超越低速车的情况，则汽车在行驶时为超越前车所必需的视距，就称为超车视距。《公路工程技术标准》(JTG B01—2014)规定，对于双向行驶的双车道公路，根据需要，应结合地形设置保证具有超车视距的路段，以使汽车行驶时安全超越前车。

超车视距全程可分为四个阶段，如图 2-22 所示，四个距离之和就是全超车视距 S_C，即

$$S_C = s_1 + s_2 + s_3 + s_4 \tag{2-20}$$

式中　s_1——加速行驶距离，m；

s_2——超车汽车在对向车道上行驶的距离，m；

s_3——超车完成时，超车汽车与对向汽车之间的安全距离，m；

s_4——超车汽车从开始加速到超车完成的时间内，对向车道汽车的行驶距离，m。

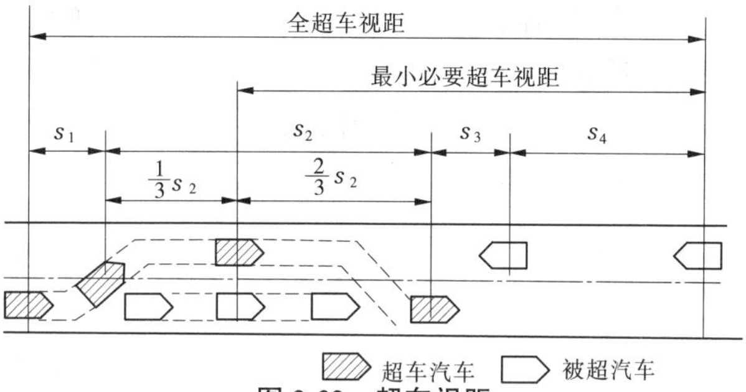

图 2-22　超车视距

但由式(2-20)确定的超车视距较长，不太容易满足。实际上只要考虑超车汽车从完全进入对向车道到超车完毕时所行驶的时间就已经很安全了。因为当汽车在对向车道上追上被超汽车后，一旦发现对向有来车而其距离不足时，该车还可以回到原来的车道上。这段距离约占超车汽车在对向车道上行驶距离的 1/3，由此可得，最小必要超车视距 $S_{C\min}$ 为：

$$S_{C\min} = \frac{2}{3}s_2 + s_3 + s'_4 \tag{2-21}$$

式中　s'_4——超车汽车行驶 $2S_2/3$ 的时间内，对向车道汽车的行驶距离，m。

（二）行车视距的标准

《公路工程技术标准》（JTG B01—2014）规定各级公路的每一条车道均应保证有大于表 2-10 中规定的停车视距。

停车视距计算中的眼高和物高规定为：眼高 1.2 m，物高 0.1 m。

表 2-10　停车视距

设计速度/(km/h)	120	100	80	60	40	30	20
停车视距/m	210	160	110	75	40	30	20

注：积雪冰冻路段的停车视距宜适当增长。

高速公路、一级公路的行车视距采用停车视距。二级、三级、四级公路的行车视距应满足会车视距要求，其长度应不小于停车视距的 2 倍。工程特殊困难或受其他条件限制采取分道行驶措施的地段，可采用停车视距。

二级、三级、四级公路还应在适当间隔内设置满足表 2-11 中所列超车视距“一般值”的超车路段。当地形及其他原因不得已时，超车视距长度可适当缩减，最小不应小于表 2-11 中所列超车视距“最小值”。

表 2-11　超车视距

设计速度/(km/h)	80	60	40	30	20
一般值/m	550	350	200	150	100
最小值/m	350	250	150	100	70

具干线功能的二级公路宜在 3 min 的行驶时间内，提供一次满足超车视距要求的超车路段。一般情况下，不小于路线总长度的 10%～30%为宜。超车路段的设置应结合地形并力求均匀。

（三）平面视距的保证

汽车在弯道上行驶时，弯道内侧行车视线有可能被树木、建筑物、路堑边坡或其他障碍物遮挡。因此，在路线设计时必须检查平曲线上的视距是否能得到保证，如有遮挡，则必须采取措施，如消除阻碍视线的障碍物，如图 2-23 所示。图中阴影部分是阻碍司机视线的范围，范围以内的障碍物都应加以清除。

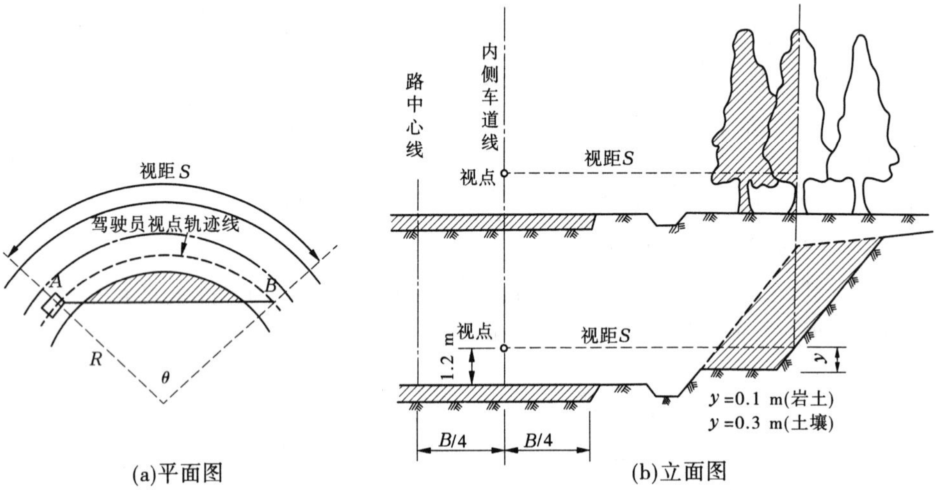

图 2-23 视线障碍与视距

六、道路平面设计成果

完成路线平面设计以后，应及时清绘各种图纸和表格。其中主要的图纸有：路线平面设计图、路线交叉设计图、道路平面布置图、纸上移线图等。主要的表格有：直线、曲线及转角表、路线交点坐标表（或含在“直线、曲线及转角表”中）、逐桩坐标表、路线固定表、总里程及断链桩号表等。各种图纸和表格的样式在交通运输部所颁布的“设计文件图表示例”中有介绍，这里仅就主要的表格“直线、曲线及转角表”“逐桩坐标表”和主要的图纸“路线平面设计图”予以说明。

（一）直线、曲线及转角表

该表全面地反映了路线的平面位置和路线平面线形的各项指标，它是道路设计的主要成果之一。只有在完成“直线、曲线及转角表”以后，才能据此计算“逐桩坐标表”和绘制“路线平面设计图”，同时在做路线的纵断面设计、横断面设计和其他构造物设计时都要使用该表的数据。该表的格式参见表 2-12，其对公路和城市道路都适用。

表 2-12　某公路某段直线、曲线及转角表

交点号	交点坐标/m		交点桩号	转角值	曲线要素值/m					
	X	Y			半径	缓和曲线长度	切线长度	曲线长度	外距	校正值
1	2	3	4	5	6	7	8	9	10	11
起点	41 808.204	90 033.595	K0+000.000							
2	41 317.589	90 464.099	K0+652.716	右 35°35′25.0″	800.000	0.000	256.777	496.934	40.199	16.620
3	40 796.308	90 515.912	K1+159.946	左 57°32′52.0″	250.000	50.000	162.511	301.100	35.692	23.922
4	40 441.519	91 219.007	K1+923.562	左 34°32′06.0″	150.000	40.000	66.753	130.412	7.545	3.094
5	40 520.204	91 796.474	K2+503.273	右 78°53′21.0″	200.000	45.000	187.380	320.375	59.533	54.385
6	40 221.113	91 898.700	K2+764.966	左 51°40′28.0″	224.130	40.000	128.667	242.140	25.224	15.194
7	40 047.399	92 390.466	K3+271.318	左 34°55′51.0″	150.000	40.000	67.323	131.449	7.715	3.197
8	40 190.108	92 905.941	K3+802.980	右 22°25′25.0″	600.000	0.000	118.932	234.820	11.674	3.044
终点	40 120.034	93 480.920	K4+379.175							

交点号	曲线位置					直线长度及方向			测量断链		备注
	第一缓和曲线起点	第一缓和曲线终点或圆曲线起点	曲线中点	第二缓和曲线或圆曲线终点	第二缓和曲线起点	直线长度/m	交点间距/m	计算方位角或方向角	桩号	增减长度/m	
1	12	13	14	15	16	17	18	19	20	21	22
起点								138°44′00.0″			
2		K0+395.939	K0+644.406	K0+892.873		395.939	652.716	174°19′25.0″			
3	K0+997.435	K1+047.435	K1+147.985	K1+248.535	K1+298.535	104.562	523.850	116°46′33.0″			
4	K1+856.809	K1+896.809	K1+922.015	K1+947.221	K1+987.221	558.274	787.538	82°14′27.0″			
5	K2+315.893	K2+360.893	K2+476.081	K2+591.268	K2+636.268	328.672	582.805	161°07′48.0″			
6	K2+636.299	K2+676.299	K2+757.369	K2+838.439	K2+878.439	0.031	316.078	109°27′20.0″			
7	K3+203.995	K3+243.995	K3+269.720	K3+295.444	K3+335.444	325.556	521.546	74°31′29.0″			
8		K3+684.048	K3+801.458	K3+918.868		348.604	534.859	96°56′54.0″			
终点					K4+460.307	579.239					

(二)逐桩坐标表

高等级公路的线形指标高,表现在平面上是圆曲线半径较大、缓和曲线较长。在测设和放样时须采用坐标法,方能保证其测量精度。所以,计算一份"逐桩坐标表"是十分必要的。

"逐桩坐标"即各个中桩的坐标,其计算和测量的方法是按"从整体到局部"的原则进行的。计算结果见表 2-13。

表 2-13　某公路某段逐桩坐标表

桩号	坐标/m		方向角	桩号	坐标/m		方向角
	X	*Y*			*X*	*Y*	
K1+600. 00	40 632. 336	90 840. 861	116°46′33. 0″	K2+140. 00	40 471. 158	91 436. 529	82°14′27. 0″
K1+620. 00	40 614. 316	90 876. 572	116°46′33. 0″	K2+160. 00	40 473. 858	91 456. 346	82°14′27. 0″
K1+640. 00	40 600. 801	90 903. 355	116°46′33. 0″	K2+180. 00	40 476. 558	91 476. 163	82°14′27. 0″
K1+660. 00	40 587. 286	90 930. 139	116°46′33. 0″	K2+200. 00	40 479. 258	91 495. 980	82°14′27. 0″
K1+670. 33	40 573. 623	90 957. 216	116°46′33. 0″	K2+220. 00	40 481. 959	91 515. 797	82°14′27. 0″
K1+680. 00	40 556. 202	90 991. 740	116°46′33. 0″	K2+240. 00	40 484. 659	91 535. 613	82°14′27. 0″
K1+700. 00	40 551. 246	91 001. 561	116°46′33. 0″	K2+260. 00	40 487. 359	91 555. 430	82°14′27. 0″
K1+720. 00	40 542. 236	91 019. 416	116°46′33. 0″	K2+280. 00	40 490. 059	91 575. 247	82°14′27. 0″
K1+740. 00	40 533. 226	91 037. 272	116°46′33. 0″	K2+300. 00	40 492. 759	91 595. 064	82°14′27. 0″
K1+760. 00	40 519. 711	91 064. 055	116°46′33. 0″	ZH+315. 89	40 494. 905	91 610. 809	82°14′27. 0″
K1+780. 00	40 506. 196	91 090. 838	116°46′33. 0″	K2+340. 00	40 497. 902	91 634. 730	84°05′26. 5″
K1+800. 00	40 497. 186	91 108. 694	116°46′33. 0″	HY+360. 89	40 499. 302	91 655. 568	88°41′08. 7″
K1+820. 00	40 488. 176	91 126. 549	116°46′33. 0″	K2+380. 00	40 498. 828	91 674. 665	94°09′37. 3″
K1+840. 00	40 479. 166	91 144. 405	116°46′33. 0″	K2+400. 00	40 496. 383	91 694. 506	99°53′23. 8″
ZH+856. 31	40 471. 593	91 159. 412	116°46′33. 0″	K2+420. 00	40 491. 969	91 714. 005	105°37′10. 3″
K1+880. 00	40 465. 708	91 171. 216	115°56′42. 1″	K2+440. 00	40 485. 631	91 732. 965	111°20′56. 7″
HY+896. 81	40 455. 191	91 195. 860	109°08′09. 7″	K2+460. 00	40 477. 431	91 751. 198	117°04′43. 2″
K1+900. 00	40 454. 177	91 198. 885	107°55′03. 1″	QZ+476. 08	40 469. 544	91 765. 206	121°41′06. 9″
QZ+922. 01	40 448. 963	91 220. 253	99°30′30. 3″	K2+500. 00	40 455. 794	91 784. 761	128°32′16. 2″
K1+940. 00	40 447. 061	91 238. 126	92°38′19. 1″	K2+520. 00	40 442. 573	91 799. 757	134°16′02. 6″
YH+947. 00	40 446. 902	91 245. 344	89°52′50. 9″	K2+540. 00	40 427. 920	91 813. 357	139°59′49. 1″
K1+960. 00	40 447. 413	91 258. 112	85°46′43. 6″	K2+560. 00	40 411. 983	91 825. 427	145°43′35. 6″
K1+980. 00	40 449. 567	91 277. 993	82°29′23. 3″	K2+580. 00	40 394. 921	91 835. 845	151°27′22. 1″
HZ+987. 22	40 450. 531	91 285. 148	82°14′27. 0″	YH+591. 27	40 384. 875	91 840. 947	154°41′05. 3″
K2+000. 00	40 452. 257	91 297. 811	82°14′27. 0″	K2+600. 00	40 376. 910	91 844. 518	156°56′35. 0″
K2+010. 00	40 453. 607	91 307. 719	82°14′27. 0″	K2+620. 00	40 358. 262	91 851. 740	160°17′15. 4″
K2+030. 00	40 456. 307	91 327. 536	82°14′27. 0″	GQ+636. 27	40 342. 893	91 857. 077	161°07′48. 0″
K2+050. 00	40 459. 007	91 347. 353	82°14′27. 0″	K2+650. 00	40 329. 916	91 861. 563	160°31′48. 6″
K2+070. 00	40 461. 707	91 367. 170	82°14′27. 0″	K2+670. 00	40 311. 219	91 868. 655	157°30′02. 7″
K2+100. 00	40 465. 757	91 396. 895	82°14′27. 0″	K2+700. 00	40 284. 324	91 881. 898	149°57′30. 4″
K2+120. 00	40 468. 458	91 416. 712	82°14′27. 0″				

(三)路线平面设计图

路线平面设计图是道路设计文件的重要组成部分。该图全面、清晰地反映了道路平面位置和经过地区的地形、地物等,它是设计人员设计意图的重要体现。平面设计图对提供有关部门审批、专家评议、日后指导施工、恢复定线等方面都有重要作用。

公路路线平面图是指包括道路中线在内的有一定宽度的带状地形图。若为供工程可行性研究、初步设计阶段的方案研究与比选使用,可采用 1∶50 000 或 1∶10 000 的比例尺测绘(或向国家测绘部门和其他工程单位搜集),但作为初步设计、施工图设计的设计文件组成部分,应采用更大的比例尺。一般常用的是 1∶2 000,在平原微丘区可用 1∶5 000。在地形特别复杂地段的路线初步设计、施工图设计可用 1∶500 或 1∶1 000。若为纸上移线,则比例尺将更大。

路线带状地形图的测绘宽度,一般为中线两侧各 100~200 m。对 1∶5 000 的地形图,测绘宽度每侧应不小于 250 m。若有比较线,应将比较线包括进去。

城市道路相对于公路,长度较短而宽度较宽,在绘图比例尺的选用上一般比公路大。在做技术设计时,可采用 1∶500~1∶1 000 的比例尺绘制。绘图的范围视道路等级而定,等级高的范围应大些,等级低的可小些。通常在道路两侧红线以外各 20~50 m,或中线两侧各 50~150 m,特殊例外。

公路路线平面图和城市道路平面设计图分别如图 2-24 和图 2-25 所示。

第二节　道路纵断面设计

一、认识道路纵断面

通过道路中线的竖向剖面,称为纵断面。它是道路设计的重要技术图表之一,它主要反映路线起伏、纵坡与原地面的切割等情况,把道路的纵断面图与平面图、横断面图结合起来,就能够完整地表达出道路的空间位置和立体线形。

道路的纵断面线形应根据道路的性质、任务、等级和地形、地物、地质、水文等因素,考虑路基稳定、排水及工程量等的要求,对纵坡的大小、长短、前后纵坡情况和竖曲线半径大小及与平面线形的组合关系等进行组合设计。

在路中线的原地面标高,称为地面标高,地面标高的连线称为地面线(又称黑线)。对于纵断面上的设计标高,即路基(包括路面厚度)的设计标高,有如下规定。

(1)新建公路的路基设计标高:高速公路、一级公路采用中央分隔带的外侧边缘标高;二级、三级、四级公路采用路基边缘标高(见图 2-26);在设置超高加宽的路段,则是指超高加宽前该处原路基边缘的标高。

K10+500~K11+200	
第6页	共23页

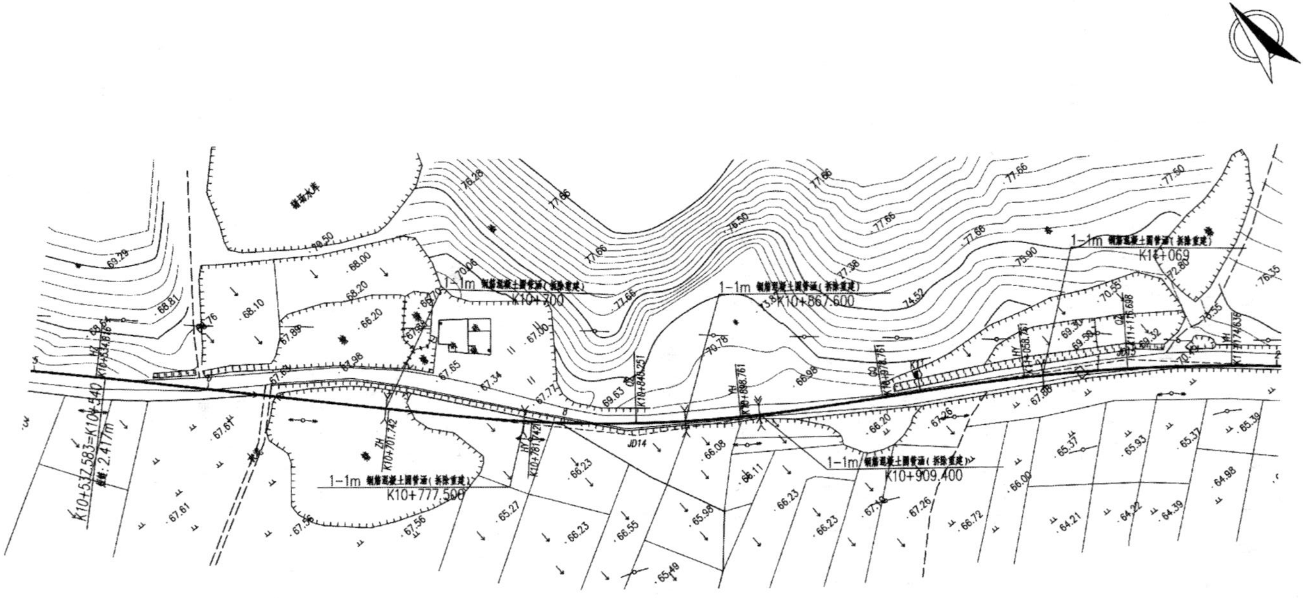

曲线要素表

交点号	交点坐标		交点桩号	转角值	曲线要素值/m						主点桩号				
	X(N)	Y(E)			半径	缓和曲线长度	切线长度	曲线长度	外距	校正值	直缓(ZH)	缓圆(HY)	曲中(QZ)	圆缓(YH)	缓直(HZ)
JD14	3 623 596.895	623 255.449	K10+840.882	15° 15′ 16.3″ (Z)	740	80	139.140	277.019	6.969	1.261	K10+701.742	K10+781.742	K10+840.251	K10+898.761	K10+978.761
JD15	362 345.839	623 491.311	K11+117.043	11° 19′ 56.2″ (Y)	990.34	80	138.283	275.875	5.133	0.690	K10+978.761	K11+058.761	K11+116.698	K11+174.636	K11+254.636

图号	S2-2

图 2-24 公路路线平面图

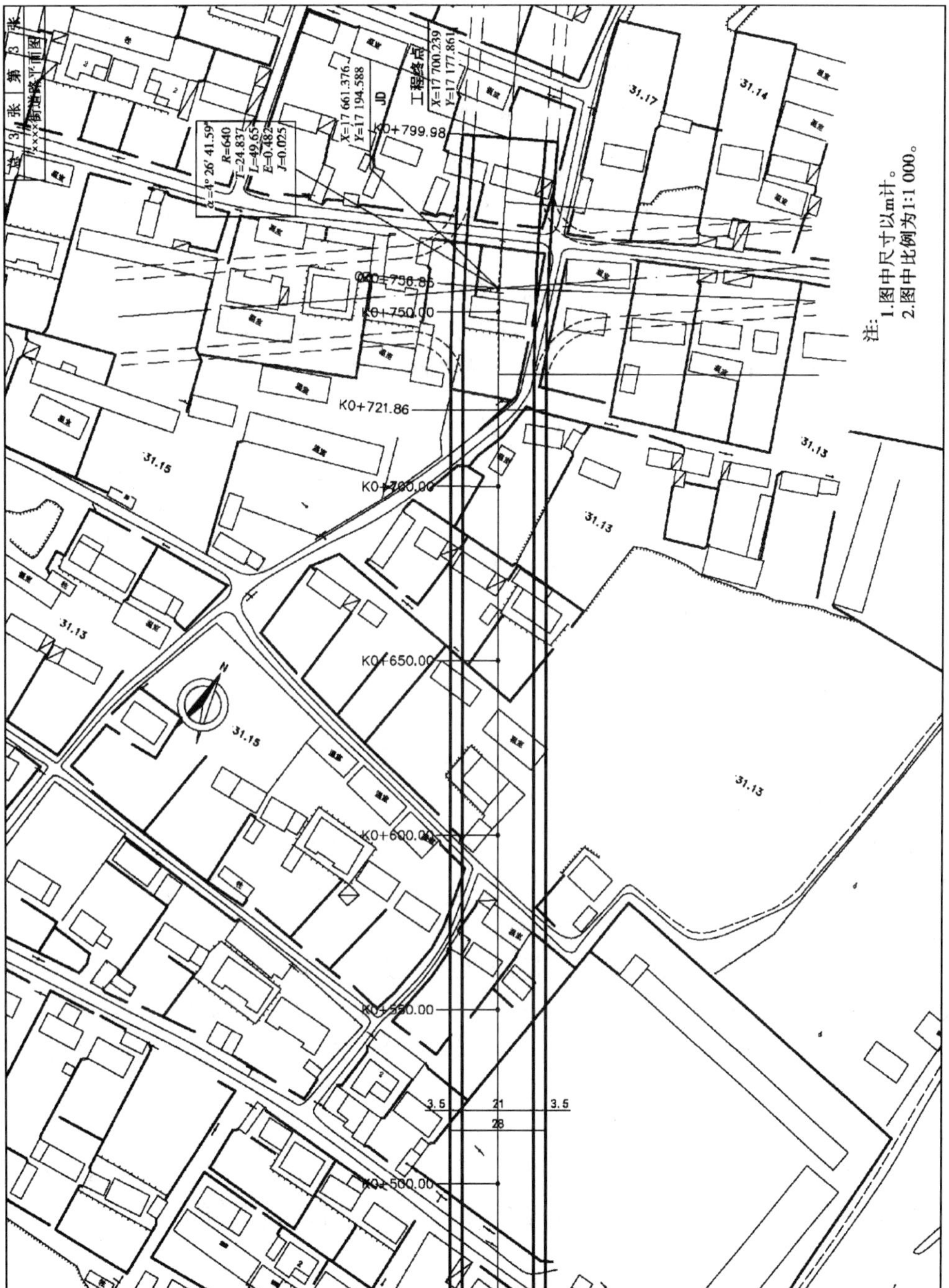

图 2-25 城市道路平面设计图

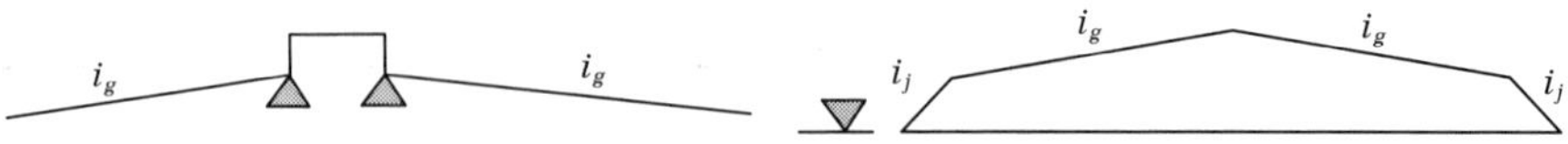

(a)高速公路、一级公路　　(b)二级、三级、四级公路

图 2-26　新建公路设计标高

(2)改建公路的路基设计标高:一般按新建公路的规定办理,也可视具体情况而采用中央分隔带或行车道中线标高;对于城市道路,设计标高指建成后的行车道中线路面标高或中央分隔带中线标高。

在任一横断面上设计标高与地面标高之差,称为该处的施工高度(见图 2-27)。施工高度的大小即决定了路堤的高度或路堑的深度;当设计线在地面线上面时,路基修筑成路堤(填方);当设计线在地面线下面时,路基修筑成路堑(挖方)。

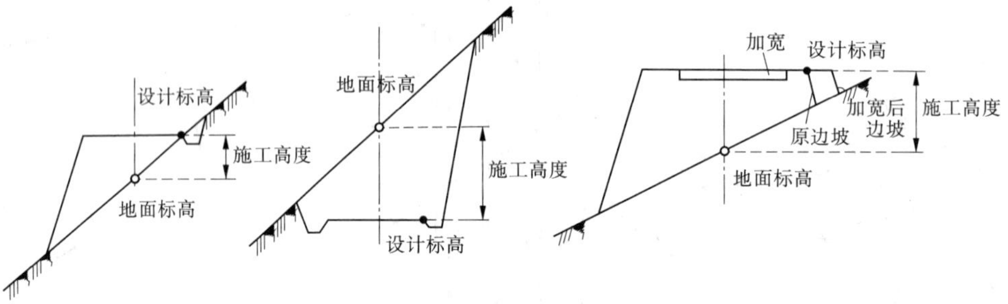

(a)路堤　　(b)路堑　　(c)曲线超高加宽段

图 2-27　路基的施工高度

路线纵断面图可以看成由两部分组成:一是图的上半部,二是图的下半部。

纵断面图上半部主要用来绘制两条主要的线:一条是地面线,它是根据路中线上各桩点实测的地面高程点绘出的一条不规则的折线,反映出路中线处天然地面的起伏变化情况;另一条是设计线,它是经过技术、经济及美学上的比较后,由设计人员定出来的,主要反映公路建成后纵面坡度的变化情况。路线纵断面设计线是由均匀坡度线(直线)和竖曲线(圆曲线或二次抛物线)组成的。坡度线和竖曲线共同成为纵断面线形的两个基本线形要素。很明显,坡度线有上坡和下坡,是以坡度和水平长度表示的,一般上坡坡度为正,下坡坡度为负;竖曲线则是在坡度转换处设置的过渡性曲线,有凸形和凹形两种,其大小以半径和水平长度表示。

纵断面图下半部主要用来填写有关数据,自下而上分别有这样一些内容:直线与平曲线;里程及桩号;地面标高;设计标高;填挖高度值;坡度/坡长;土壤地质说明等。

公路路线纵断面图详见图 2-28。

图 2-29 为城市道路纵断面设计图,当道路纵向坡度小于 0.3%时,需进行街沟设计。

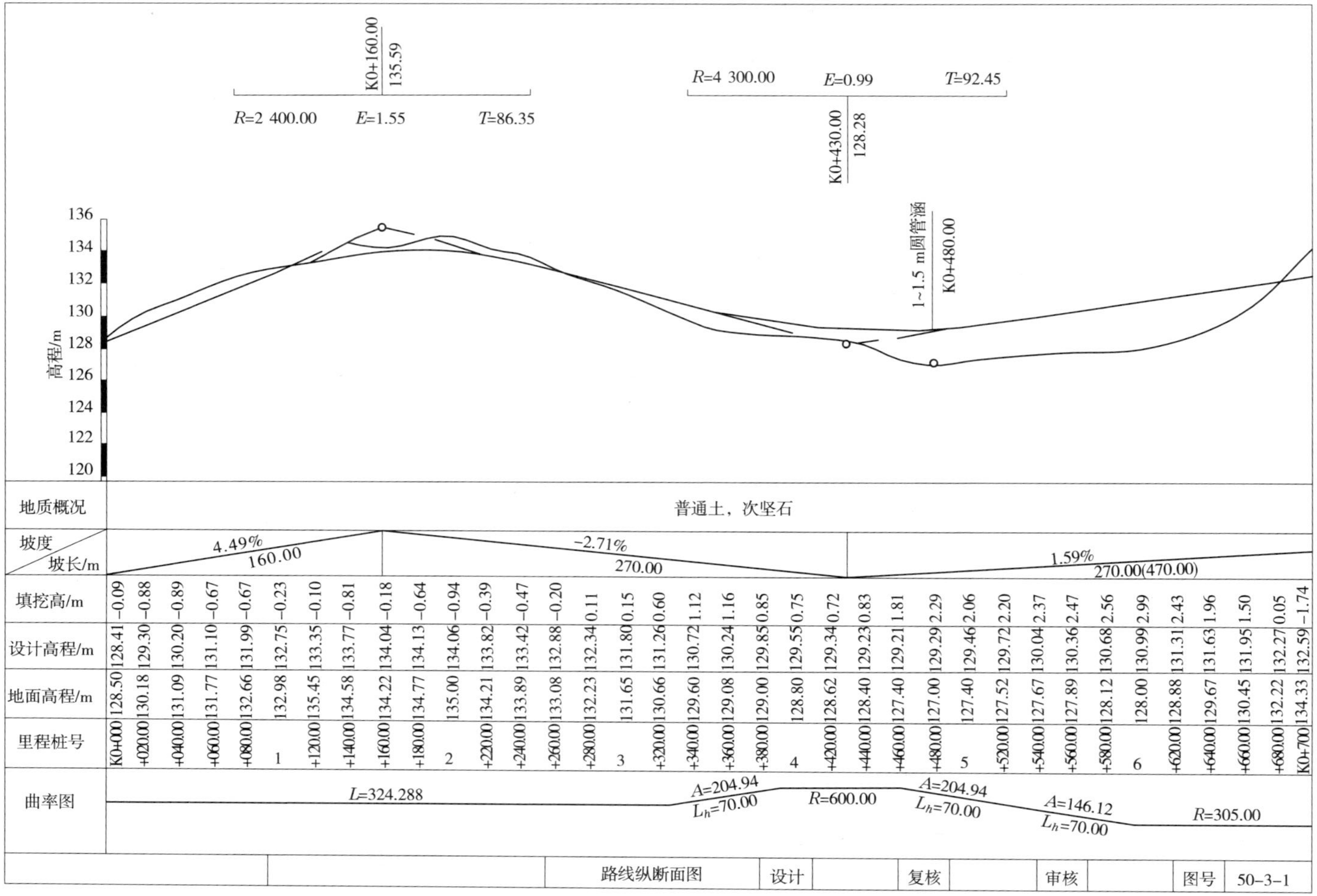

里程桩号	地面高程/m	设计高程/m	填挖高/m
K0+000	128.50	128.41	−0.09
+020.00	130.18	129.30	−0.88
+040.00	131.09	130.20	−0.89
+060.00	131.77	131.10	−0.67
+080.00	132.66	131.99	−0.67
1	132.98	132.75	−0.23
+120.00	135.45	133.35	−0.10
+140.00	134.58	133.77	−0.81
+160.00	134.22	134.04	−0.18
+180.00	134.77	134.13	−0.64
2	135.00	134.06	−0.94
+220.00	134.21	133.82	−0.39
+240.00	133.89	133.42	−0.47
+260.00	133.08	132.88	−0.20
+280.00	132.23	132.34	0.11
3	131.65	131.80	0.15
+320.00	130.66	131.26	0.60
+340.00	129.60	130.72	1.12
+360.00	129.08	130.24	1.16
+380.00	129.00	129.85	0.85
4	128.80	129.55	0.75
+420.00	128.62	129.34	0.72
+440.00	128.40	129.23	0.83
+460.00	127.40	129.21	1.81
+480.00	127.00	129.29	2.29
5	127.40	129.46	2.06
+520.00	127.52	129.72	2.20
+540.00	127.67	130.04	2.37
+560.00	127.89	130.36	2.47
+580.00	128.12	130.68	2.56
6	128.00	130.99	2.99
+620.00	128.88	131.31	2.43
+640.00	129.67	131.63	1.96
+660.00	130.45	131.95	1.50
+680.00	132.22	132.27	0.05
K0+700	134.33	132.59	−1.74

图 2-28 公路路线纵断面图

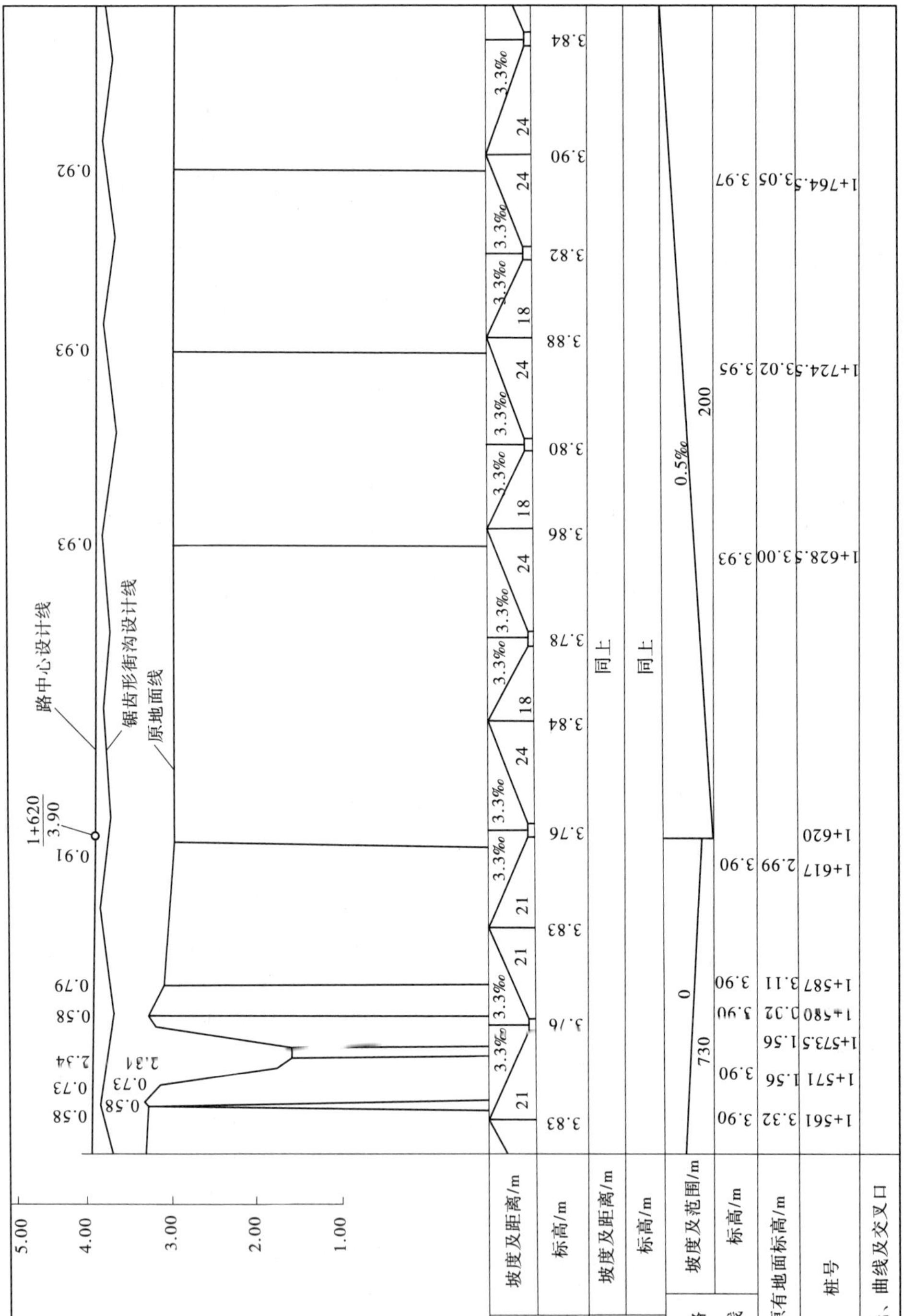

图 2-29 城市道路纵断面设计图

二、纵坡及坡长设计

(一)纵坡设计的一般要求

为使纵坡设计达到经济合理的目的,设计时必须全面掌握勘测资料,结合选(定)线的意图进行综合分析、比较,并满足以下一些要求:

(1)纵面线形应平顺、圆滑、视觉连续,并与地形相适应,与周围环境相协调。

(2)纵坡设计应考虑填挖平衡,并利用挖方就近作为填方,以减轻对自然地面横坡与环境的影响。

(3)连续设置长、陡纵坡的路段,上坡方向应满足通行能力的要求,下坡方向应考虑行车安全,并结合前后路段各技术指标设置情况,采用运行速度对连续上坡方向的通行能力及下坡方向的行车安全性进行检验。

(4)路线交叉处前后的纵坡应平缓。

(5)位于积雪冰冻地区的公路,应避免采用陡坡。

(二)坡度限制

1. 最大纵坡

最大纵坡是指在设计纵坡时,各级公路允许采用的最大坡度值,它是路线设计中一项重要的控制指标。特别是在山区,纵坡的大小直接影响着路线的长短、使用品质的好坏、工程量的大小及运输成本的高低。因此,确定公路的最大纵坡时必须慎重。

《公路工程技术标准》(JTG B01—2014)在制定最大纵坡时,主要根据以下三个方面来确定。

1)汽车的动力特性

不同类型的车辆具有不同的动力特性和制动性能,其上坡时的爬坡能力和下坡时的制动效能也各不相同。按照公路上行驶的车辆类型及其所具有的动力特性来确定汽车在规定速度下的爬坡能力和下坡的安全性,是确定道路最大纵坡的常用方法。

通过对汽车在坡道上行驶情况的调查发现,汽车上坡时因克服升坡阻力,需要增大牵引力,车速会降低;若陡坡过长,汽车水箱可能出现"开锅"、气阻的情况,严重时还可能使发动机熄火,使驾驶条件恶化;另外,若车辆沿陡坡下行,刹车次数明显增多,制动器易发热而失效,加之司机下坡行驶时心里紧张,很容易引发事故。

2)公路等级

不同的公路等级对应于不同的设计速度,由汽车的动力特性可知,汽车的爬坡能力与行驶速度成反比。公路等级越高,行车密度越大,要求的行车速度也越快,相应地其纵坡也越小。因而,不同等级、性质的公路,其最大纵坡的限制值也不一样。在确定最大纵坡时,必须把保证各等级的公路具有规定的行车速度作为前提。

3)自然条件

公路所经地区的地形起伏情况、海拔、气温、降雨、冰雪等自然因素对汽车的行驶条件和爬坡能力都会产生影响。处于长期冰冻地区的公路须避免采用大坡,以防止行车滑溜等不安全因素的产生。

根据上述的行车速度、行车安全和驾驶条件等各种实践的要求,并综合事故与纵坡的关系、下坡刹车次数及陡坡累计长度的分析，普遍认为公路的最大纵坡以不超过 8%为宜。从工程经济考虑，《公路工程技术标准》(JTG B01—2014)和《城市道路工程设计规范》(CJJ 37—2012)分别规定了公路和城市道路的最大纵坡值，如表 2-14、表 2-15 所示。

表 2-14　公路最大纵坡

设计速度/(km/h)	120	100	80	60	40	30	20
最大纵坡/%	3	4	5	6	7	8	9

注：①设计速度为 120 km/h、100 km/h、80 km/h 的高速公路受地形条件或其他特殊情况限制时，经技术经济论证，最大纵坡可增加 1%；

②公路改扩建中，设计速度为 40 km/h、30 km/h、20 km/h 的利用原有公路的路段，经技术经济论证，最大纵坡可增加 1%；

③四级公路位于海拔 2 000 m 以上或积雪冰冻地区的路段，最大纵坡不应大于 8%。

表 2-15　城市道路最大纵坡

<table>
<tr><td colspan="2">设计速度/(km/h)</td><td>100</td><td>80</td><td>60</td><td>50</td><td>40</td><td>30</td><td>20</td></tr>
<tr><td rowspan="2">最大纵坡/%</td><td>一般值</td><td>3</td><td>4</td><td>5</td><td>5.5</td><td>6</td><td>7</td><td>8</td></tr>
<tr><td>极限值</td><td>4</td><td>5</td><td colspan="2">6</td><td>7</td><td colspan="2">8</td></tr>
</table>

注：①新建道路应采用小于或等于最大纵坡一般值；改建道路、受地形条件或其他特殊情况限制时，可采用最大纵坡极限值；

②除快速路外的其他等级道路，受地形条件或其他特殊情况限制时，经技术经济论证后，最大纵坡极限值可增加 1.0%；

③积雪或冰冻地区的快速路最大纵坡不应大于 3.5%，其他等级道路最大纵坡不应大于 6.0%。

桥梁及其引道的平、纵、横技术指标应与路线总体布设相协调，各项技术指标应符合路线布设的规定。大、中桥的纵坡不宜大于 4%，桥头引道的纵坡不宜大于 5%，引道紧接桥头部分的线形应与桥上线形相配合。易结冰、积雪的桥梁，桥上纵坡宜适当减小。位于市镇附近非汽车交通量大的路段，桥上及桥头引道的纵坡均不应大于 3%。

隧道内的纵坡不应大于 3%，并不小于 0.3%，但长度小于 100 m 的隧道，可不受上述规定的限制。高速公路、一级公路的中、短隧道，当条件受限制时，经技术经济论证后最大纵坡可适当加大，但不宜大于 4%。

位于市镇附近且非汽车交通量较大的路段，可根据具体情况将纵坡适当放缓。

2. 高原纵坡折减

在海拔很高的高原地区，汽车发动机的功率因空气稀薄而减小，相应地降低了汽车的爬坡能力；此外，在高原地区，汽车水箱中的水容易开锅而破坏冷却系统。因此，《公路路线设计规范》(JTG D20—2017)规定：在海拔 3 000 m 以上的高原地区，各级公路的最大纵坡值应按表 2-16 的规定予以折减；最大纵坡折减后，如小于 4%，则仍用 4%。

表 2-16　高原纵坡折减值

海拔/m	>3 000~4 000	>4 000~5 000	>5 000
折减值/%	1	2	3

3. 最小纵坡

为保证挖方路段、设置边沟的低填方路段和横向排水不畅路段的排水,以防止积水渗入路基而影响其稳定性,应采用不小于0.3%的纵坡(一般情况下以采用不小于0.5%为宜)。当设计必须小于0.3%的纵坡时,边沟应做单独排水设计。当然,像干旱地区,以及横向排水良好、不产生路面积水的路段,也可不受此最小纵坡的限制。

(三)坡长限制

坡长是指纵面线形上两个变坡点之间的长度。坡长限制包括两个方面的内容:一是对一般纵坡的最小坡长予以限制,二是对较陡纵坡的最大坡长予以限制。

1. 最小坡长限制

之所以要对最小坡长加以限制,从行车来看,主要是若纵坡上变坡点过多,会使纵面线形起伏,导致车辆行驶颠簸频繁,车速愈高则愈显得突出,影响了行车的舒适和安全。为了提高行车的平顺性,一般要求纵坡上的转折点宜少。

从线形的几何构成来看,相邻变坡点之间的距离也不宜过短,最短应不小于相邻竖曲线的切线长,以便插入适当的竖曲线来缓和纵坡的突变,同时也便于平纵面线形的合理组合与布置。此外,为保证行车安全,还必须使两个凸形变坡点之间的距离满足行车视距的要求。如相邻两纵坡之间的坡度相差较大,为便于汽车运行时换挡操作,其坡长则更不宜太短。

最小坡长通常以汽车按设计速度行驶9~15 s的行程作为规定值。在设计速度较大的高等级公路上,因车速较快,9 s的行程已能满足行车操作和布设几何线形的需要;而在设计速度较低的一般公路上,行程时间应取长些,方能更好地满足行车和布设线形的需要。《公路工程技术标准》(JTG B01—2014)和《城市道路工程设计规范》(CJJ 37—2012)据此给出了各级公路最小坡长及城市道路纵坡最小长度,如表2-17和表2-18所示。

表2-17　公路最小坡长

设计速度/(km/h)	120	100	80	60	40	30	20
最小坡长/m	300	250	200	150	120	100	60

表2-18　城市道路纵坡最小长度

设计速度/(km/h)	100	80	60	50	40	30	20
最小长度/m	250	200	150	130	110	85	60

2. 最大坡长限制

当路线为连续陡坡时,汽车上坡时为发挥更大的牵引力,多用低速挡(如一挡、二挡)。若坡长过长,长时间使用低速挡会使发动机过分发热而使效率降低、水箱沸腾、行驶无力。而下坡时,则因坡度过陡、坡段过长而使刹车频繁,影响行车安全。因此,为保证行车安全,《公路路线设计规范》(JTG D20—2017)规定对较陡纵坡的坡长应加以限制,如表2-19所示。

表 2-19　公路不同纵坡最大坡长

单位:m

设计速度/(km/h)		120	100	80	60	40	30	20
纵坡坡度/%	3	900	1 000	1 100	1 200	—	—	—
	4	700	800	900	1 000	1 100	1 100	1 200
	5	—	600	700	800	900	900	1 000
	6	—	—	500	600	700	700	800
	7	—	—	—	—	500	500	600
	8	—	—	—	—	300	300	400
	9	—	—	—	—	—	200	300
	10	—	—	—	—	—	—	200

这里的最大坡长是针对采用同一坡度值的单一坡段而言的。当单一纵坡的长度超过表 2-19 中规定值,或者路段平均纵坡较大时,应通过通行能力验算,论证是否需要设置供大型车辆上坡的爬坡车道。

《城市道路工程设计规范》(CJJ 37—2012)规定,当城市道路纵坡大于表 2-15 所列的一般值时,城市道路纵坡最大坡长应符合表 2-20 的规定。

表 2-20　城市道路最大坡长

设计速度/(km/h)	100	80	60			50			40		
纵坡/%	4	5	6	6.5	7	6	6.5	7	6.5	7	8
最大坡长/m	700	600	400	350	300	350	300	250	300	250	200

(四)缓和坡段

缓和坡段的作用主要是改善汽车在连续陡坡上行驶的紧张状况,避免汽车长时间低速行驶或汽车下坡产生不安全因素。因此,当陡坡的长度达到限制坡长时,应安排一段缓坡,用以恢复在陡坡上行驶所降低的速度。汽车在缓坡上行驶的长度,从理论上应满足汽车加速或减速行驶过程的需要。

《公路路线设计规范》(JTG D20—2017)规定,各级公路的连续上坡路段,应根据载重汽车上坡时的速度折减变化,在不大于表 2-19 规定的纵坡长度之间设置缓和坡段。其设置应符合下列规定:

(1)设计速度小于或等于 80 km/h 时,缓和坡段的纵坡应不大于 3%;设计速度大于 80 km/h 时,缓和坡段的纵坡应不大于 2.5%。

(2)缓和坡段的长度应大于表 2-17 的规定。

(五)平均纵坡

平均纵坡($i_{平均}$)是指在一定长度路段内,路线在纵向所克服的高差值与该路段的距离之比,用百分率(%)表示。它是衡量纵面线形设计好坏的一个重要指标。

$$i_{平均} = \frac{H}{L} \tag{2-22}$$

式中 H——相对高差,m;

L——路线长度,m。

在路线纵坡设计时,往往会有这样的情况:当地形困难,高差很大时,设计者可能不断地运用最大纵坡(并达到限制坡长)。这样做看似符合纵坡设计的有关标准,但是纵面线形很不好,不能保证使用质量,汽车在这样的坡段上行驶,上坡会长时间地使用低速挡,造成发动机长时间发热,导致车辆水箱沸腾;下坡则频繁刹车,司机驾驶紧张,也易引起不良后果。因此,有必要从行车顺利和安全的角度来控制纵坡的平均值,这样既可保证路线的平均纵坡不致过陡,也可以避免局部地段使用过大的平均纵坡。

为了合理地运用最大纵坡、坡长限制的规定,保证纵坡均衡匀顺,确保行车安全和舒适,《公路路线设计规范》(JTG D20—2017)规定:二级及二级以下公路越岭路线连续上坡(或下坡)路段,当相对高差为200~500 m时,平均纵坡不应大于5.5%;当相对高差大于500 m时,平均纵坡不应大于5%;任意相连3 km路段的平均纵坡不应大于5.5%。高速公路、一级公路应论证采用合理的平均纵坡,对存在连续长、陡纵坡的路段应进行安全性评价,通过交通工程、安全设施和综合管理措施等来提高道路的安全性。

(六)合成坡度

合成坡度是指由路线纵坡与弯道超高横坡或路拱横坡组合而成的坡度,其方向即流水线方向。如图2-30所示,合成坡度的计算公式是:

$$i_{合} = \sqrt{i_{纵}^2 + i_{横}^2} \tag{2-23}$$

动画2-2 合成坡度

式中 $i_{合}$——合成坡度,%;

$i_{横}$——超高横坡或路拱横坡,%;

$i_{纵}$——路线纵坡,%。

图2-30 合成坡度

由于合成坡度是由纵向坡度与横向坡度组合而成的,其坡度值比原路线纵坡大,汽车在设有超高的坡道上行驶时,不仅要受坡度阻力的影响,还要受离心力的影响。尤其是当纵坡大而平曲线半径小时(相应地,合成坡度大),往往由于合成坡度的影响而使汽车重心发生偏移,给汽车行驶带来危险。所以,当弯道与坡度组合时,为了防止汽车向合成坡度方向倾斜、滑移,应将超高横坡与纵坡的组合控制在适当的范围以内。

实践证明,合成坡度对于控制急弯和陡坡相互重叠是非常必要的,在条件许可时,以采用较小的合成坡度为宜。

《公路路线设计规范》(JTG D20—2017)规定:在设有超高的平曲线上,超高与纵坡的合成坡度值不得超过表 2-21 的规定,在积雪或冰冻地区,合成坡度值不应大于 8%。

表 2-21　**公路最大合成坡度**

公路等级	高速公路、一级公路				二级公路、三级公路、四级公路				
设计速度/(km/h)	120	100	80	60	80	60	40	30	20
合成坡度/%	10.0	10.0	10.5	10.5	9.0	9.5	10.0	10.0	10.0

为了保证路面排水,《公路路线设计规范》(JTG D20—2017)还规定各级公路的最小合成坡度不宜小于 0.5%;当合成坡度小于 0.5%时,应采取综合排水措施,以保证路面排水畅通。

(七)爬坡车道

为了在长陡的路段上,将大型车、慢速车从主线车流中分离出去,从而提高主线车辆的行驶自由程度,以增加该路段的通行能力而设置的附加车道,称为爬坡车道,如图 2-31 所示。

图 2-31　**爬坡车道**

当道路的纵坡大于或等于 4%,且载重车混入率较大时,为了使小汽车尽量取得所要达到的车速,不影响通行能力,或为了不违反坡长限制规定,路线要做大的迂回或必须高填深挖时,沿上坡方向设爬坡车道作为附加车道是适宜的。在设计中,对需设置爬坡车道的路段,应对设置爬坡车道方案与改善主线纵坡(降缓纵坡)不设爬坡车道的方案进行技术经济比选,以确定经济、合理的方案。但根本解决问题还在于选线时综合研究以选择纵坡较小而经济的路线。

《公路工程技术标准》(JTG B01—2014)规定:高速公路、一级公路以及二级公路的连续上坡路段,当通行能力、运行安全受到影响时,应设置爬坡车道。六车道以上的高速公路,可不设置爬坡车道。

《公路路线设计规范》(JTG D20—2017)规定:四车道高速公路、四车道一级公路以及二级公路连续上坡路段，符合下列情况之一者，宜在上坡方向行车道右侧设置爬坡车道：

（1）沿上坡方向载重汽车的行驶速度降低到表 2-22 的容许最低速度以下时。

表 2-22　上坡方向容许最低速度

设计速度/(km/h)	120	100	80	60	40
容许最低速度/(km/h)	60	55	50	40	25

（2）上坡路段的设计通行能力小于设计小时交通量时。

（3）经设置爬坡车道与改善主线纵坡不设爬坡车道技术经济比较论证，设置爬坡车道的效益费用比、行车安全性较优时。

爬坡车道宽度一般情况下为 3.5 m，困难路段，可适当减窄，但不得小于 3.0 m。爬坡车道外应设有路肩，如图 2-32 所示。

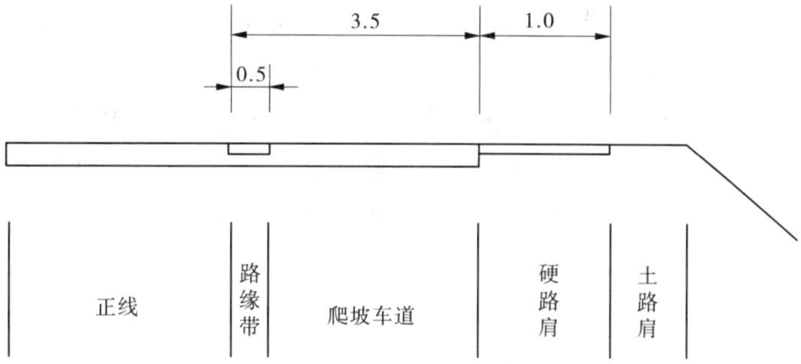

图 2-32　爬坡车道横断面组成　（单位：m）

爬坡车道的平面布置如图 2-33 所示，其长度由分流渐变段长度、爬坡车道长度和汇流渐变段长度组成。

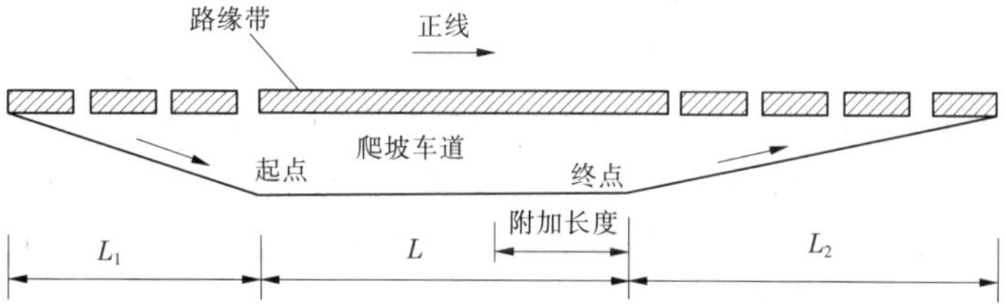

图 2-33　爬坡车道的平面布置

（八）避险车道

避险车道是指在行车道外侧增设的，供制动失效车辆驶离、减速停车、自救的专用车道，如图 2-34 所示。《公路工程技术标准》（JTG B01—2014）规定：连续长、陡下坡路段，应结合交通安全评价论证设置避险车道。

在连续长、陡下坡路段，汽车下坡行驶时速度增加较快，使制动次数增加，汽车制动器温度上升较快、较高，易发生制动失效而引起速度失控。长、陡下坡行驶速度失控，易发生侧翻、冲出路基、撞击前方车辆的恶性交通事故，甚至造成车毁人亡。若在长、陡下坡路段适当位置设置避险车道，供速度失控车辆驶入，利用制动坡床的滚动阻力和坡度阻力迫使

图 2-34 避险车道

汽车减速停车,可避免或减轻车辆和人员损伤。

交通事故率、坡长和纵坡度值及公路上大型车所占比率是设置避险车道应考虑的主要因素。为了最大限度地为公路使用者提供安全、可靠的行车环境,当长、陡下坡路段,路线平均纵坡大于或等于 4%,纵坡连续长度大于或等于 3 km,同时交通组成中的大、中型载重车比例较大(占到 50%以上)时,在载重车缺少辅助制动装置的路段,为防止连续长、陡下坡路段车辆在行驶中速度失控,同时为减轻失控车辆的损失和危及第三方安全,应考虑在山岭地区长、陡下坡路段的右侧山坡上且视距良好的适当位置设置避险车道,其宽度不应小于 4.5 m。

避险车道的平面线形与行车道夹角以 3°~5°为最佳。失控车辆以较高的车速由主线转入避险车道时需要转动方向盘,车辆存在很大的侧向力,并形成很大的车轮侧偏角,车辆的横向稳定性变差。在车速相同的情况下,转向角越大,转弯半径越小,则离心力越大,车辆越容易发生侧滑或翻车事故,因此避险车道和公路的夹角应尽可能在较小的范围内。

避险车道要有足够的长度,否则将可能使车辆超越避险车道造成翻落山崖或撞至避险车道端部而导致车毁人亡的事故。但由于山区地形条件限制,较长的避险车道是不现实的,会造成较大的填挖量而增加工程造价,同时会破坏自然环境。实践表明,用增加避险车道坡度或选用合适的制动砂床材料等方法来取代加长避险车道是可行的。

避险车道要有完善的、醒目的交通标志,特别是标线和预告标志等设施,避免由于视距不良导致驾驶员未能发现而错过避险车道。服务车道应适当铺筑路面,避免造成与避险车道混用。避险车道应布置救险锚栓(高速公路应为 50 m,其他公路间距不宜大于 90 m),以便使用卷扬机解救失控车辆。每次处理完失控车辆后,应迅速恢复避险车道原样。

三、竖曲线设计

(一)竖曲线的特点及几何要素计算

纵断面图上的设计线是由直坡段和竖曲线组成的。在两个直坡段的转折处(变坡点处),为保证行车安全、舒适及视距的需要而设置的一段曲线,叫作竖曲线;相邻两直坡段的交角 ω 叫作坡度角,如图 2-35 所示。坡度角 ω 的大小近似地等于相邻两纵坡段坡度的代数差,即

$$\omega = i_2 - i_1 \tag{2-24}$$

式中　i_2、i_1——相交坡度线的坡度值，上坡为正，下坡为负。

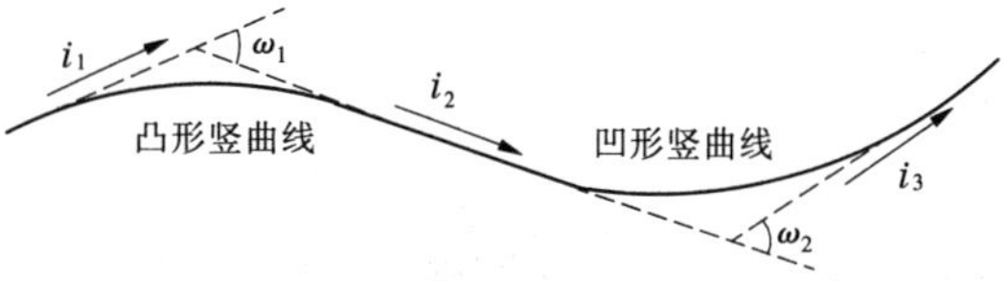

图 2-35　竖曲线示意图

当变坡点在竖曲线的上方，即 ω 为负时，其相应的竖曲线称为凸形竖曲线，反之则称为凹形竖曲线。

竖曲线的线形有用圆曲线的，也有用抛物线形的。通常在公路使用范围内，圆弧和抛物线几乎没有差别，但在设计和计算上，抛物线则比圆曲线方便得多。因此，设计上一般采用二次抛物线作为竖曲线。

由于路线纵坡度 i_1、i_2 的值很小（最大不超过 0.09），而高程变化值与水平距离相差甚大，因而在实际生产中均假定竖曲线的切线长度与弧长（曲线长度）等于其在水平面上的投影长度，切线支距是竖直的高程差，在纵断面设计时，竖曲线的几何要素计算公式如下（见图 2-36）：

$$\left.\begin{aligned} \omega &= i_2 - i_1 \\ L &= R\omega \\ T &= \frac{L}{2} = \frac{1}{2}R\omega \\ E &= \frac{1}{4}T\omega = \frac{T^2}{2R} \\ y &= \frac{x^2}{2R} \end{aligned}\right\} \tag{2-25}$$

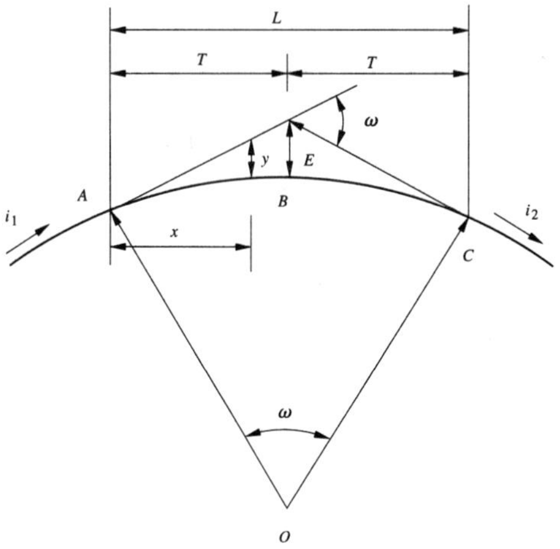

图 2-36　竖曲线几何元素

式中 R——二次抛物线的参数,一般称作竖曲线半径,m;

T——竖曲线的切线长,m;

L——竖曲线长度,m;

E——竖曲线变坡点处的切线支距(纵距),m;

x——竖曲线上任意一点距竖曲线起点或终点的水平距离,m;

y——竖曲线上任意一点距切线的纵距,m。

(二)竖曲线最小半径与最小长度

进行竖曲线设计,首先要确定其半径。竖曲线半径的选择原则与平曲线相似,从满足行车的要求而言,总是希望半径越大越好,只有在地形困难的路段,不得已时才采用最小半径。

《公路工程技术标准》(JTG B01—2014)规定了竖曲线的极限最小半径。所谓极限最小半径,是指汽车在纵坡变更处行驶时,为了缓和冲击和保证视距所需的最小半径的计算值,该值只有在受地形等特殊情况约束时方可采用。为了行车的安全和舒适,一般应采用极限最小半径的1.5~2.0倍的数值。

1. 凹形竖曲线极限最小半径

凹形竖曲线极限最小半径主要从限制离心力、夜间行车前照灯照射距离及在跨线桥下视距三个方面计算分析确定。

1)从限制离心力不致过大考虑

汽车行驶在竖曲线上,由于离心力的作用,要产生失重(凸形竖曲线)或增重(凹形竖曲线)。失重直接影响乘客的舒适感,增重则不仅影响乘客的舒适感,还对汽车的悬挂系统产生超载的影响。竖曲线半径的大小直接影响离心力的大小,因此必须首先从控制离心力不致过大来限制竖曲线的极限最小半径。

2)从汽车夜间行驶前照灯照射距离考虑

汽车行驶在凹形竖曲线上时,也同样存在视距问题。对地形起伏较大地区的路段,在夜间行车时,若半径过小,前照灯照射距离过短,影响行车安全和速度;在高速公路及城市道路上有许多跨线桥、门式交通标志及广告宣传牌等,如果它们正好处在凹形竖曲线上方,也会影响驾驶员的视线。如图2-37所示,若照射距离小于要求的视距长度,则无法保证行车安全。按此条件即可推导出此时凹形竖曲线的最小半径的计算公式。

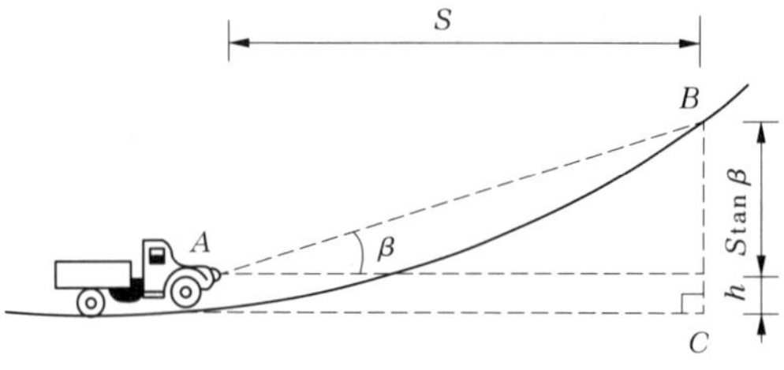

图2-37 夜间行车前照灯照射距离

3)从保证跨线桥下视距考虑

为保证汽车穿过跨线桥时有足够的视距,也应对凹形竖曲线最小半径加以限制,按此条件即可推导出此时凹形竖曲线的最小半径的计算公式。

综合以上三种情况,《公路路线设计规范》(JTG D20—2017)以限制凹形竖曲线离心力条件为依据,制定出凹形竖曲线极限最小半径的规定值,如表 2-23 所示。

2. 凸形竖曲线极限最小半径

凸形竖曲线极限最小半径主要从限制失重不致过大和保证纵面行车视距两个方面计算分析确定。

1)从限制失重不致过大考虑

与凹形竖曲线的限制条件和计算公式相同。

2)从保证纵面行车视距考虑

凸形竖曲线半径过小,路面上凸直接影响行车视距,按规定的视距控制即可推导出计算极限最小半径的公式。

《公路路线设计规范》(JTG D20—2017)规定的各级公路的凸形竖曲线的极限最小半径见表 2-23。

表 2-23 竖曲线最小半径与最小长度

设计速度/(km/h)		120	100	80	60	40	30	20
凸形竖曲线最小半径/m	一般值	17 000	1 000	4 500	2 000	700	400	200
	极限值	11 000	6 500	3 000	1 400	450	250	100
凹形竖曲线最小半径/m	一般值	6 000	4 500	3 000	1 500	700	400	200
	极限值	4 000	3 000	2 000	1 000	450	250	100
竖曲线长度/m	一般值	250	210	170	120	90	60	50
	极限值	100	85	70	50	35	25	20

3. 竖曲线最小长度

表示竖曲线大小的方法:一是用竖曲线半径来表示,二是用竖曲线的长度来表示,两者可用竖曲线的几何要素计算公式 $L = R\omega$ 进行互换。因此,讨论竖曲线的最小半径问题也就等于讨论了竖曲线的最小长度问题。

前面介绍过的限制竖曲线最小半径的两个主要因素,即限制离心力不过大和满足视距的要求,同样要制约竖曲线最小长度的确定。

当坡度角很小时,即使采用较大的竖曲线半径,竖曲线长度也很短,这样容易使司机产生变坡很急的错觉,乘客也会感到不适,故还应限制车辆在竖曲线上行经的时间不过短。这个限制是以汽车按设计速度行驶 3 s 的时间来进行计算的,即

$$L_{\min} = \frac{V}{3.6}t = \frac{V}{1.2} \quad (\mathrm{m})$$

据此确定竖曲线最小长度,《公路路线设计规范》(JTG D20—2017)规定如表 2-23 所示。

如表 2-24 所示为城市道路竖曲线最小半径和最小长度。

表 2-24 城市道路竖曲线最小半径和最小长度

设计速度/(km/h)		100	80	60	50	40	30	20
凸形竖曲线/m	一般值	10 000	4 500	1 800	1 350	600	400	150
	极限值	6 500	3 000	1 200	900	400	250	100
凹形竖曲线/m	一般值	4 500	2 700	1 500	1 050	700	400	150
	极限值	3 000	1 800	1 000	700	450	250	100
竖曲线最小长度/m	一般值	210	170	120	100	90	60	50
	极限值	85	70	50	40	35	25	20

(三)竖曲线半径的选择

选择竖曲线半径主要应考虑以下因素:

(1)选择半径应符合表 2-23 所规定的竖曲线最小半径与最小长度的要求。

(2)在不过分增加土石方工程量的情况下,为使行车舒适,宜采用较大的竖曲线半径。

(3)结合纵断面起伏情况和高程控制要求,确定合适的外距值,按外距控制选择半径:

$$R=\frac{8E}{\omega^2}\quad(\mathrm{m})$$

(4)考虑相邻竖曲线的连接(保证最小直坡段长度或不发生重叠)限制曲线长度,按切线长度选择半径:

$$R=\frac{2T}{\omega}\quad(\mathrm{m})$$

(5)过大的竖曲线半径将使竖曲线过长,从施工和排水来看都是不利的,选择半径时应注意。

(6)在夜间行车交通量较大的路段,考虑到灯光照射方向的改变会使前照灯照射的范围受到限制,在选择半径时应适当加大,以使其有较长的照射距离,保证行车安全。

四、道路平、纵面线形组合设计

平面线形与纵面线形是按照工程建设情况,从不同角度来评价公路构造物空间实际线形的两个要素。实际上,公路的线形,最终是以平面线形和纵面线形所组合成的立体线形映入驾驶员眼帘的。驾驶员在驾驶过程中所选定的实际行驶速度也是由其对公路立体线形的判断而做出的。公路立体线形的好坏,最后集中反映在汽车的实际行驶速度上。为此,设计时公路平、纵面线形,除必须分别满足《公路工程技术标准》(JTG B01—2014)和《公路路线设计规范》(JTG D20—2017)规定的最小值外,还应以满足视觉、心理方面连续、舒适的需要,对平、纵面线形的组合设计提出更高的要求。

高速公路和一级公路及设计速度≥60 km/h 的公路,应注重空间线形设计,尽量做到线形连续、指标均衡、视觉良好、景观协调、安全舒适。设计速度越高,平、纵面线形组合设计所考虑的因素应越周全。当设计速度≤40 km/h 时,首先应在保证行驶安全的前提下,正确运用线形要素规定值,在条件允许的情况下,力求做到各种线形要素的合理组合,并尽量避免和减少不利组合。

平面线形与纵断面线形的组合设计是保证公路成为连续、圆滑、顺适、美观的空间立体线形的重要过程，也是真正实现安全、迅速和舒适营运的重要保障。平、纵面线形的组合，应综合考虑汽车行驶的安全和舒适性，工程造价、营运的经济性，以及驾驶员视觉心理的需要，并与公路周围的环境相协调。

(一) 线形组合设计的原则

(1) 在线形组合设计中，各技术指标除应分别符合平面、纵断面规定值外，还应考虑横断面线形组合与行驶安全的影响，应避免平面、纵断面、横断面的最不利值相互组合的设计。

(2) 在确定平面、纵断面的各相对独立技术指标时，各自除应相对均衡、连续外，还应考虑与之相邻路段的各技术指标的均衡、连续。

(3) 线形组合设计除应保持各要素间内部的相对均衡与变化节奏的协调外，还应注意同公路外部沿线自然景观的适应和地质条件等的配合。

(4) 路线线形应能自然地诱导驾驶员的视线，并保持视线的连续性。

(二) 线形组合的形式

通过分解立体线形要素，可得出平、纵面线形有以下六种组合形式，如图 2-38 所示。

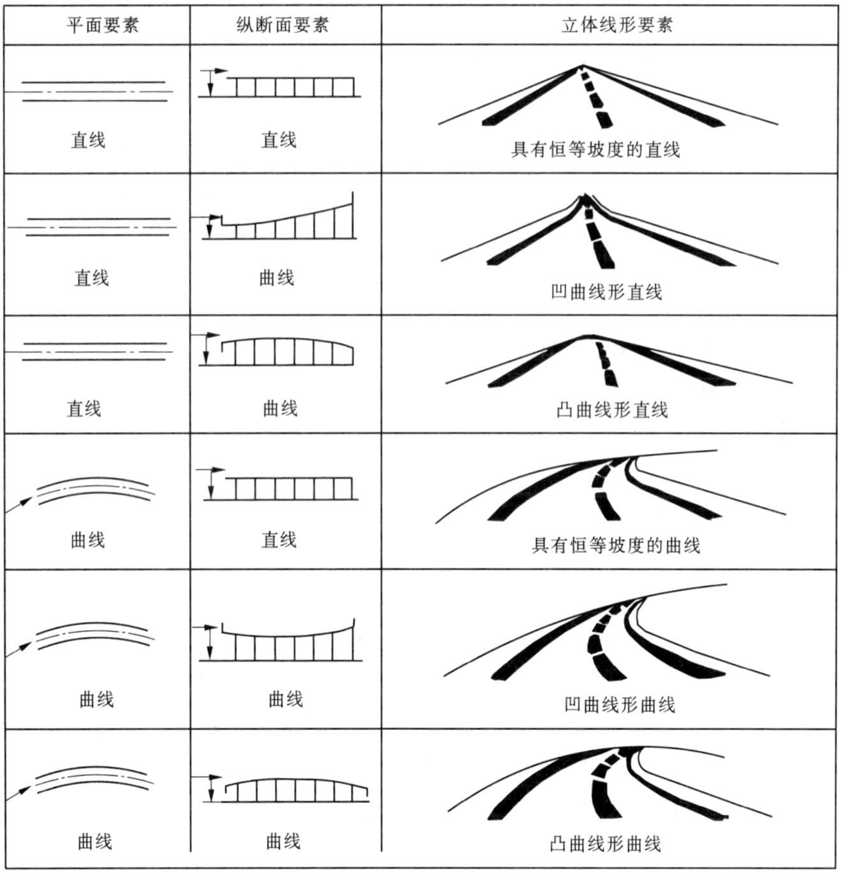

图 2-38　空间线形要素

(1)平面上为直线,纵面上也是直线——构成具有恒等坡度的直线;

(2)平面上为直线,纵面上是凹形竖曲线——构成凹曲线形直线;

(3)平面上为直线,纵面上是凸形竖曲线——构成凸曲线形直线;

(4)平面上为曲线,纵面上为直线——构成具有恒等坡度的曲线;

(5)平面上为曲线,纵面上为凹形竖曲线——构成凹曲线形曲线;

(6)平面上为曲线,纵面上为凸形竖曲线——构成凸曲线形曲线。

上述(1)~(3)是在垂直平面内的线形类,(4)~(6)是立体曲线。从视觉、心理分析来看,它们各有优势和不足:

上述(1)组合往往线形单调、枯燥,行车过程中视景缺乏变化,容易使司机产生疲劳和频繁超车。设计时应采用画行车道线、标志、绿化,注意与路侧设施配合等方法来调节单调的视觉,增进视线诱导。

上述(2)组合具有较好的视距条件,能给司机以动的视觉效果,行车条件较好。设计时要注意避免采用较短的凹形竖曲线,尤其在两个凹形竖曲线间注意不要插入短的直坡段;在长直线的末端不宜插入小半径的凹形竖曲线。

上述(3)组合视距条件差,线形单调,应注意避免,无法避免时应采用较大的竖曲线半径;若与(2)组合,应注意克服"驼峰""暗凹"和"浪形"等不良视觉现象出现。

上述(4)组合,一般说来只要平曲线半径选择适当,纵坡不太陡,即可获得较好的视觉和心理感受,设计时须注意检查合成坡度是否超限。

上述(5)、(6)组合设计是一种常见的又比较复杂的组合形式。如果平、纵面线形几何要素的大小适宜、位置适当,平、纵面均衡协调,可以获得视觉舒顺、视线诱引良好的立体线形。相反,则会出现一些不良的后果,设计时应引起特别重视。

为使线形组合设计达到以上要求,并得到较好的效果,除可采用透视图法检查外,根据经验还应做到以下四点:

(1)平、纵线形宜相互对应,且平曲线宜比竖曲线长。当竖曲线与平曲线组合时,竖曲线宜包含在平曲线之内,即所谓的"平包竖",如图 2-39 所示。即竖曲线的起、终点宜分别设在平曲线的两个缓和曲线内,其中任一点都不要设在缓和曲线以外的圆曲线内或直线上。其优点是:车辆驶入凸形竖曲线的顶点之前,即能清楚地看到平曲线的始端,辨明弯道的走向,不致因判断错误而发生事故。

若平曲线和竖曲线的半径都很大,则平、竖曲线的位置可不受上述限制;若做不到平曲线和竖曲线的顶点一一对应,两者的半径都小于某限值时,可把平曲线和竖曲线拉开相当距离,使平曲线位于直坡段上或竖曲线位于直线上。

(2)平曲线与竖曲线半径大小保持均衡。平曲线与竖曲线的线形,其中一方大而平缓,则要注意另一方也要大而平缓,切不可使两者差别过大。根据经验,平曲线半径如果不大于 1 000 m,竖曲线的半径大约为平曲线的 10~20 倍,便可达到线形的均衡性。

(3)凸形竖曲线的顶部和凹形竖曲线的底部,不得插入小半径平曲线。前者由于没有视线诱导而使驾驶员必须急转方向盘,增加操作困难;后者由于驾驶员向凹形底部行驶时,可能错认为是水平路段而以过高速度行驶,导致急弯处发生事故。

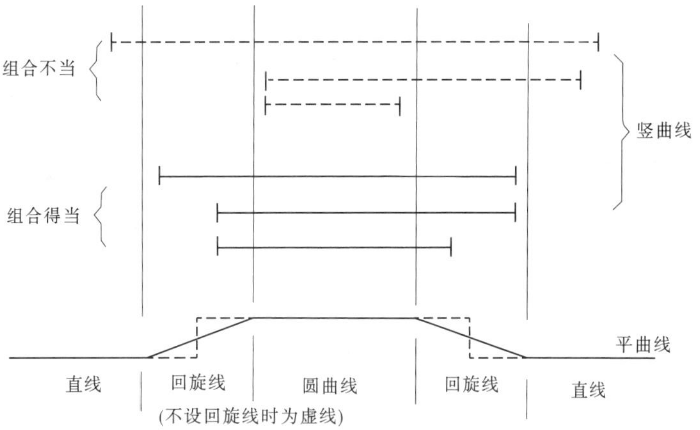

图 2-39　平曲线与竖曲线的组合

(4)在一个平曲线内,避免纵面线形反复凸凹在一个平曲线范围内,若纵面线形反复凸凹时,往往形成看得见脚下和前方,而看不见中间凹陷的线形,如图 2-40 所示。因此,驾驶员由于视觉上不放心,即使凹度很小,也不敢以正常速度行驶。

图 2-40　公路凸凹

第三节　道路横断面设计

一、道路横断面组成设计

一般地说,道路横断面是中线上各点的法向切面,其范围包括路面、路基(边坡)、路肩、中央分隔带、人行道及在用地范围内设置的标志、照明灯柱、防护栅和专门设计的取土坑、弃土堆、边沟、植树等的整个断面。

道路横断面设计应根据其交通性质、交通量(包括人流量)、行车速度,结合地形、气候、土壤等条件进行道路车行道、中央分隔带、人行道、路肩等的布置，以确定其横向几何尺寸，并进行必要的结构设计，以保证它们的强度和稳定性。

照片 2-3 高速公路横断面

（一）道路横断面的组成

1. 公路路基横断面组成

公路路基顶面两路肩外侧边缘之间的部分称为路幅。高速公路与一级公路的横断面组成如图 2-41 所示，二级、三级、四级公路的横断面组成如图 2-42 所示。

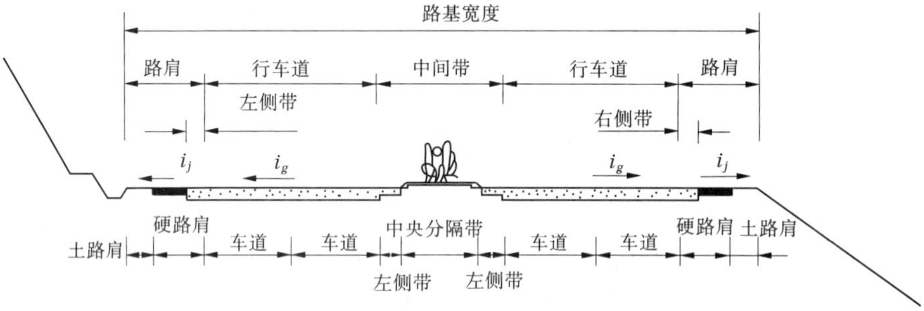

图 2-41 高速公路、一级公路横断面组成

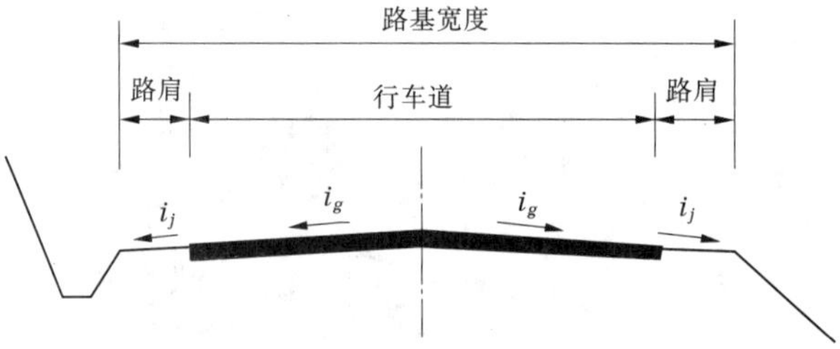

图 2-42 二级、三级、四级公路的横断面组成

等级高、交通量大的公路通常是将上、下行车辆分开。分隔的方式有两种：一种是用分隔带分隔，另一种是将上、下行车道放在不同的平面上加以分隔。前者称作整体式断面，后者称作分离式断面，如图 2-43 所示。

1）一般组成

（1）行车道：公路上供各种车辆行驶部分的总称，包括快车行车道和慢车行车道。

（2）路肩：位于行车道外缘至路基边缘，具有一定宽度的带状结构部分。

（3）边坡：为保证路基稳定，在路基两侧做成的具有一定坡度的坡面。

（4）边沟：为汇集和排除路面、路肩及边坡的流水，在路基两侧设置的纵向水沟。

（5）中间带：高速公路及一级公路用于分隔对向车辆的路幅组成部分，通常设于车道中间。

2）特殊组成

（1）护坡道：当路堤较高时，为保证边坡稳定，在边沟与坡脚之间，沿原地面纵向保留

(a)整体式断面

(b)分离式断面

图 2-43　路基横断面的分隔

的有一定宽度的平台。

(2)碎落台:在路堑边坡坡脚与边沟外侧边缘之间或边坡上,为防止碎落物落入边沟而设置的有一定宽度的纵向平台,如图 2-44 所示。

图 2-44　碎落台

(3)截水沟:为拦截山坡上流向路基的水,在路堑坡顶以外设置的水沟。

(4)爬坡车道:设置在高速公路的上坡路段,供慢速上坡车辆行驶用的车道。

(5)加减速车道:在高速公路互通式立体交叉、服务区等处设置的,供车辆驶入(离)高速车流之前(后)加速(减速)用的车道,如图 2-45 所示。

(6)错车道:在四级公路单车道道路上,在适当的可通视的一定距离内,供车辆交错

图 2-45　加减速车道

避让用的一段加宽车道。设置错车道路段的路基宽度不应小于双车道的路基宽度。

(7)紧急停车带:在高速公路和一级公路上,供车辆临时发生故障或其他原因紧急停车使用的临时停车地带。

2. 城市道路横断面组成

城市道路的横断面是由车行道、人行道、绿化带和分隔带及其他等部分组成的。

(1)车行道:在城市道路上供各种车辆行驶的路面部分,统称为车行道。供汽车、无轨电车、摩托车等机动车行驶的部分称为机动车道;供自行车、三轮车、板车等非机动车行驶的部分称为非机动车道。按车道在行车方向上的不同位置,又可分为内侧车道、中间车道和外侧车道。按车道的不同性质分有变速车道、超车车道、爬坡车道、停车道、错车道、会车道、专用车道等。

(2)人行道:在城市道路上用路缘石或护栏及其他类似设施加以分隔的专门供人行走的部分。

(3)绿化带:指在道路用地范围内供绿化的条形地带。

(4)分隔带:沿道路纵向设置的分隔车行道用的带状设施。位于路中线位置的称中央分隔带,位于路中线两侧的称外侧分隔带。

(5)其他组成部分:除以上组成部分外,还有路缘石、街沟、路拱、照明等。路缘石指设在路边的界石,简称缘石,包括平缘石和立缘石。街沟指设在路面边缘处,由立缘石与平缘石或铺装路面形成的侧沟。路拱指路面横断面的两端与中间形成一定坡度的拱起形状。

3. 城市道路常见的断面形式

1)单幅路

各种车辆在车道上混合行驶。在交通组织上可以有以下几种方式:

(1)划出快、慢车行驶分车线,快车和机动车辆在中间行驶,慢车和非机动车靠两侧行驶。

(2)不划分车线,车道的使用可以在不影响安全的条件下予以调整。如只允许机动车辆沿同一方向行驶的"单行道";限制载重汽车和非机动车行驶,只允许小客车和公共汽车通行的街道;限制各种机动车辆、只允许行人通行的"步行道"等。上述措施,可以是相对不变的,也可以是按规定的周期变换的。

单幅路占地少,投资省,但各种车辆混合行驶,对交通安全不利,仅适用于机动车交通量大、非机动车较少的次干路、支路以及用地不足、拆迁困难、旧城改建的城市道路上。

2)双幅路

在车道中心用分隔带或分隔墩将车行道分为两半,上、下行车辆分向行驶,各自再根据需要决定是否划分快、慢车道。

双幅路断面将对向行驶的车辆分开,减少了行车干扰,提高了车速,分隔带上还可以绿化、布置照明和敷设管线等。它主要用于各向两条机动车车道以上、非机动车较少的道路,有平行道路可供非机动车通行的快速路和郊区道路及横向高差大或地形特殊的路段亦可用。

3)三幅路

中间为双向行驶的机动车车道,两侧为靠右侧行驶的非机动车车道。

三幅路将机动车与非机动车分开,对交通安全有利;在分隔带上布置绿化带,有利于夏天遮阴防晒、减少噪声和布置照明等。对于机动车交通量大、非机动车多的城市道路上宜优先考虑采用。但三幅路断面占地较多,只有当红线宽度大于等于 40 m 时才能满足车道布置的要求。

4)四幅路

在三幅路的基础上,再将中间机动车车道分隔为二,分向行驶。

四幅路不但将机动车和非机动车分开,还将对向行驶的机动车分开,对安全和车速较三幅路更为有利。它适用于机动车辆车速较高、各向两条机动车车道以上、非机动车多的快速路与主干路。

上述四种横断面布置形式见图 2-46。

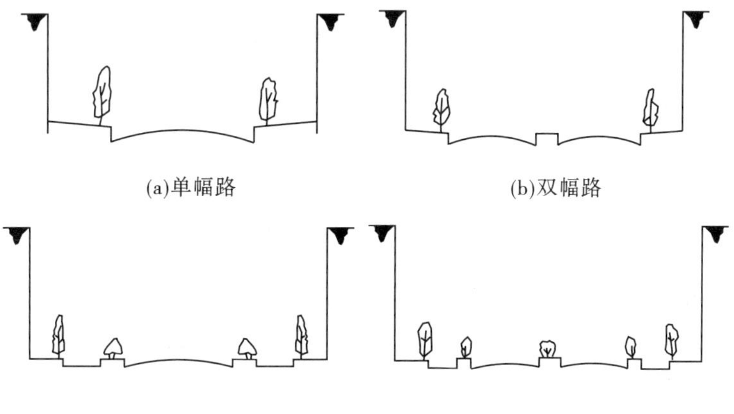

(a)单幅路　(b)双幅路

(c)三幅路　(d)四幅路

图 2-46　城市道路横断面形式

(二)行车道

行车道宽度直接影响道路的通行能力、行车速度、行车安全、工程造价等。行车道宽度必须有能满足对向车辆错车、超车或并列行驶以及车辆与路肩之间所必需的余宽。

路面宽度应是在保证要求车速及道路通行能力的情况下,安全行车所必需的宽度。路面宽度取决于设计车辆的几何尺寸、汽车行驶速度、交通量及车辆之间或车辆与路肩之间的安全间隙。我国设计车辆宽度规定为 2.5 m。余宽分同向车之间的余宽、对向车之间的余宽和车辆与行车道边缘所需的余宽三种情况,根据行车调查及测定资料确定,一般采用 1~1.25 m。

《公路路线设计规范》(JTG D20—2017)中规定:公路行车道宽度应符合表 2-25 的要求,并应符合下列规定:

表 2-25　车道宽度

设计速度/(km/h)	120	100	80	60	40	30	20
车道宽度/m	3.75	3.75	3.75	3.50	3.50	3.25	3.00

(1)八车道及以上公路在内侧车道(内侧第 1、2 车道)仅限小客车通行时,其车道宽度可采用 3.5 m。

(2)以通行中、小型客运车辆为主且设计速度为 80 km/h 及以上的公路,经论证车道宽度可采用 3.5 m。

(3)四级公路采用单车道时,车道宽度应采用 3.5 m。

(4)设置慢车道的二级公路,慢车道宽度应采用 3.5 m。

(5)需要设置非机动车道和人行道的公路,非机动车道和人行道等的宽度,宜视实际情况确定。

城市道路机动车道路面宽度应包括车行道宽度及两侧路缘带宽度,单幅路及三幅路采用中间分隔物或双黄线分隔对向交通时,机动车道路面宽度还应包括分隔物或双黄线的宽度。推荐按表 2-26 采用。

表 2-26　城市道路机动车道路面宽度

车型及车道类型	设计速度/(km/h)	
	>60	≤60
大型车或混行车道	3.75	3.50
小客车专用车道	3.50	3.25

我国城市道路的实际经验,一般认为如下数值可供设计参考采用:双车道 7.5~8.0 m;三车道 10.0~11.0 m;四车道 13.0~15.0 m;六车道 19.0~22.0 m。

(三)路肩

各级公路都要设置路肩。路肩的作用如下:

(1)由于路肩紧靠在路面的两侧设置,具有保护及支撑路面结构的作用。

(2)供发生故障的车辆临时停放之用,有利于防止交通事故和避免交通紊乱。

(3)作为侧向余宽的一部分,能增进驾驶的安全和舒适感,这对保证设计速度是必要的,尤其在挖方路段,还可以增加弯道视距,减小行车事故。

(4)提供道路养护作业、埋设地下管线的场地,对未设人行道的道路,可供行人及非机动车等使用。

(5)精心养护的路肩,能增加公路的美观。

根据上述路肩之功能,从构造上又可分为硬路肩、土路肩。硬路肩是指进行了铺装的路肩,它可以承受汽车荷载的作用力,在混合交通的公路上便于非机动车、行人通行。在填方路段,为使路肩能汇集路面积水,在路肩边缘应设置缘石。土路肩是指不加铺装的土质路肩,它起保护路面和路基的作用,并提供侧向余宽。

各级公路的路肩宽度应符合表 2-27 的规定。

表 2-27　各级公路的路肩宽度

公路等级(功能)		高速公路			一级公路(干线功能)	
设计速度/(km/h)		120	100	80	100	80
右侧硬路肩宽度/m	一般值	3.00 (2.50)	3.00 (2.50)	3.00 (2.50)	3.00 (2.50)	3.00 (2.50)
	最小值	1.50	1.50	1.50	1.50	1.50
土路肩宽度/m	一般值	0.75	0.75	0.75	0.75	0.75
	最小值	0.75	0.75	0.75	0.75	0.75

公路等级(功能)		一级公路(集散功能)和二级公路		三级公路、四级公路		
设计速度/(km/h)		80	60	40	30	20
右侧硬路肩宽度/m	一般值	1.50	0.75	—	—	—
	最小值	0.75	0.25			
土路肩宽度/m	一般值	0.75	0.75	0.75	0.50	0.25(双车道) 0.50(单车道)
	最小值	0.50	0.50			

注:①正常情况下,应采用"一般值";在设爬坡车道、变速车道及超车道路段,受地形、地物等条件限制路段及多车道公路特大桥,可论证采用"最小值"。

②高速公路和作为干线的一级公路以通行小客车为主时,右侧硬路肩宽度可采用括号内数值。

高速公路和作为干线的一级公路右侧硬路肩宽度小于 2.5 m 时,应设置紧急停车带,紧急停车带宽度应为 3.5 m,有效长度不应小于 40 m,间距不宜大于 500 m。二级公路慢行车辆较多时,可根据需要采用加宽硬路肩的方式设置慢车道,并应增加必要的交通安全设施,加强交通组织管理。

(四)中间带、分车带及路侧带

1. 中间带

中间带指沿公路纵向路中线设置分隔上下行车道行驶的带状设施。《公路路线设计规范》(JTG D20—2017)中规定:高速公路和一级公路整体式断面必须设置中间带。中间带由中央分隔带和两条左侧路缘带组成。

(1)高速公路和作为干线的一级公路,中央分隔带宽度应根据公路项目中央分隔带功能确定。

(2)作为集散的一级公路,中央分隔带宽度应根据中间隔离设施的宽度确定。

(3)左侧路缘带宽度不应小于表 2-28 的规定。

表 2-28　左侧路缘带宽度

设计速度/(km/h)		120	100	80	60
左侧路缘带宽度/m	一般值	0.75	0.75	0.75	0.50
	最小值	0.50	0.50	0.50	0.50

注:①“一般值”为正常情况下的采用值。

②设计速度为 120 km/h、100 km/h 时,受地形、地物限制的路段或多车道公路内侧仅限小型车辆通行的路段,可论证采用“最小值”。

中央分隔带宽度应从对向隔离、安全防护的主要功能出发,综合考虑中央分隔带护栏的防护形式和防护能力确定。

2. 分车带及路侧带

分车带及路侧带是城市道路中的重要组成部分,它们对于分隔道路、组织交通和保证交通安全等均有很大作用。

分车带按其在横断面中的不同位置及功能,可分为设在路中间的机动车分车带,称为中间分车带(简称中间带);设在道路两侧的机动车与非机动车分车带,称为两侧分车带(简称两侧带)。分车带通常由分隔带及两侧路缘带组成。

路侧带指的是行车道最外侧路缘石的内缘与道路建筑红线之间的范围,一般道路两侧各有一条路侧带。路侧带的宽度应根据道路类别、功能、设计行人交通量、绿化、沿街建筑物及布设公共设施要求等确定,通常包括人行道、设施带和绿化带三部分。但是设施带和绿化带并不是所有的城市道路上一定都有的,尤其是绿化带在很多道路上没有,因此路侧带的最小宽度,应当是行人交通量的最小宽度。

人行道宽度必须满足行人安全顺畅通过的要求,并应设置无障碍设施。

(五)路缘石

路缘石是设置在路面与其他构造物之间的标石。在分隔带与路面之间、人行道与路面之间一般都需要设置路缘石。路缘石的形状有立式、斜式和曲线式等几种(见图 2-47)。

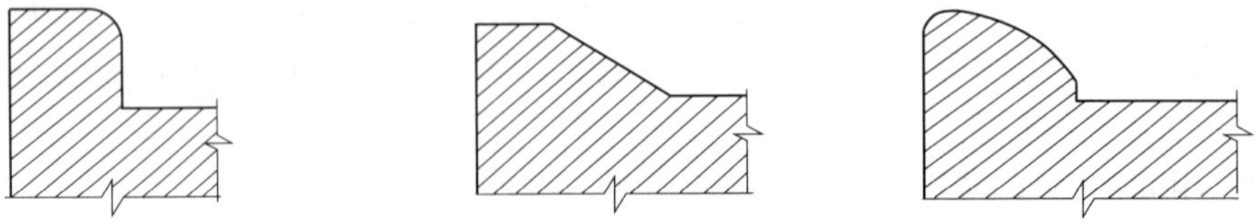

(a)立式　(b)斜式　(c)曲线式

图 2-47　路缘石

路缘石应设置在中间分隔带、两侧分隔带及路侧带两侧，路缘石可分为立缘石和平缘石。

（1）立缘石宜设置在中间分隔带、两侧分隔带及路侧带两侧。当设置在中间分隔带及两侧分隔带时，外露高度宜为 15～20 cm；当设置在路侧带两侧时，外露高度宜为 10～15 cm。

（2）平缘石宜设置在人行道与绿化带之间，以及有无障碍要求的路口或人行横道范围内。

非机动车、行人密集公路和城市出入口的公路，可根据需要设置侧分隔带、非机动车道和人行道。

公路路基宽度为车道宽度与路肩宽度之和，当设有中间带、加减速车道、爬坡车道、紧急停车带、超车道、错车道、慢车道、侧分隔带、非机动车道、人行道等时，应计入这些部分的宽度。

二、弯道的加宽设计

通过对行车状态的观测与行车轨迹理论分析得知，汽车在弯道行驶时，需要比直线段上更大的行车道宽度。这是因为车辆在曲线上行驶时，每一个车轮都以不同的半径绕圆心运动，汽车前后轮的轨迹不重合，而汽车在直线段上行驶时，前后轮的行驶轨迹是一致的。因此，汽车在曲线上行驶所占路面宽度就比在直线上的大，其增宽值为图 2-48 中的 e_1。另外，由于曲线行车受横向力系数 μ 的影响，汽车会出现不同程度的摆动（摆动大小与实际行驶速度有关）。因此，为保证行车的安全，曲线段的路面应做适当的加宽。

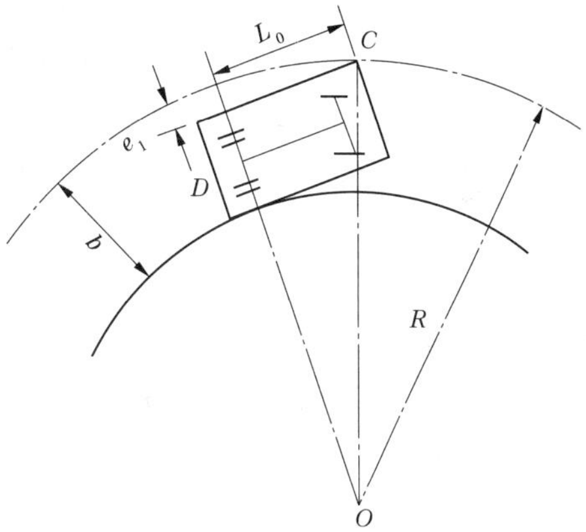

图 2-48　曲线上的路面加宽

（一）路面加宽值的计算

当汽车进入圆曲线后，汽车前轮的转向角是保持不变的，因此汽车的行驶轨迹也是圆曲线，并且各部分的轨迹都与公路中心线平行（均为同心圆）。

在图 2-48 中，R 为平曲线半径，L_0 为汽车后轴至车身前边缘的长度（等于汽车轴距加前悬），D 为车辆宽度，b 为一辆车实际占路面宽度，e_1 为一个车道的加宽值。

由直角三角形得出下列关系：

$$L_0^2 + (R - e_1)^2 = R^2$$

展开得：

$$e_1 = R - \sqrt{R^2 - L_0^2}$$

如果为双车道公路，则每个车道都应加宽，因而全部路面的加宽值 e 约为：

$$e = 2e_1 = 2(R - \sqrt{R^2 - L_0^2})$$

而 $R^2 - L_0^2 = (R - e/2)^2 = R^2 - eR + e^2/4$，其中 $e^2/4$ 与 R 比值很小，略去，所以有

$$e = L_0^2/R$$

由上式可知，加宽值与平曲线半径、设计车辆的轴距有关，轴距越大，加宽值就越大。

加宽值还与车速有关，尚需考虑由于车速而产生的汽车摆动宽度值，根据国外经验，其值为$\frac{0.1V}{\sqrt{R}}$。因此，平曲线上双车道路面加宽值应按下式计算：

$$B_j = \frac{L_0^2}{R} + \frac{0.1V}{\sqrt{R}} \tag{2-26}$$

式中 B_j——双车道路面加宽值，m；

L_0——汽车轴距加前悬，m；

V——设计速度，km/h；

R——圆曲线半径，m。

《公路路线设计规范》(JTG D20—2017)规定，二级、三级、四级公路圆曲线半径小于或等于250 m时，公路曲线部分的路面根据圆曲线的半径、交通组成等情况应设置相应的加宽。半径大，相应的加宽值就小；同一半径的圆曲线段内加宽值保持不变。

路面加宽值的大小可由式(2-26)计算出来。《公路路线设计规范》(JTG D20—2017)对各种车辆组成情况下的不同半径的加宽值作了统一规定，见表2-29。

表2-29　双车道路面加宽值

加宽类别	设计车辆	圆曲线半径/m								
		250~200	<200~150	<150~100	<100~70	<70~50	<50~30	<30~25	<25~20	<20~15
第1类	小客车	0.4	0.5	0.6	0.7	0.9	1.3	1.5	1.8	2.2
第2类	载重汽车	0.6	0.7	0.9	1.2	1.5	2.0	—	—	—
第3类	铰接列车	0.8	1.0	1.5	2.0	2.7	—	—	—	—

单车道路面加宽值按表2-29所列数值减半。由三条以上车道构成的行车道，其路面加宽值应另行计算。

圆曲线加宽值应根据公路功能、技术等级和实际交通组成确定。作为干线的二级公路应采用第3类加宽值。作为集散的二级公路和三级公路在考虑铰接列车通行时，应采用第3类加宽值；不考虑通行铰接列车时，可采用第2类加宽值。作为支线的三级公路、四级公路可采用第1类加宽值。有特殊车辆通行的专用公路应根据特殊车辆验算确定其加宽值。

圆曲线上的路面加宽应设置在圆曲线的内侧。各级公路的路面加宽后，路基也应相应加宽。

双车道公路采取强制性措施实行分向行驶的路段，若圆曲线半径较小，其内侧车道的加宽值应大于外侧车道的加宽值，设计时应通过计算确定其差值。

《城市道路工程设计规范》(CJJ 37—2012)规定，圆曲线半径小于或等于250 m时，应在圆曲线内侧加宽，每条车道加宽值见表2-30。

表 2-30　城市道路圆曲线每条车道的加宽值

车型	圆曲线半径/m								
	200< $R\leqslant$ 250	150< $R\leqslant$ 200	100< $R\leqslant$ 150	60< $R\leqslant$ 100	50< $R\leqslant$ 60	40< $R\leqslant$ 50	30< $R\leqslant$ 40	20< $R\leqslant$ 30	15< $R\leqslant$ 20
小型汽车	0. 28	0. 30	0. 32	0. 35	0. 39	0. 40	0. 45	0. 60	0. 70
普通汽车	0. 40	0. 45	0. 60	0. 70	0. 90	1. 00	1. 30	1. 80	2. 40
铰接列车	0. 45	0. 55	0. 75	0. 95	1. 25	1. 50	1. 90	2. 80	3. 50

(二)加宽的过渡

1. 加宽缓和段长度的确定

路面在圆曲线段上设置加宽时，其宽度就比直线段上大，在直线与圆曲线连接处路面宽度就出现突变，这既影响路容的美观，又给行车安全带来威胁。因此，为避免路面宽度从直线段上的正常宽度到圆曲线段的加宽断面的突变，在直线和圆曲线之间应设置一段路面宽度的渐变段，这一渐变段称为加宽缓和段。为保证缓和效果，该缓和段长度不宜太短，应满足下列要求：

(1)路线设置缓和曲线或超高缓和段时，加宽缓和段长度采用与缓和曲线或超高缓和段长度相同的值，即加宽缓和段应与缓和曲线或超高缓和段重合，以尽量减少公路几何形状的变更次数。

(2)不设缓和曲线或超高缓和段时，加宽缓和段长度应按渐变率为 1:15 且长度不小于 10 m 的要求设置，并布置在圆曲线之前的直线段上，如式(2-27)所示。

$$L_j = 15B_j \quad 且 \quad L_j \geqslant 10\ \text{m} \tag{2-27}$$

式中　L_j——加宽缓和段长度，m；

B_j——路面加宽值，m。

2. 加宽的布置方式

圆曲线上的路面加宽一般设置在曲线内侧，这是因为汽车在曲线上行驶时，后轮轨迹一般位于前轮轨迹内侧。另外，在曲线内侧加宽比在曲线外侧加宽的路容美观些，而且内侧加宽工程量也较外侧加宽工程量小。若地形特殊有困难，也可两侧各加一半。圆曲线段内的加宽值保持不变，缓和段上的加宽值由零渐变到要求的加宽值。

3. 加宽过渡方式

1)比例过渡(见图 2-49)

二级、三级、四级公路的加宽缓和段的设置，采用在相应的缓和曲线、超高或加宽缓和段全长范围内按其长度呈比例增加的方法。即加宽缓和段上任一点的加宽值 B_{jx}，与该点到加宽缓和段起点的距离 L_x 同加宽缓和段全长 L_j 的比值成正比(见图 2-49)，即：

$$B_{jx} = \frac{L_x}{L_j} B_j \qquad (2\text{-}28)$$

式中 B_{jx}——加宽缓和段上任一点的加宽值,m;

B_j——圆曲线加宽值,m;

L_x——加宽缓和段上任一点到缓和段起点的距离,m;

L_j——加宽缓和段全长(图中的缓和曲线长 L),m。

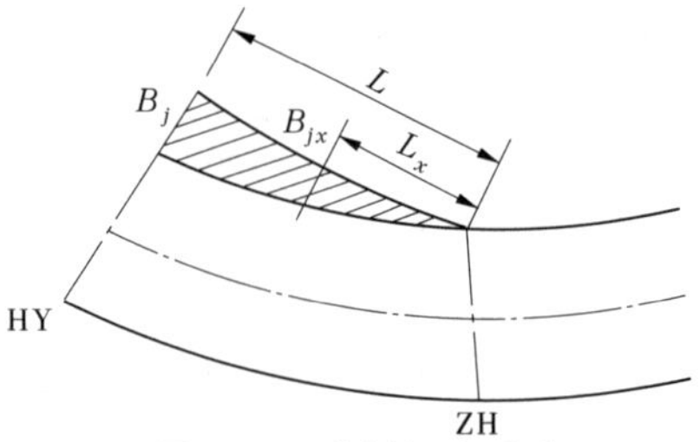

图 2-49 比例加宽过渡

2)高次抛物线的过渡

高速公路、一级公路及对路容有要求的二级公路,设置加宽缓和段时,为使路面加宽后的边缘线圆滑、适顺,一般情况下应采用高次抛物线的形式过渡[见图 2-50(a)],即采用下式计算加宽缓和段上任一点的加宽值 B_{jx}:

$$B_{jx} = (4K^3 - 3K^4) \times B_j \qquad (2\text{-}29)$$

式中 $K=L_x/L_j$;

其他符号意义同前。

3)插入回旋线的过渡

在位于大城市近郊的路段,桥梁、高架桥、挡土墙、隧道等构造物处及设置各种安全防护设施的路段,可插入回旋线进行过渡,见图 2-50(b)。

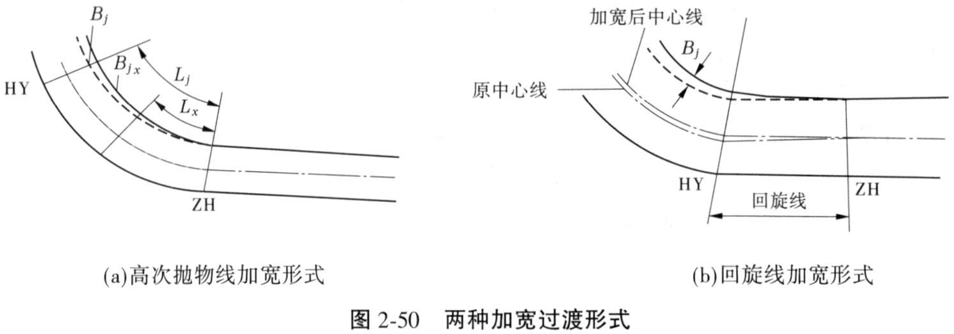

图 2-50 两种加宽过渡形式

三、弯道的超高设计

(一)路拱

为了迅速排除路面上的雨水,路面表面做成中间高、两边低的拱形,称为路拱。

1. 基本形式

路拱的基本形式有抛物线形、直线形和折线形三种。

1)抛物线形路拱

抛物线形路拱比较圆顺,造型美观,没有路中尖峰,路面中间部分坡度较小,两旁坡度较大,有利于雨水的排除。但抛物线形路拱车行道中间部分横坡过于平缓,行车易集中,使中央部分路面易损坏,并且车行道上各部分横坡度不同,施工较难。为改进这些缺点,就有了其他各种形式的抛物线形路拱。

2)直线形路拱

这种形式的路拱两旁是倾斜直线,在车行道的中心线附近加设竖曲线或缓和曲线,通常用在高级路面宽度超过 20 m 的城市道路上。它的优点是汽车轮胎和路面接触较为平均,路面磨耗也较小,缺点是排水效果不及抛物线流畅。它的主要形式有倾斜直线形路拱、圆顶直线形路拱。

3)折线形路拱

折线形路拱适用于多种车道的城市道路上。其优点是用折线形的直线段比用圆顶形的直线段短,施工时容易摊压得平顺,也可在车行道最多的着力点处选择为转折点,如行车后路面稍有沉陷,雨水亦可排除,较符合设计、施工和养护的要求。其缺点是在转折处有尖峰凸出,但可在施工时用压路机碾压平顺。折线形路拱一般适用于道路较宽的黑色路面上。

路拱的形式很多,各有特点。在设计道路横断面时,应根据车行道宽度、横坡度、路面结构类型、排水和交通等要求来选择。

城市道路的非机动车道,以及地形适合、宽度不大于 9 m 的车行道上,可采用单向横坡的形式。当次要道路或地形适宜、路面两侧标高不等时,也可采用不对称路拱,但测设、施工较麻烦。

2. 路拱横坡

为了排水的需要,车行道的路拱应具有一定的横向坡度,称为路拱横坡度。路拱横坡度的确定,应以有利于路面排水顺畅和保证行车安全、平稳为原则。公路路拱横坡度见表 2-31。

表 2-31 公路路拱横坡度

路面类型	路拱横坡度/%
水泥混凝土路面、沥青混凝土路面	1.0~2.0
其他黑色路面、整齐石块	1.5~2.5
半整齐石块、不整齐石块	2.0~3.0
碎、砾石等粒料路面	2.5~3.5
低级路面	3.0~4.0

在具体选用时,应注意在干旱和有积雪、浮冰地区采用低值,多雨地区采用高值。当道路纵坡较大,或路面较宽,或行车速度较高,或交通量和车辆荷载较大,或常有拖挂车行驶时,应采用低值,反之则采用高值。

路肩的横坡度一般应较路面横坡度大 1%~2%。

(二)超高及超高横坡度

在弯道上,当汽车在双向横坡的车道外侧行驶时,车重的水平分力将增大横向侧滑力,所以当采用的圆曲线半径小于不设超高的最小半径时,为抵消车辆在曲线路段上行驶时所产生的离心力,将曲线段的外侧路面横坡做成与内侧路面同坡度的单坡横断面,这样的设置称为超高。其作用是使汽车在平曲线上行驶时能获得一个指向内侧的横向分力,用以克服离心力,以减小横向分力,从而保证汽车行驶的稳定性及乘客的舒适性。

超高的计算公式由式(2-4)可知:

$$i_c = \frac{V^2}{127R} - \mu \tag{2-30}$$

式中 V——设计速度,km/h;

R——圆曲线半径,m;

μ——横向力系数。

各圆曲线半径所设置的超高横坡度应根据设计速度、圆曲线半径、路面类型、自然条件和车辆组成等情况综合确定,必要时应按运行速度予以验算。一般来说,平曲线半径小,超高坡度就应大一些;反之,超高坡度就可小些。而当平曲线半径大于或等于不设超高最小半径时,就可以不设超高。在路面有积雪或结冰情况的地区,超高坡度应比一般地区的小一些,以防止出现汽车向内侧滑动的危险。

由表2-32可以看出,各级公路圆曲线部分最大可采用的超高值是有所限制的。这是因为当超高横坡度太大时,会导致车辆沿超高横坡向内侧下滑的危险,特别是当路面上有积雪或结冰时,低速行车或停车时就更为危险。因此,各级公路圆曲线部分最大超高值应符合表2-32的规定。城市道路的最大超高值应符合表2-33的规定。

表2-32 各级公路圆曲线部分最大超高值

公路等级	高速公路	一级公路	二级公路	三级公路	四级公路
一般地区/%	10或8		8		
积雪冰冻地区/%	6				

注:高速公路、一级公路正常情况下采用8%;交通组成中小客车比例高时,可采用10%。

表2-33 城市道路最大超高值

设计速度/(km/h)	100,80	60,50	40,30,20
最大超高横坡/%	6	4	2

各级公路圆曲线部分的最小超高横坡度应与该公路直线部分的正常路拱横坡度值一致。

(三)超高的过渡

从直线段上的路拱双坡断面过渡到圆曲线上具有超高横坡的单坡断面,要有一个逐渐变化的区段,这一变化段称为超高缓和段。

动画2-3 超高的过渡

1.超高缓和段的过渡形式

超高的过渡方式,应根据地形状况、车道数、中间带宽度、超高度、便于排水、路容美观等因素决定。

1)无中间带道路的过渡

无中间带的道路行车道,无论是双车道还是单车道,在直线路段的横断面均为以中线为脊向两侧倾斜的路拱。路面要由双向倾斜的路拱形式过渡到具有超高的单向倾斜的超高形式,可分别采用以下三种过渡方式(见图 2-51)。

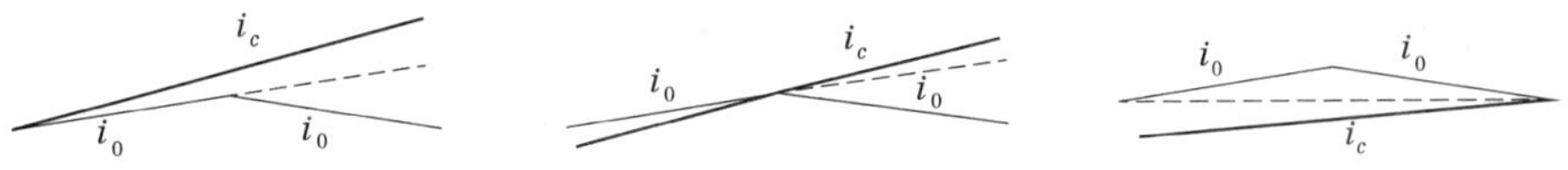

(a)绕路面内边缘旋转 (b)绕路中线旋转 (c)绕路面外边缘旋转

图 2-51 无中间带道路超高的过渡方式

(1)绕路面内边缘旋转。

在缓和段起点之前将路肩的横坡逐渐变为路拱横坡,再以路中线为旋转轴,逐渐抬高外侧路面与路肩,使之达到与路拱坡度一致的单向横坡后,整个断面再绕未加宽前的内侧车道边缘旋转,直至达到超高横坡度。一般新建公路多采用此种方式。

(2)绕路中线旋转。

在超高缓和段之前,先将路肩横坡逐渐变为路拱横坡,再以路中线为旋转轴,使外侧车道和内侧车道变为单向的横坡度后,整个断面一同绕路中线旋转,使单坡横断面直至达到超高横坡度。一般改建公路常采用此种方式。

(3)绕路面外边缘旋转。

先将外侧车道绕路面外边缘旋转,与此同时,内侧车道随中线的降低而相应降坡,待达到单向横坡后,整个断面仍绕外侧车道边缘旋转,直至达到超高横坡。此种方法仅在特殊设计时采用(如强调路容美观、外侧因受条件限制不能抬高等)。

2)有中间带道路的过渡

有中间带道路的过渡形式(见图 2-52)有如下三种。

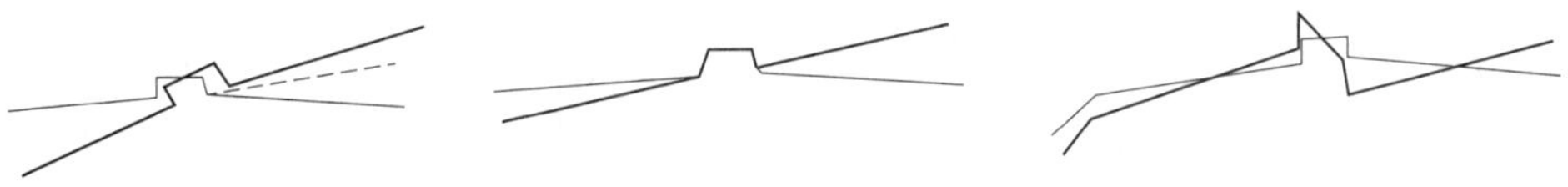

(a)绕中间带的中线旋转 (b)绕中央分隔带边缘旋转 (c)绕各自行车道中线旋转

图 2-52 有中间带道路超高的过渡方式

(1)绕中间带的中线旋转。

先将外侧行车道绕中间带的中线旋转,待达到与内侧行车道构成单向横坡后,整个断面一同绕中心线旋转,直至超高横坡值。此时,中央分隔带呈倾斜状。采用窄中间带的公路可选用此方式。

(2)绕中央分隔带边缘旋转。

将两侧行车道分别绕中央分隔带边缘旋转,使之各自成为独立的单向超高断面。此时,中央分隔带维持原水平状态。各种宽度不同的中间带均可选用此种方式。

(3)绕各自行车道中线旋转。

将两侧行车道分别绕各自的中线旋转,使之各自成为独立的单向超高断面。此时,中央分隔带边缘分别升高与降低而成为倾斜断面。单向车道数大于四条的公路可采用此种方式。

2. 超高缓和段的长度

设置超高缓和段的主要目的就是使路面从双坡断面逐渐变为单向横坡即超高断面。因此,这一缓和段的长度不能太短,否则就起不到缓和作用。但缓和段太长,则会给测设施工及路面排水等方面带来一些问题。为了行车舒适性和排水顺畅,对超高缓和段的长度必须加以规定。通常,按控制设超高后行车道外边缘的渐变率来计算。

双车道公路的超高缓和段长度按式(2-31)计算:

$$L_c = \frac{B\Delta i}{P} \tag{2-31}$$

式中 L_c ——超高缓和段长度,m;

B ——旋转轴至行车道(设路缘带时为路缘带)外侧边缘的宽度,m;

Δi ——超高横坡与路拱坡度的代数差,%;

P ——超高渐变率,即旋转轴线与行车道(设路缘带时为路缘带)外侧边缘线之间相对升降的比率,其值规定见表 2-34。

表 2-34 超高渐变率

设计速度/(km/h)	超高旋转轴位置		设计速度/(km/h)	超高旋转轴位置	
	中线	边线		中线	边线
120	1/250	1/200	40	1/150	1/100
100	1/225	1/175	30	1/125	1/75
80	1/200	1/150	20	1/100	1/50
60	1/175	1/125			

应用式(2-31)计算超高缓和段长度时,要根据超高旋转方式选取正确的参数。如按绕路面内边缘线旋转,$B=b$(行车道宽),$\Delta i=i_c$(超高横坡度),因为这时旋转轴外侧有两个路拱,使旋转轴与路面外边缘在同一水平线上,因而可认为路拱为零,所以 $\Delta i = i_c$ 。如按绕路面中线旋转,$B=b/2$,$\Delta i=i_c+i_g$,因为旋转轴外侧有一向外倾斜的路拱"$-i_g$",则超高横坡与路拱坡度的代数差为 $\Delta i=i_c-(-i_g)=i_c+i_g$。

在确定超高缓和段长度时,应注意:

(1)超高缓和段长度一般应采用 5 的倍数,并不小于 10 m。

(2)当线形设计须采用较长的回旋曲线时,横坡度由 2%(或 1.5%)过渡到 0 路段的超高渐变率不得小于 1/330。

(3)超高的过渡应在回旋线全长范围内进行,但当超高渐变率过小时(为保证排水),可只设在该回旋线的某一区段范围之内,全超高断面宜设在缓圆点或圆缓点处。四级公路超高的过渡应在超高缓和段的全长范围内进行。

对于多车道公路的超高缓和段长度,视车道数将按式(2-31)计算之值乘以下列系数:

四车道公路:1.5;

六车道公路:2.0。

第四节　道路交叉设计

一、概述

道路与道路、铁路等相交，形成交叉口。它是道路交通的咽喉。交叉口处汇集各条相交道路来的车辆、行人，并转换流向，因而是交通组织复杂、繁忙而易于导致交通阻塞和交通事故的地点。路线交叉口设计是道路设计的重要组成部分之一，它对提高道路的使用质量、通行能力和安全程度具有重要的技术经济意义。

交叉口设计的基本任务是在保证交通安全的前提下，合理地解决交通流畅与道路用地、工程经济及环境之间的矛盾。

根据通过交叉口的线路所处的空间位置，可分为平面交叉和立体交叉两大类。两条线路在同一高程上交叉称为平面交叉；两条线路在不同高程上的立体空间交叉称为立体交叉。采用立体交叉的交叉路口，必须设置跨线桥（或地道）。在道路与各种线路交叉中，最常见和最复杂的是道路与道路交叉。各种交叉口，又以道路与道路平面交叉的交通情况最为复杂。

（一）交叉口设计的基本要求和内容

交叉口设计的基本要求：一是保证车辆与行人在交叉口能以最短的时间顺利通过，使交叉口的通行能力能适应各条道路的行车要求；二是正确设计交叉口立面，保证转弯车辆的行车稳定，同时符合排水要求。

交叉口设计的主要内容：

（1）正确选择交叉口的形式，确定各组成部分的几何尺寸。

（2）进行交通组织，合理布置各种交通设施。

（3）验算交叉口行车视距，保证安全通视条件。

（4）交叉口立面设计，布置雨水口和排水管道。

（二）交叉口的交通分析

进出交叉口的车辆，由于行驶方向不同，车辆与车辆之间的交错方式也不相同，可能产生的交错点的性质也不一样。

同一行驶方向的车辆向不同方向分离行驶的地点称为分流点；来自不同行驶方向的车辆以较小的角度，向同一方向汇合行驶的地点称为合流点；来自不同行驶方向的车辆以较大的角度相互交叉的地点称为冲突点。此三类交错点都存在相互尾撞、挤撞或碰撞的可能性，是影响交叉口行车速度、通行能力和发生交通事故的主要原因。其中，以直行与直行、左转与左转及直行与左转车辆之间所产生的冲突点，对交通的干扰和行车的安全影响最大，其次是合流点，再次是分流点。因此，在交叉口设计时，应尽量采取措施减少冲突点和合流点，尤其要减少或消灭冲突点。

无交通管制时，三路、四路和五路相交平面交叉口的交错点分布情况如图 2-53 所示，其数量如表 2-35 所示。

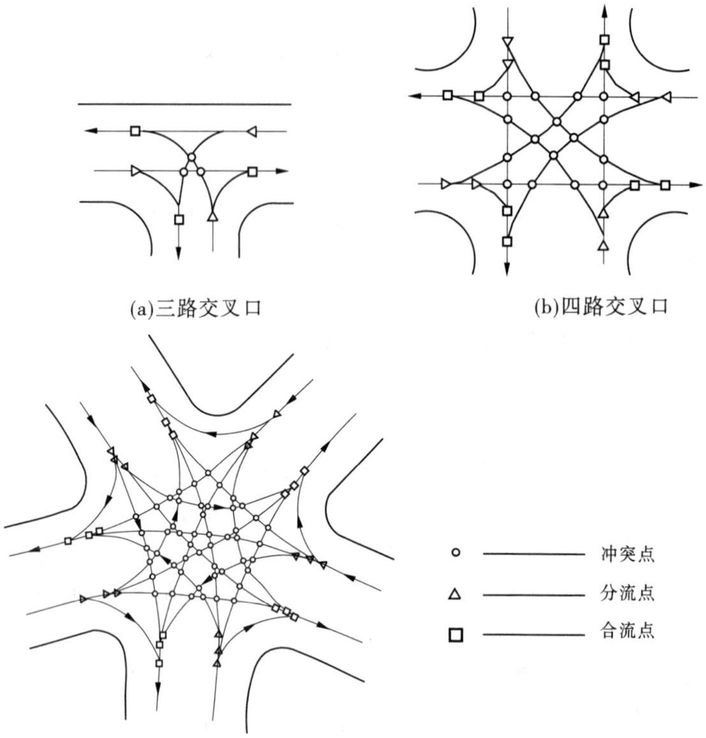

(a)三路交叉口

(b)四路交叉口

(c)五路交叉口

图 2-53　平面交叉口交错点

表 2-35　平面交叉口交错点数量

交叉口类型	交错点数量/个			
	冲突点	分流点	合流点	总数
三路交叉口	3	3	3	9
四路交叉口	16	8	8	32
五路交叉口	50	15	15	80

分析图 2-53 和表 2-35 可得出以下两点结论：

(1)在无交通管制的交叉口,都存在各种交错点。其数量随相交道路条数的增加而显著增加,其中增加最快的是冲突点。

因此,在规划和设计交叉口时,应力求减少相交道路的条数,尽量避免五条或五条以上道路相交,使交通简化。

(2)产生冲突点最多的是左转弯车辆。如图 2-53(b)所示四路交叉口若没有左转车流,则冲突点可由 16 个减至 4 个,而五路交叉口则从 50 个减到 5 个。因此,在交叉口设计中如何正确地处理和组织左转弯车辆,是保证交叉口交通通畅和安全的关键所在。

减少或消灭冲突点的方法：

(1)实行交通管制。在交叉口设置交通信号灯或由交警指挥,使发生冲突的车流从通行时间上错开。例如:四路交叉口实行交通管制后,冲突点由16个减至2个,分、合流点由8个减至4个。若禁止车流左转可完全消灭冲突点。

(2)采用渠化交通。在交叉口内合理布置交通岛、交通标志和标线或增设车道等,引导各方向车流沿一定路径行驶,减少车辆之间的相互干扰。如环形平面交叉可消灭冲突点。

(3)修建立体交叉。将相互冲突的车流从通行空间上分开,使其互不干扰。这是解决交叉口交通问题最彻底的办法。

二、道路平面交叉设计

(一)平面交叉口的一般规定与要求

道路与道路平面交叉是道路的重要组成部分。交叉口的形式和规模,应根据交通量、设计速度、交通组成和该交叉口在道路网中的地位和作用而定。在工程上,交叉口应结合当地地形、用地条件和投资情况进行单独设计。平面交叉设计的一般要求包括:

(1)公路与公路平面交叉,除高速公路外,一级公路可少量采用平面交叉,其他各级公路均可采用平面交叉。

(2)平面交叉范围内相交的公路设计速度,原则上应与该公路的设计速度一致。如果两相交公路等级相同或交通量相近,平面交叉范围内的直行车道的设计速度可适当降低,但不应低于路段的70%。城市道路交叉口内的设计速度按各级道路设计速度的0.5~0.7倍计算,直行车取高限,转弯车取低限。

(3)交叉道路应尽量垂直相交;当其必须斜交时,应使交角尽量大,交叉角应大于45°。

(4)交叉路段宜采用直线;当采用曲线时,其圆曲线半径宜大于不设超高的最小半径。

(5)交叉口必须保证具有表2-36所规定的视距与识别距离。当受地形条件及其他特殊情况限制时,视距可采用表中低限值,但必须采取设置限速标志等技术措施。视距三角形内的视障必须清除(见图2-54)。

表2-36 平面交叉视距与识别距离

设计速度/(km/h)		100	80	60	40	30	20
停车视距/m	一般值	160	110	75	40	30	20
	低限值	120	75	55	30	25	15
信号控制的信号识别距离/m		—	350	240	140	100	60
停车标志控制的标志识别距离/m		—	—	105	55	35	20

(二)交叉口的类型及其适用范围

平面交叉口的形式取决于道路网的规划和周围建筑的情况,以及交通量、交通性质和交通组织。常见的形式有十字形、T形及其演变而来的X形、Y形、错位、多路交叉等,如图2-55所示。

采用最多的是十字形交叉口,如图2-55(a)所示。它形式简单,交通组织方便,街角建筑容易处理,适用范围广,可用于相同等级或不同等级的道路交叉。在任何一种形式的

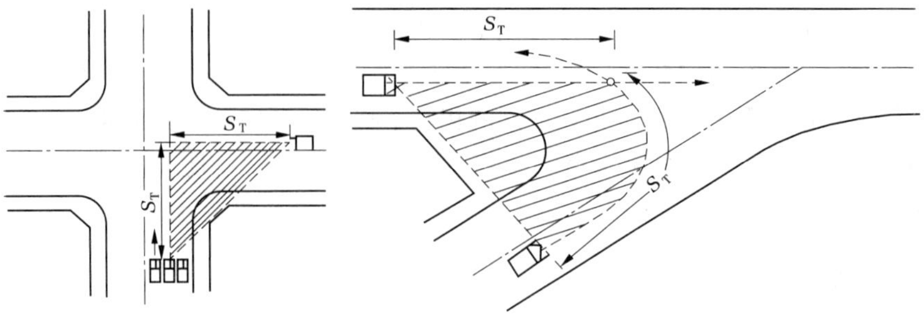

(a)十字形　　(b)T形

图 2-54　平面交叉视距三角形

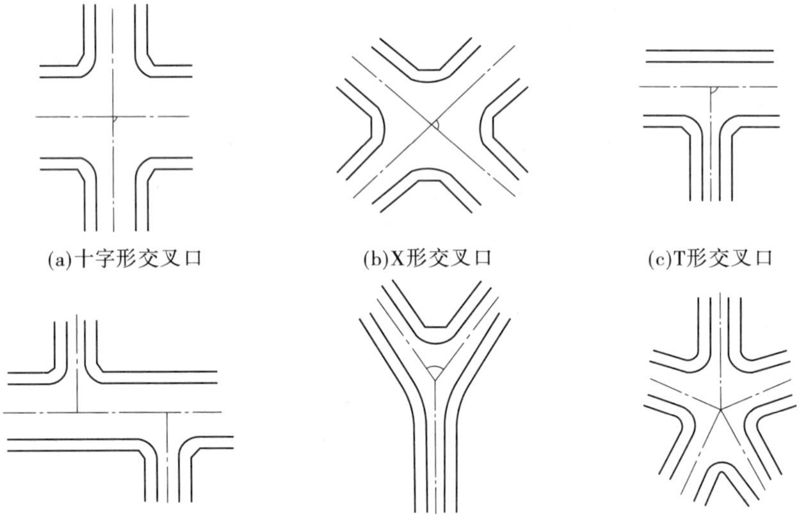

(a)十字形交叉口　(b)X形交叉口　(c)T形交叉口

(d)错位交叉口　(e)Y形交叉口　(f)多路交叉口

图 2-55　常见的交叉口形式

道路网规划中,十字形交叉口都是最基本的交叉口形式。

X 形交叉口,如图 2-55(b)所示。它是两条道路以锐角或钝角斜交,在相交的锐角较小的情况下,将形成狭长的交叉口,对转弯车辆行驶极为不利,锐角街口的建筑物也难以处理。因此,应尽量使相交道路的锐角大些。

T 形交叉口,如图 2-55(c)所示。它是一条尽头道路与另一条直行道路近于直角相交的交叉口,适用于不同等级道路或相同等级道路相交。

错位交叉口,如图 2-55(d)所示。它是两条反向道路分别垂直于同一道路上,其交点距离很近,可以看作两个反向 T 形交叉相连接。由于地形和环境的制约及交通规划的历史原因,一些城市主干道上存在错位交叉,这些错位交叉由于形状的不规则性,导致城市道路的通行能力下降,给城市主干道的交通管理和控制带来了较为严重的问题。

Y 形交叉口,如图 2-55(e)所示。它是一条尽头道路与另一条道路以锐角或钝角(小于 75°或大于 105°)相交的交叉口,适用于主要道路与次要道路相交,主要道路应设在交叉口的顺直方向。

多路交叉口,如图 2-55(f)所示。它是多条道路交会的地方,容易起到突出中心的效果,占地较大,并给交通组织带来很大困难,采用时须全面慎重考虑。

这些交叉口在平面上的几何图形,由规划道路网和街坊建筑的形状所决定,一般不易改变。但在具体设计中,常因交通量、交通性质及不同的交通组织方式,把交叉口设计成各具交通特点的形式,可归纳为加铺转角式、分道转弯式、拓宽路口式和环形交叉四类。

1. 加铺转角式

交叉口用适当半径的圆曲线平顺连接相交道路的路基和路面,如图 2-56 所示。

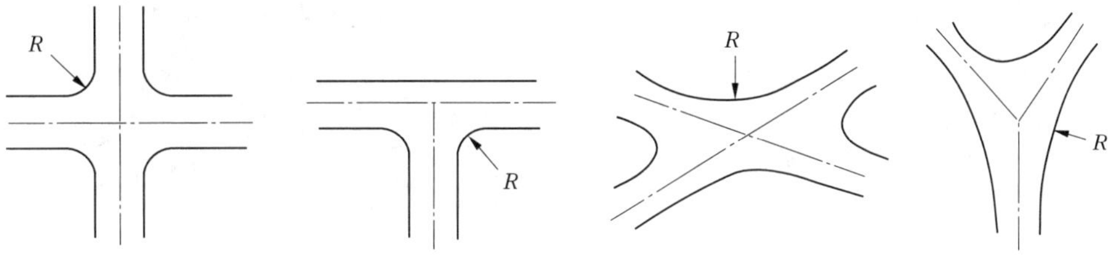

(a)十字形　(b)T形　(c)X形　(d)Y形

图 2-56　加铺转角式交叉口

此类交叉口形式简单,占地少,造价低,设计方便,但行车速度低,通行能力小。加铺转角式交叉口适用于交通量小,车速低,转弯车辆少的三级、四级公路或地方道路。若斜交不大,也可用于转弯交通量较小的主要道路与次要道路交叉。设计时主要解决合适的转角曲线半径和足够视距问题。

2. 分道转弯式

通过设置导流岛、划分车道等措施,使单向右转或双向左、右转车流以较大半径分道行驶的平面交叉,如图 2-57、图 2-58 所示。此类交叉口转弯车辆,尤其是右转弯车辆行驶速度和通行能力都较高。分道转弯式交叉口适用于车速较高,转弯车辆较多的一般道路。设计时主要解决分道转弯半径、保证足够的视距和满足导流岛端部半径的要求。

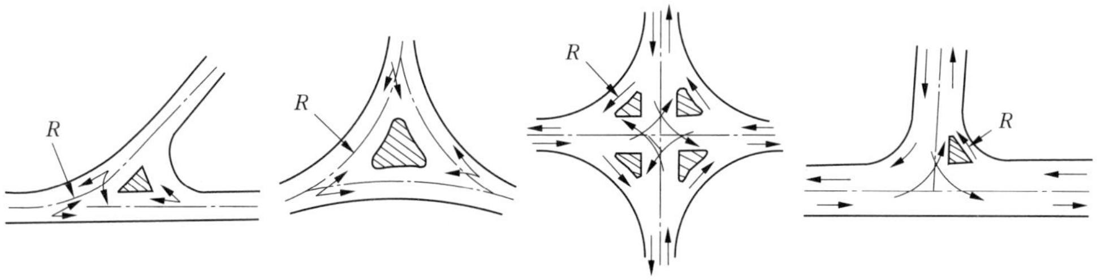

(a)　(b)　(c)　(d)

图 2-57　分道转弯式交叉口

3. 拓宽路口式

为使转弯车辆不影响其他车辆的正常行驶,在交叉口连接部增设变速车道和转弯车

图 2-58　分道转弯式交叉口效果图

道的平面交叉。这种交叉可以单增设右转或左转车道,也可以同时增设左、右转车道,如图 2-59 所示。此类交叉口可减少转弯交通对直行交通的干扰,车速较高,事故率低,通行能力大,但占地多,投资较大。拓宽路口式交叉口适用于交通量较大、转弯车辆较多的二级公路和城市主干路。设计时主要解决扩宽的车道数,同时也要满足视距和转角曲线半径的要求。

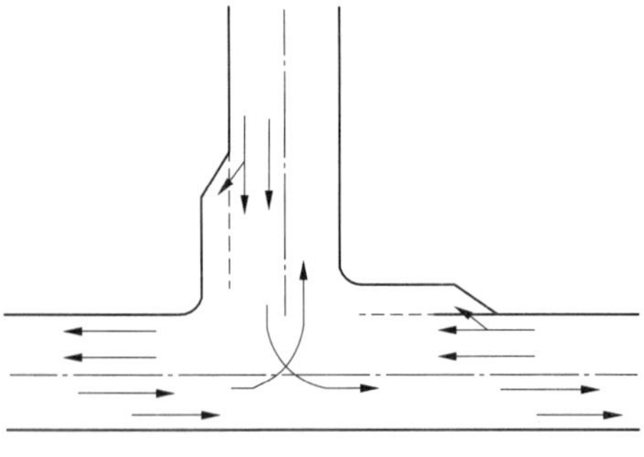

(a)增设右转弯车道的T形交叉口

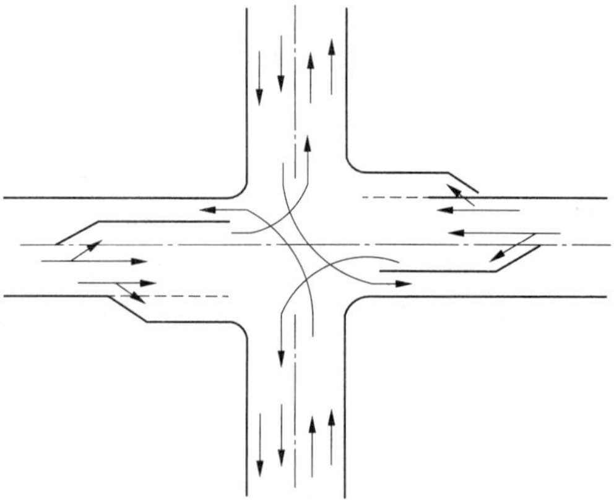

(b)增设左、右转专用车道的十字形交叉口

图 2-59　拓宽路口式交叉口

4. 环形交叉口

在交叉口中央设置中心岛,用环道组织渠化交通,使所有车辆进入环道后均按逆时针方向绕岛单向行驶,直至所要去的路口离岛驶出的平面交叉,称为环形交叉,也叫转盘,如图 2-60 所示。

环形交叉口的优点是各种车辆可以连续不断地单向运行,没有停滞,减少了车辆在交

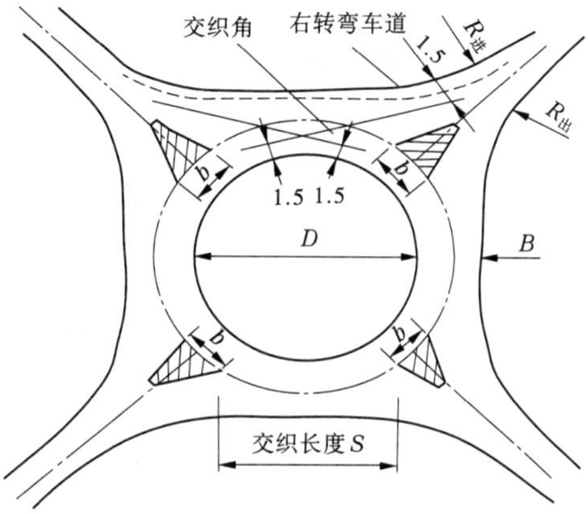

图 2-60　环形交叉口　（单位：m）

叉口的延误时间，环道上的行车只有交织和分流，消除了冲突点，提高了行车安全性；交通组织简便，不需信号管制；对多路交叉和畸形交叉，用环形交叉口更为有效。

环形交叉口的缺点是占地面积大，增加了车辆的绕行距离，特别是左转弯车辆，造价相对其他形式的交叉口要高。

因此，这种交叉口适用于多条公路相交，通过交叉口的总交通量达 500～3 000 辆/h，转向车辆较多，地形较为平坦的交叉口。应注意非机动车，尤其是畜力车较多时，环式交叉口的使用效果显著下降。

（三）竖向设计

交叉口竖向设计的主要任务是合理地确定交叉口范围内各条道路交会衔接的形式及其相应路面设计标高，统一解决相交道路之间，以及交叉口和周围建筑物之间在立面位置上行车、排水和建筑三个方面的问题，使交叉口能获得一个平顺的共同构筑面，以保证交通安全、行车顺适、排水通畅、建筑造型美观。

交叉口竖向设计的主要原则如下：

（1）主要道路与次要道路相交，一般次要道路的纵、横坡迁就主要道路纵、横坡的变化。

（2）等级相同的两条道路交叉，如交通量差别不大，但有不同的纵坡时，一般维持两条道路的设计纵坡不变，而缓和地改变它们的横坡，使两条道路在立面上取得平顺。

（3）相交道路的等级和交通量差异都较大时，可以考虑主要干道的纵、横断面均维持不变，而将次要道路双向倾斜的横断面逐渐改变，过渡到与主要干道的纵坡一致的单向倾斜横断面，以保证主要干道的交通便利。

（4）为保证排水，设计时至少应有一条道路的纵坡能将交叉口范围内汇集的地面水排出。如所有道路纵坡都倾向交叉口，则必须考虑在交叉口内设置雨水口，以保证交叉口排水要求。

（5）在交叉口范围内，不应使一条道路的雨水排到另一条道路上，一般采用截水的办法，多在交叉口人行横道前或在路缘石转角曲线的切点上布置雨水口。

（6）城市道路交叉口竖向设计标高应与四周建筑物的地坪标高协调。

（7）城市道路还应合理确定变坡点和布置雨水口。

三、道路立体交叉设计

立体交叉（简称立交）是利用跨线构造物使道路与道路（或铁路）在不同标高相互交叉的连接方式。立交是高速道路（高速公路和城市快速路的统称）必不可少的组成部分。

采用立交可使各方向车流在不同标高的平面上行驶，消除或减少了冲突点；车流可连续运行，提高了道路的通行能力；节约了运行时间和燃料消耗；控制了相交道路车辆的出入；减少了对高速道路的干扰。

（一）立体交叉的组成

立体交叉的主要组成部分如图 2-61 所示。

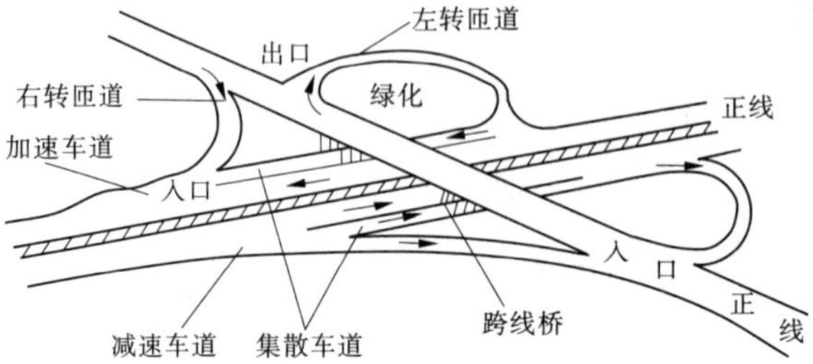

图 2-61 立体交叉的主要组成部分

1. 跨线构造物

跨线构造物是立交实现车流空间分离的主体构造物，包括设于地面以上的跨线桥（上跨式）及设于地面以下的地道（下穿式）。

2. 正线

正线是组成立交的主体，指相交道路的直行车行道，主要包括连接跨线构造物两端到地坪标高的引道和交叉范围内引道以外的直行路段。

3. 匝道

匝道是立交的重要组成部分，是指供上、下相交道路转弯车辆行驶的连接道，有时包括匝道与正线及匝道与匝道之间的跨线桥（或地道）。

4. 出口与入口

由正线驶入匝道的道口为出口，由匝道驶入正线的道口为入口。

5. 变速车道

为适应车辆变速行驶的需要，而在正线右侧的出入口附近设置的附加车道称为变速车道。出口端为减速车道，入口端为加速车道。

立体交叉的范围一般是指各相交道路出入口变速车道渐变段顶点以内包含的正线和匝道的全部区域。

（二）立体交叉的类型和适用条件

1. 按结构物形式分类

立体交叉按相交道路结构物形式划分为上跨式和下穿式两类。

（1）上跨式：用跨线桥从相交道路上方跨过的交叉方式。这种立交施工方便，造价较低，排水易处理，但占地大，引道较长，高架桥影响视线和市容，宜用于市区以外或周围有高大建筑物处。

（2）下穿式：用地道（或隧道）从相交道路下方穿过的交叉方式。这种立交占地较少，立面易处理，对视线和市容影响小，但施工期较长，造价较高，排水困难，多用于市区。

2. 按交通功能分类

立体交叉按交通功能可划分为分离式立交和互通式立交两类。

1）分离式立交

分离式立交仅设跨线构造物一座，是使相交道路空间分离，上、下道路无匝道连接的交叉方式，如图 2-62 所示。这种类型立交结构简单，占地少，造价低，但相交道路的车辆不能转弯行驶。分离式立交适用于高速公路与铁路或次要道路之间的交叉。

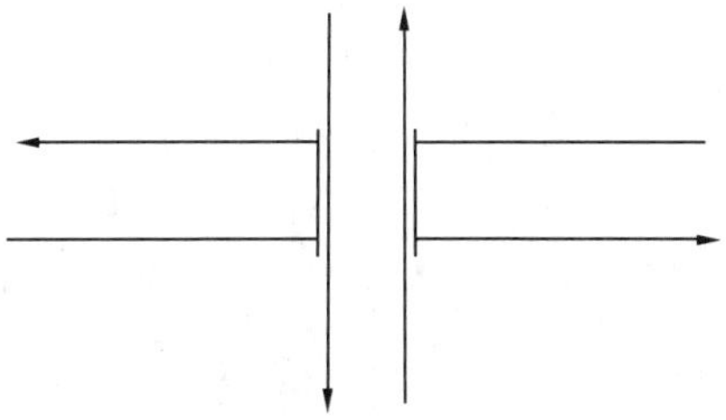

图 2-62　分离式立交

照片 2-4　分离式立交

2）互通式立交

互通式立交是不仅设跨线构造物使相交道路空间分离，而且上、下道路有匝道连接，以供转弯车辆行驶的交叉方式。这种立交车辆可转弯行驶，全部或部分消灭了冲突点，各方向行车干扰较小，但立交结构复杂，占地多，造价高。

互通式立交常见的形式有喇叭形、苜蓿叶式、子叶式、X 形、环形立交等。

（1）喇叭形立交如图 2-63、图 2-64 所示，是三路立交的代表形式，可分为 A 式和 B 式。经环圈式左转匝道驶入主线（或正线）为 A 式，驶出主线（或正线）则为 B 式。

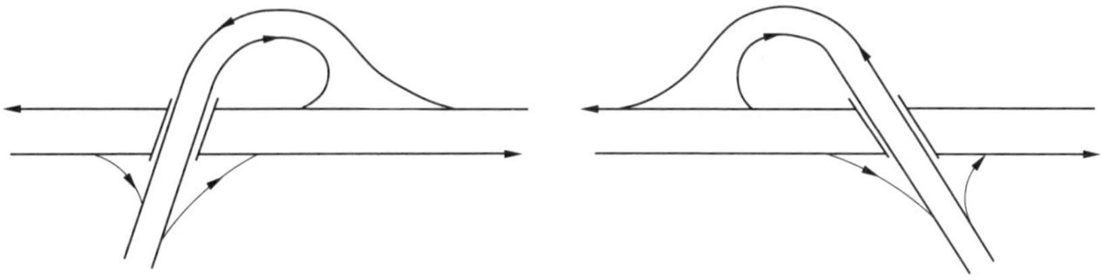

(a)A式　　(b)B式

图 2-63　喇叭形立交

照片 2-5　喇叭形立交

这种立交除环圈式匝道适应车速较低外，其他匝道都能为转弯车辆提供较高速度的半定向运行；只需一座构造物，投资较省；无冲突点和交织，通行能力大，行车安全；造型美观，行车方向容易辨别。

布设时应将环圈式匝道设在交通量小的方向上，主线交通量大时宜采用 A 式。次线上跨对转弯交通视野有利，下穿时宜斜交或弯穿。

（2）苜蓿叶式立交如图 2-65、图 2-66 所示，图 2-65（a）为标准形，图 2-65（b）为带集散车道形。

该立交平面形似苜蓿叶，交通运行连续而自然，无冲突点，可分期修建，仅需一座构造物。但这种立交占地面积大，左转绕行距离较长，环圈式匝道适应车速较低，且桥上、下存在交织；多用于高速道路之间的立交，而在城市内因受用地限制很难采用。因其形式美观，如果在城市外围的环路上采用，加之适当的绿化，也是较为合适的。

布设时为消除主线上的交织，避免双重出口、使标志简化及提高立交的通行能力和行

图 2-64　喇叭形立交效果图

车安全,可加设集散车道。

(3)子叶式立交如图 2-67 所示,只需一座构造物,造价较低,造型美观。但交通运行条件不如喇叭式好,正线存在交织,多用于苜蓿叶式立交的前期工程。布设时以使正线下穿为宜。

(4)X 形立交又称半定向式立交,如图 2-68 所示,各方向运行都有专用匝道,自由流畅,转向明确;无冲突点,无交织,通行能力大;适应车速高。但其占地面积大,层多桥长,造价高,在城区很难实现。

(5)环形立交:相交道路的车流轨迹线因匝道数不足而共同使用,且有交织路段的交叉,如图 2-69 所示。其适用于主要道路与一般道路交叉,以用于五条以上道路相交为宜。这种立交能保证主线直通,交通组织方便,无冲突点,占地较少。但次要道路的通行能力受到环道交织能力的限制,车速受到中心岛直径的影响,构造物较多,左转车辆绕行距离长。

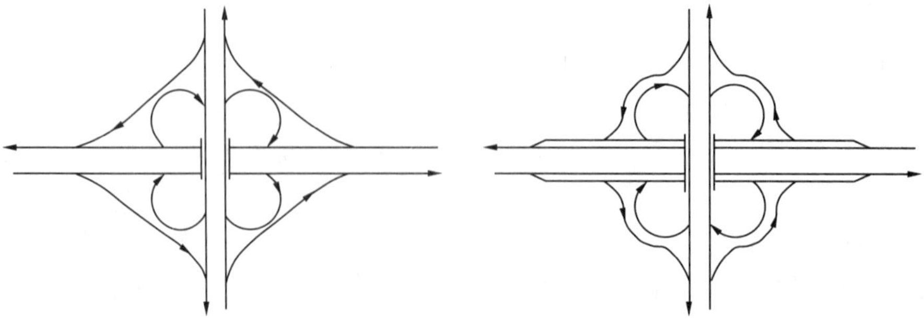

(a)标准化　　(b)带集散车道形

图 2-65　苜蓿叶式立交

图 2-66 苜蓿叶式立交效果图

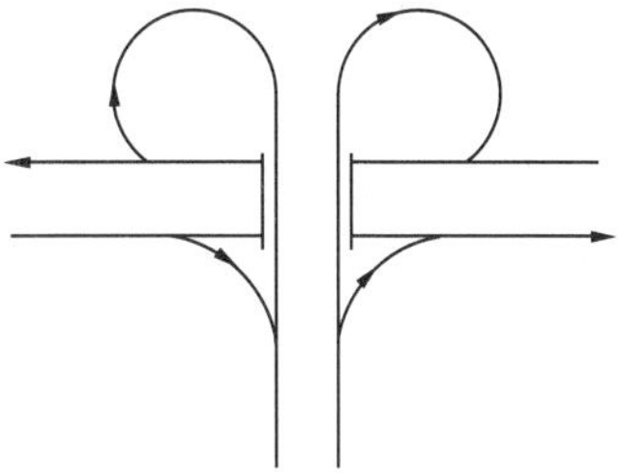

图 2-67 子叶式立交

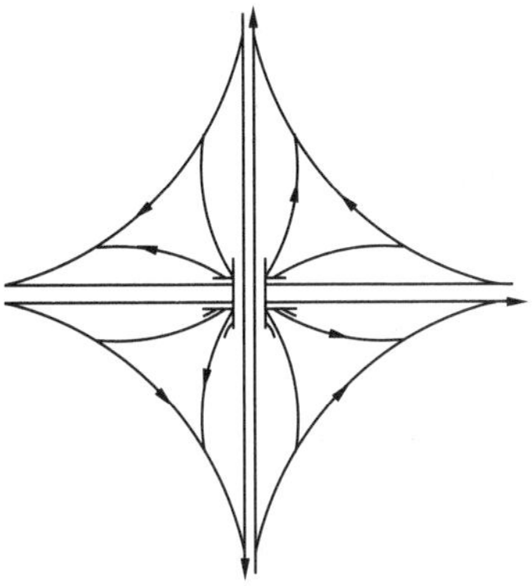

图 2-68 X 形立交

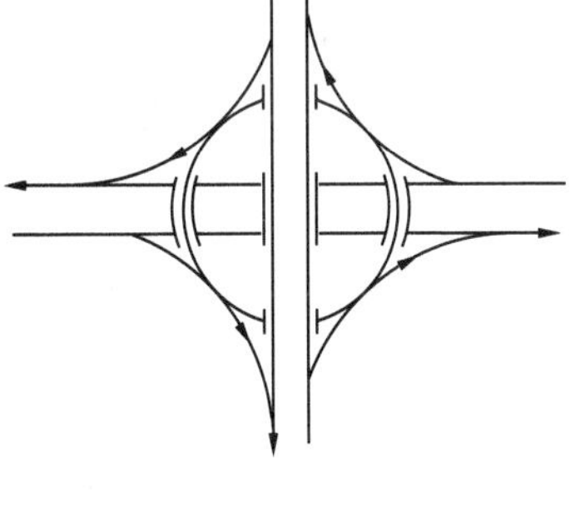

图 2-69 环形立交

当采用环形立交时，必须根据相交道路的性质进行比较研究，看环道的最大通行能力和所采用的中心岛尺寸是否满足远期交通量和车速的要求。布设时应让主线直通，中心岛可采用圆形、椭圆形或其他形状。

(三)立交线形设计要点

互通式立体交叉的设计应对该地区的交通条件、社会条件、自然条件等进行广泛、深入细致的调查和勘测,经过多方案的技术经济比较,选择合理的形式和适当的规模,并正确使用各要素的指标,以做出满足交通功能要求、适合现场情况、工程量小、投资省的方案和设计。

《公路路线设计规范》(JTG D20—2017)规定,互通式立体交叉范围内主线的主要技术指标如表 2-37 所示。

表 2-37　互通式立体交叉范围内主线的主要技术指标

设计速度/(km/h)			120	100	80	60
最小圆曲线半径/m		一般值	2 000	1 500	1 100	500
		极限值	1 500	1 000	700	350
最小竖曲线半径/m	凸形	一般值	45 000	25 000	12 000	6 000
		极限值	23 000	15 000	6 000	3 000
	凹形	一般值	16 000	12 000	8 000	4 000
		极限值	12 000	8 000	4 000	2 000
最大纵坡/%		一般值	2	2	3	4.5(4)
		极限值	2	2	4(3)	5.5(4.5)

一般情况下,最小圆曲线及竖曲线半径应采用大于或等于表 2-37 所列一般值;最大纵坡应小于或等于表 2-37 所列一般值。当受地形条件或其他特殊情况限制时,方可采用极限值。

1. 平面线形设计要点

(1)互通式立体交叉平面线形设计,应根据互通式立体交叉的重要程度、地形、用地条件等因素确定,并保证车辆能连续、安全地运行。立交主线平面线形设计方法与一般道路相同,主要任务是确定两条路线交叉点的位置、交叉角度及主线的曲线要素。

(2)匝道的圆曲线最小半径和不设超高的圆曲线最小半径应根据匝道设计速度选用大于表 2-38 所列一般值。当受地形条件或其他特殊情况限制时,方可采用极限值。

表 2-38　匝道圆曲线最小半径

匝道设计速度/(km/h)		80	70	60	50	40	35	30
匝道圆曲线最小半径/m	一般值	280	210	150	100	60	40	30
	极限值	230	175	120	80	50	35	25
不设超高的圆曲线最小半径/m	路拱≤2%	2 500	2 000	1 500	1 000	600	500	350

(3)匝道平面线形设计时应符合下列要求:

①从出、入口至匝道中平面线形紧迫路段的范围内,圆曲线的半径应与路段车辆通行

的速度变化相适应。

②右转弯匝道和左转弯直连式或半直连式匝道应采用较高的平面指标。

③直连式互通式立体交叉中，纵面起伏时凸形竖曲线前后的平面线形应一致，或具备良好的线形诱导。严禁在小半径凸形竖曲线后紧接反向平曲线。

④匝道平面线形指标应与交通量相适应，交通量大的匝道应具有较高的平面线形指标。

⑤应避免不必要的反弯。

⑥各要素线形的长度不宜小于 3 s 设计速度行程长度。

2. 纵面线形设计要点

(1) 立交主线纵面线形设计方法与一般道路纵面线形设计方法相同，设计时应注意满足控制高程的要求，主线进出口处的高程应与匝道设计通盘考虑。

(2)《公路路线设计规范》(JTG D20—2017) 规定了各种设计速度的匝道所对应的最大纵坡值，如表 2-39 所示。

表 2-39　匝道的最大纵坡

匝道设计速度/(km/h)			80	70	60	50	40	35	30
最大纵坡/%	出口匝道	上坡	3		4		5		
		下坡	3		3		4		
	入口匝道	上坡	3		3		4		
		下坡	3		4		5		

(3)《公路路线设计规范》(JTG D20—2017) 规定了各种设计速度的匝道所对应的最小竖曲线半径及竖曲线长度值，如表 2-40 所示。

表 2-40　匝道竖曲线的最小半径及长度

匝道设计速度/(km/h)			80	70	60	50	40	35	30
最小竖曲线半径/m	凸形	一般值	4 500	3 500	2 000	1 600	900	700	500
		极限值	3 000	2 000	1 400	800	450	350	250
	凹形	一般值	3 000	2 000	1 500	1 300	900	700	400
		极限值	2 000	1 500	1 000	700	450	350	300
最小竖曲线长度/m		一般值	100	90	70	60	40	35	30
		极限值	70	60	50	40	35	30	25

(4) 匝道纵面线形设计时应符合下列要求：

①匝道的纵坡应平缓，并避免不必要的反坡。

②匝道同主线相连接的部位，其纵面线形应连续，避免线形的突变。

③出口匝道宜为上坡匝道。

④上坡加速或下坡减速的匝道，应采用较缓的纵坡，并应

图纸 2-1　高速公路施工图图纸——路线设计

避免采用最大纵坡值。

⑤匝道中设收费站时，邻接收费广场的路段，其纵坡应平缓，不得以较大的下坡紧接收费广场。

⑥匝道端部纵坡变化处应采用较大半径的竖曲线。匝道中间难以避免反坡时，凸形竖曲线应具有较大的半径，尤其是在其后不远有反向平曲线或匝道分、汇流的情况下。

本章小结

道路平面线形由直线、圆曲线和缓和曲线三种线形构成。直线设计时要注意直线的长度不宜太长，也不宜太短，圆曲线的技术标准主要是曲线半径大小，圆曲线的半径是以汽车在曲线部分能安全而又顺利地行驶所需要的条件而确定的，缓和曲线设计主要考虑的是缓和曲线长度，由这三种基本线形要素可以得到很多种平面线形的组合形式，其中基本形和S形在道路平面线形中使用最为广泛。

路线纵断面设计线是由均匀坡度线和竖曲线组成的。坡度线有上坡和下坡，是以坡度和水平长度表示的；竖曲线则是在坡度转换处设置的过渡性曲线，有凸形和凹形两种，其大小以半径和水平长度表示。设计时对公路平、纵面线形，除必须分别满足标准和规范规定的最小值外，还应以满足视觉、心理方面连续、舒适的需要，对平、纵面线形的组合设计提出更高的要求。

道路横断面设计，是进行道路车行道、中央分隔带、人行道、路肩等的布置，以确定其横向几何尺寸，并进行必要的结构设计。同时，对于弯道需要根据平曲线半径的大小进行超高和加宽的设计。

交叉口设计主要是合理地解决交通流畅与道路用地、工程经济及环境之间的矛盾。根据交通组织方式的不同，平面交叉口可归纳为加铺转角式、分道转弯式、拓宽路口式和环形交叉口四类形式。立体交叉按交通功能可划分为分离式立交和互通式立交，互通式立交常见的形式有喇叭形、苜蓿叶式、子叶式、X形、环形立交等。

复习思考题

1. 哪些地段优先采用直线？直线的最小长度是如何控制的？
2. 什么是缓和曲线？其性质是什么？
3. 缓和曲线有哪些作用？
4. 缓和曲线的长度及参数的确定考虑了哪些因素？
5. 公路缓和曲线的省略条件是什么？
6. 平面线形的组合形式有哪些？
7. 什么是行车视距？行车视距的类型有哪些？
8. 什么是停车视距？停车视距是由哪些部分组成的？
9. 行车视距的检验标准是什么？
10. 道路平面设计成果主要有哪些？

11. 已知某二级公路，有一弯道半径 $R=1\ 600$ m，交点 JD 里程桩号为 K10+067.76，转角 $\alpha=25°15'$，试计算该圆曲线的曲线要素及主点桩号。

12. 已知某三级公路，在平原区有一弯道 $R=300$ m，缓和曲线长 $L_h=60$ m，交点桩号为 K4+016.25，转角 $\alpha=28°25'16''$，试计算该曲线上的主点桩里程。

13. 已知一组路线平面设计资料：

JD_1 = K4+650.56	JD_2 = K5+321.21
ZH_1 = K4+535.82	ZH_2 = K5+248.27
HY_1 = K4+575.82	HY_2 = K5+298.27
YH_1 = K4+719.08	YH_2 = K5+339.50
HZ_1 = K4+759.08	HZ_2 = K5+389.50

试求：两曲线的切线长、曲线长、缓和曲线长及曲线中点桩号。

14. 新建公路的路基设计标高是怎样规定的？

15. 纵断面图的下半部主要用来填写有关数据，具体内容有哪些？

16. 最大纵坡的确定主要考虑了哪些因素？

17. 什么是最小纵坡？什么是平均纵坡？什么是合成坡度？

18. 什么是爬坡车道？什么是避险车道？

19. 什么是竖曲线？凹形竖曲线极限最小半径的确定依据是什么？

20. 平、纵面线形的组合形式有哪些？其各自特点是什么？

21. 某公路一路段相邻的四个变坡点，详细资料如下：

变坡点桩号	高程
K12+000	168.567 m
K12+450	172.513 m
K12+950	190.013 m
K13+800	183.588 m

试计算四个变坡点构成的三个路段坡长和坡度各是多少，并分别判断竖曲线的凸凹性。

22. 公路横断面的组成是什么？

23. 简述城市道路常见的断面形式及其各自的适用条件。

24. 公路路肩的作用是什么？

25. 弯道加宽的原因是什么？弯道加宽的条件是什么？

26. 加宽的过渡方式有哪些？各自的适用条件是什么？

27. 什么是路拱？路拱有哪些基本形式？

28. 什么是超高？

29. 简述无中间带道路的超高过渡方式及适用条件。

30. 简述有中间带道路的超高过渡方式及适用条件。

31. 交叉口减少或消灭冲突点的方法有哪些？

32. 简述环形交叉的优缺点。

33. 立体交叉的主要组成部分有哪些？

34. 按交通功能可将立体交叉划分为哪些类型？并简述其各自特点。

第三章 路基设计与施工

学习目标

【知识目标】

掌握路基设计的相关内容；了解路基防护的基本方法；掌握路基排水设计的方法；了解路基施工的基本方法及工艺流程。

课件 路基设计与施工

【技能目标】

了解路基横断面类型；认识路基结构并了解其基本功能；认识路基防护加固设施并了解其基本功能；认识路基排水设施并了解其基本功能；了解路基施工的基本方法。

【素质目标】

具有终身学习的意识、能力、习惯；培养严谨的工作作风；培养对问题的分析、归纳、总结能力；具有团队协作意识；具有沟通管理能力；培养社会责任意识。

学习重点

路基干湿类型及强度指标；一般路基设计；地上、地下排水设施；路基施工方法。

学习难点

路基用土；路基防护与加固；路基排水设计。

知识结构

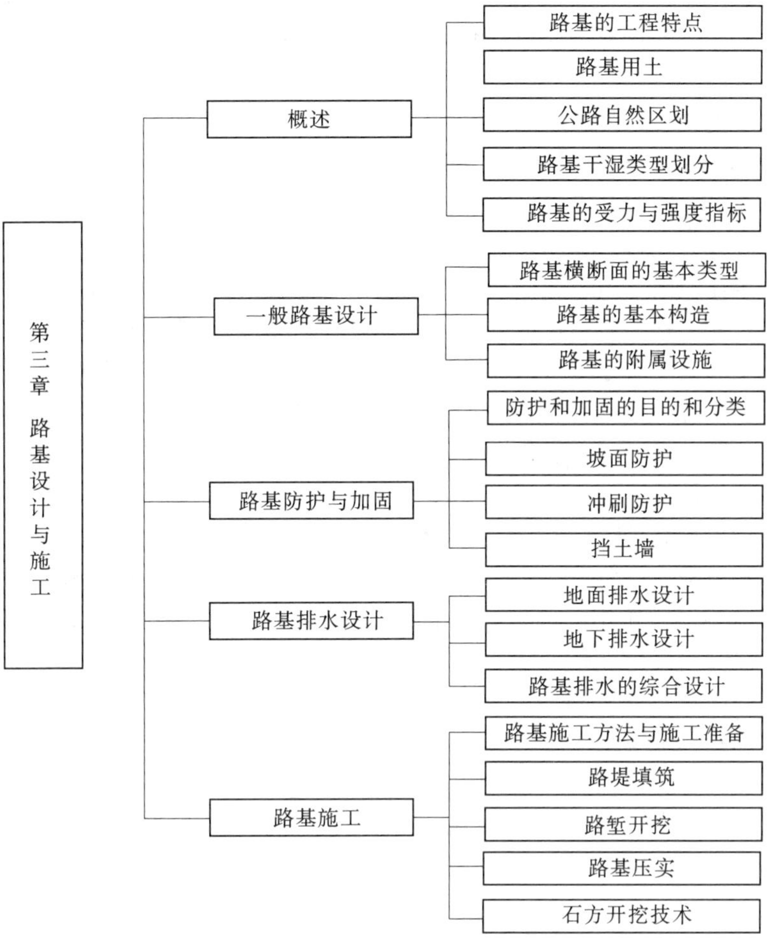

第一节 概 述

一、路基的工程特点

(一)路基的作用及其特点

路基是按照路线位置和一定技术要求修筑的带状构造物,是路面的基础,承受由路面传递下来的行车荷载。它贯穿公路全线,与桥梁、隧道相连,构成公路的整体。

作为公路建筑的主体,路基工程具有以下特点:工程数量大、耗费劳力多、涉及面广、投资高等。以平原微丘区三级公路为例,每公里土石方数量为 8 000~16 000 m^3,而山岭重丘区三级公路每公里土石方数量可达 20 000~60 000 m^3 甚至更多,据部分资料分析,一般公路的路基修建投资占公路总投资的 25%~45%,个别山区公路可达 65%。路基是带状的土工建筑,路基施工改变了原有地面的自然状态,挖、填、借、弃土涉及当地生态平衡、水土保持和农田水利等自然环境。因此,路基设计和施工必须与当地农田水利建设和环境保护相配合。路基工程对工期影响大,在工程地质和水文条件复杂的路段,不但工程技术问题多,施工难度大,增加工程投资,而且常成为影响全线工期的关键。路基工程质量对公路的质量和运营具有十分重要的影响,路基质量差,将引起路面沉降变形和破坏,增加养护维修费用,影响行车舒适、安全和道路的服务水平。因此,对路基的设计和施工质量必须予以重视,确保路基工程质量。

(二)对路基的基本要求

路基除断面尺寸应符合设计标准外,还应满足下列基本要求。

1. 具有足够的整体稳定性

路基是直接在地面上填筑或挖去一部分地面建成的。路基建成后,改变了原地面的天然平衡状态。在工程地质不良地区,修建路基则可能加剧原地面的不平衡状态;开挖路堑使两侧边坡土体失去支撑力,可能导致边坡坍塌或滑坡;天然坡面特别是陡坡面上的路堤,可能因自重而下滑。对于上述种种情况,都必须因地制宜地采取一定措施来保证路基的整体稳定性。

2. 具有足够的强度

公路上的行车荷载,通过路面传递给路基,对其产生一定压力,路基自重及路面的重量也给予路基和地基一定压力。这些压力都可使路基产生一定的变形,使路面变形而遭到破坏,直接影响路面的使用品质。因此,要求路基应具有足够的强度,以保证在外力作用下,不致产生超过容许范围的变形。

3. 具有足够的水温稳定性

路基在地面水和地下水作用下,其强度将显著地降低。特别是在季节性冰冻地区,由于水温状况的变化,路基将发生周期性冻融作用,使路基强度急剧下降。因此,对路基不仅要求其具有足够的强度,而且应保证在最不利的水温状况下,强度不至于显著的降低,以使路面处于正常稳定状态,亦即要求路基具有足够的水温稳定性。

二、路基用土

(一)路基用土分类

根据现行的《公路土工试验规程》(JTG 3430—2020)中土的工程分类方法,将土分为巨粒土、粗粒土、细粒土和特殊土四大类,土的分类依据主要考虑了土的颗粒组成、土的塑性指标及土中有机质含量等特征。土粒组划分如表 3-1 所示。土分类总体系如图 3-1 所示。

表 3-1　土粒组划分

200	60	20	5	2	0.5	0.25	0.075	0.002/mm	
巨粒料组		粗粒组						细粒组	
漂石(块石)	卵石(小块石)	砾(角砾)			砂			粉粒	黏粒
		粗	中	细	粗	中	细		

(二)路基用土的工程性质

1. 巨粒土

巨粒土有很高的强度及稳定性,是填筑路基的很好材料。对于漂石土,在码砌边坡

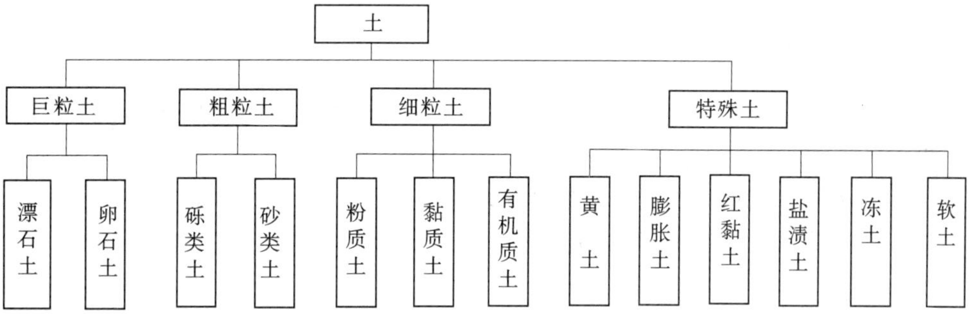

图 3-1　土分类总体系

时,应正确选用边坡值,以保证路基稳定。对于卵石土,填筑时应保证有足够的密实度。

2. 粗粒土

砾类土由于粒径较大,内摩擦力亦大,因而强度和稳定性均能满足要求。级配良好的砾类土混合料,密实程度好。对于级配不良的砾类土混合料,填筑时应保证密实程度,防止由于空隙大而造成路基积水、不均匀沉陷或表面松散等病害。

砂类土又可分为砂、含细粒土砂(或称砂土)和细粒土质砂(或称砂性土)三种。

砂和含细粒土砂无塑性,透水性强,毛细水上升高度很小,具有较大的摩擦系数,强度和水稳定性较好。但由于其黏性小,易于松散,压实困难,须用振动法或灌水法才能压实。为克服这一缺点,可添加一些黏质土,以改善其使用质量。

细粒土质砂既含有一定数量的粗颗粒,使路基具有足够的强度和水稳性,又含有一定数量的细颗粒,使其具有一定的黏性,不致过分松散。一般遇水干得快,不膨胀,干时有足够的黏结性,扬尘少,容易被压实。因此,细粒土质砂是修筑路基的良好材料。

3. 细粒土

粉质土为最差的筑路材料。它含有较多的粉土粒,干时稍有黏性,但易被压碎,扬尘性大,浸水时很快被湿透,易成稀泥。粉质土的毛细作用强烈,水分上升速度快,高度一般可达 0.9~1.5 m,在季节性冰冻地区,水分积聚现象严重,造成严重的冬季冻胀,春融期间出现翻浆,故又称翻浆土。如遇粉质土,特别是在水文条件不良时,应采取一定的措施,改善其工程性质。

黏质土透水性很差,黏聚力大,因而干时硬,不易挖掘。它具有较大的可塑性、黏结性和膨胀性,毛细现象也很显著,用来填筑路基比粉质土好,但不如细粒土质砂。浸水后黏质土能较长时间保持水分,因而承载能力小。对于黏质土若在适当的含水量时加以充分压实且有良好的排水设施,筑成的路基也能获得稳定。

有机质土(如泥炭、腐殖土等)不宜作路基填料,如遇有机质土均应在设计和施工时采取适当措施。

4. 特殊土

黄土属大孔和多孔结构,具有湿陷性。膨胀土受水浸湿发生膨胀,失水则收缩。红黏土失水后体积收缩量较大。盐渍土潮湿时承载力很低。冻土融化后承载力大为降低,压缩性急剧增高,使路基产生融陷;相反,在冻结过程中又产生冻胀,对路基均为不利。软土主要是承载力低，易产生不均匀沉降。因此，特殊土也不宜作路基填料。

三、公路自然区划

我国各地气候、地形、地貌、水文地质等自然条件相差很大，而这些自然条件与公路建设密切相关。为区分不同地理区域自然条件对公路工程影响的差异性，并在路基、路面的设计、施工和养护中采取适当的技术措施和采用合适的设计参数，以体现各地公路设计与施工的特点，侧重必须解决的问题，更有利于保证公路的质量和经济合理，特制定公路自然区划。

为使自然区划便于在实践中应用，结合我国地理、气候特点，将全国的公路自然区划分为三个等级。

1. 一级区划

“公路自然区划”分三级进行区划，首先将全国划分为多年冻土、季节冻土和全年不冻土三大地带，然后根据水热平衡和地理位置，划分为冻土、温润、干湿过渡、湿热、潮暖和高寒七个大区。我国七个一级自然区的路面结构设计注重的特点各有不同，根据各地区经验，可大致归纳如下。

Ⅰ区——北部多年冻土区。该区北部为连续分布多年冻土，南部为岛状分布多年冻土。对于泥沼地多年冻土层，最重要的道路设计原则是保温，不可轻易挖去覆盖层，使路堤下保持冻结状态，若受大气热量影响融化，后患无穷。对于非多年冻土层的处理方法则不同，须将泥炭层全部或局部挖去，排干水分，然后填筑路堤。该区主要是林区道路，路面结构为中级路面。林区山地道路，因表土湿度大，地面径流大，最易翻浆，应采取换土、稳定土、砂垫层等处理方法。

Ⅱ区——东部温润季冻区。该区路面结构突出的问题是翻浆和冻胀。翻浆的轻重程度取决于路基的潮湿状态。可根据不同的路基潮湿状态采取措施。该区缺乏砂石材料，采用稳定土基层已取得一定的经验。

Ⅲ区——黄土高原干湿过渡区。该区的特点是黄土对水分的敏感性，干燥土基强度高、稳定性好。在河谷盆地的潮湿路段及灌区耕地，土基稳定性差，强度低，必须认真处理。

Ⅳ区——东南湿热区。该区雨量充沛集中，雨型季节性强，台风暴雨多，水毁、冲刷、滑坡是道路的主要病害，路面结构应结合排水系统进行设计。该区水稻田多，土基湿软，强度低，必须认真处理。由于气温高、热季长，要注意黑色面层材料的热稳定性和防透水性。

Ⅴ区——西南潮暖区。该区山多，筑路材料丰富，应充分利用当地材料筑路，对于水文不良路段，必须采取措施，稳定路基。

Ⅵ区——西北干旱区。该区大部分地下水水位很低，虽然冻深多在 100~150 cm 以上，但一般道路冻害较轻。个别地区，如河套灌区、内蒙古草原洼地，地下水水位高，翻浆严重。丘陵区 1.5 m 以上的深路堑冬季积雪厚，雪水浸入路面造成危害，所以沥青面层材料应具有良好的防透水性，路肩也应作防水处理。由于气候干燥，砂石路面经常出现松散、搓板和波浪现象。

Ⅶ区——青藏高寒区。该区局部路段有多年冻土，须按保温原则设计，由于地处高原，气候寒冷，昼夜气温相差很大，日照时间长，沥青老化很快，又因为年平均气温相对偏低，路面易遭受冬季雪水渗入而破坏。

2. 二级区划

二级区划仍以气候和地形为主导因素，但具体标志与一级区划有显著差别。一级自然区的共同标志为气候因素潮湿系数 K 值(即年降水量与年蒸发量之比)，地形因素是独立的地形单元。二级区划的划分则需因区而异，将上述标志具体化或加以补充，其标志是以潮湿系数 K 为主的一个标志体系。

根据二级区划的主导因素与标志，在全国七个一级自然区内又分为 33 个二级区和 19 个副区(亚区)，共有 52 个二级自然区。各二级区的区界、自然条件对工程的影响详见有关标准。

3. 三级区划

三级区划是二级区划的进一步划分。三级区划划分的方法有两种：一种是按照地貌、水文和土质类型将二级自然区进一步划分为若干类型单元；另一种是继续以水热、地理和地貌等为标志将二级区划细分为若干区域。各地可根据当地的具体情况选用。

四、路基干湿类型划分

(一)路基水的来源

路基土所处的状态是由土体的含水量或相对含水量决定的，含水量取决于湿度的来源及作用的延续时间。导致路基湿度变化的水源可分为以下几种(见图 3-2)。

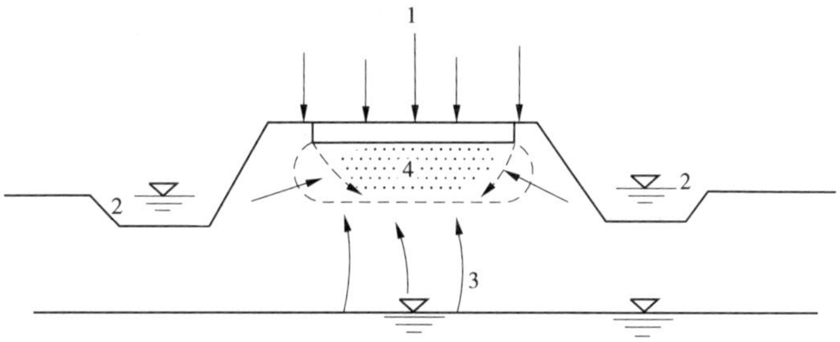

1—大气降水；2—地面水；3—地下水；4—凝结水。

图 3-2　路基湿度来源示意

(1)大气降水：大气降水通过路面、路肩和边坡渗入路基。

(2)地面水：边沟水及排水不良时的地表积水，以毛细水的形式渗入。

(3)地下水：靠近地面的地下水，借助毛细作用上升到路基内部。

(4)凝结水：在土颗粒空隙中流动的水蒸气，遇冷凝结为水。

(二)路基干湿类型划分

路基的强度与稳定性同路基的干湿状态有密切关系，并在很大程度上影响路面结构设计。

《公路路基设计规范》(JTG D30—2015)规定，公路路基平衡湿度状况可依据路基的湿度来源分为潮湿、中湿、干燥等三类。为了保证路基路面结构的稳定性，一般要求路基处于干燥或中湿状态。

路基平衡湿度是指公路建成通车后,路基在地下水、降雨、蒸发、冻结和融化等因素作用下,湿度达到相对稳定的平衡状态,此时湿度称为平衡湿度。

路基设计可根据路基相对高度、路基土组类别及其毛细水上升高度,确定路基干湿类型,并预估路基结构的平衡湿度,具体可按下列条件判别路基湿度状态:

(1)地下水或地表长期积水的水位高,路基工作区均处于地下水毛细润湿影响范围内,路基平衡湿度由地下水或地表长期积水的水位升降所控制,路基湿度状态可定为潮湿类路基。

(2)地下水水位很低,路基工作区处于地下水毛细润湿面之上,路基平衡湿度由气候因素所控制,路基湿度状态可定为干燥类路基。

(3)地下水水位较高,路基工作区下部处于地下水毛细润湿区影响范围内,而其上部则受气候因素影响,路基平衡湿度兼受地下水和气候两方面的影响。此种路基湿度状态定义为中湿状态,如图 3-3 所示。

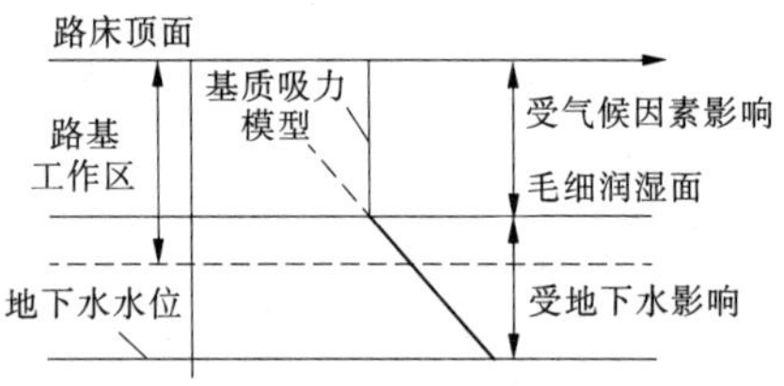

图 3-3　中湿类路基的湿度状况

《公路路基设计规范》(JTG D30—2015)规定,路基土的湿度状态采用饱和度来表征,土的饱和度既反映了含水率,也包含了密实度的影响。

潮湿类路基的平衡湿度可根据路基土组类别及地下水水位高度,按表 3-2 确定距地下水水位不同高度处的饱和度。

表 3-2　各路基土组距地下水位不同高度处的饱和度　%

土组	计算点距地下水或地表长期积水水位的距离/m						
	0.3	1.0	1.5	2.0	2.5	3.0	4.0
粉土质砾(GM)	69~84	55~69	50~65	49~62	45~59	43~57	—
黏土质砾(GC)	79~96	64~83	60~79	56~75	54~73	52~71	—
砂(S)	95~80	70~50	—	—	—	—	—
粉土质砂(SM)	79~93	64~77	60~72	56~68	54~66	52~64	—
黏土质砂(SC)	90~99	77~87	72~83	68~80	66~78	64~76	—
低液限粉土(ML)	94~100	80~90	76~86	83~73	71~81	69~80	—
低液限黏土(CL)	93~100	80~93	76~90	73~88	70~86	68~85	66~83
高液限粉土(MH)	100	90~95	86~92	83~90	81~89	80~87	—
高液限黏土(CH)	100	93~97	90~93	88~91	86~90	85~89	83~87

注:1. 对于砂(SW、SP),D_{60}(通过率为 60%时的颗粒粒径)大时平衡湿度取低值,D_{60} 小时平衡湿度取高值;
2. 对于其他含细粒的土组,通过 0.075 mm 筛的颗粒含量大和塑性指数高时,取高值,反之,取低值。

干燥类路基的平衡湿度可根据路基所在自然区划的湿度指标 TMI 和土组类别确定,不同自然区划的 TMI 值可参照表 3-3 查取,按路基所在地区的 TMI 值和路基土组类别,根据表 3-4 插值查取该地区相应的路基饱和度。

表 3-3　不同自然区划的湿度指标 TMI 值范围

区划	亚区	TMI 范围	区划	亚区	TMI 范围
Ⅰ	Ⅰ$_{1}$	-5.0~-8.1	Ⅳ	Ⅳ$_{6}$	27.0~64.7
	Ⅰ$_{2}$	-0.5~-9.7		Ⅳ$_{6a}$	41.2~97.4
Ⅱ	Ⅱ$_{1}$ 黑龙江	-0.1~-8.1		Ⅳ$_{7}$	16.0~69.3
	Ⅱ$_{1}$ 辽宁、吉林	8.7~35.1		Ⅳ$_{7b}$	-5.4~23.0
	Ⅱ$_{1a}$	-3.6~-10.8	Ⅴ	Ⅴ$_{1}$	25.1~6.9
	Ⅱ$_{2}$	-7.2~-12.1		Ⅴ$_{2}$	0.9~30.1
	Ⅱ$_{2a}$	-1.2~-10.6		Ⅴ$_{2a}$	39.6~43.7
	Ⅱ$_{3}$	-9.3~-26.9		Ⅴ$_{3}$	12.0~88.3
	Ⅱ$_{4}$	-10.7~-22.6		Ⅴ$_{3a}$	-7.6~47.2
	Ⅱ$_{4a}$	-15.5~17.3		Ⅴ$_{4}$	-2.6~50.9
	Ⅱ$_{4b}$	-7.9~9.9		Ⅴ$_{5}$	39.8~100.6
	Ⅱ$_{5}$	-1.7~-15.6		Ⅴ$_{5a}$	24.4~39.2
	Ⅱ$_{5a}$	-1.0~-15.6	Ⅵ	Ⅵ$_{1}$	-15.3~-46.3
Ⅲ	Ⅲ$_{1}$	-21.2~-25.7		Ⅵ$_{1a}$	-40.5~-47.2
	Ⅲ$_{1a}$	-12.6~-29.1		Ⅵ$_{2}$	-39.5~-59.2
	Ⅲ$_{2}$	-9.7~-17.5		Ⅵ$_{3}$	-41.6
	Ⅲ$_{2a}$	-19.6		Ⅵ$_{4}$	-19.3~-57.2
	Ⅲ$_{3}$	-19.1~-26.1		Ⅵ$_{4a}$	-34.5~-37.1
	Ⅲ$_{4}$	-10.8~-24.1		Ⅵ$_{4b}$	-2.6~-37.2
Ⅳ	Ⅳ$_{1}$	21.8~25.1	Ⅶ	Ⅶ$_{1}$	-3.1~-56.3
	Ⅳ$_{1a}$	23.2		Ⅶ$_{2}$	-49.4~-58.1
	Ⅳ$_{2}$	-6.0~34.8		Ⅶ$_{3}$	-22.5~82.8
	Ⅳ$_{3}$	34.3~40.4		Ⅶ$_{4}$	-5.1~-5.7
	Ⅳ$_{4}$	32.0~67.9		Ⅶ$_{5}$	-20.3~91.4
	Ⅳ$_{5}$	45.2~89.3		Ⅶ$_{6a}$	-10.6~-25.8

中湿类路基的平衡湿度可参照图 3-3，先分路基工作区上部和下部分别确定其平衡湿度，再以厚度加权平均计算路基的平衡湿度。地下水毛细润湿面以上的路基工作区上部，按路基土组类别和 TMI 值确定其平衡湿度；地下水毛细润湿面以下的路基工作区下部，则按路基土组类别和距地下水水位的距离确定其平衡湿度。

表 3-4　各路基土组在不同 TMI 值时的饱和度　%

土组	TMI					
	-50	-30	-10	10	30	50
砂(S)	20~50	25~55	27~60	30~65	32~67	35~70
粉土质砂(SM) 黏土质砂(SC)	45~48	62~68	73~80	80~86	84~89	87~ 90
低液限粉土(ML)	41~46	59~64	75~77	84~86	91~92	92~93
低液限黏土(CL)	39~41	57~64	75~76	86	91	92~94
高液限粉土(MH)	41~42	61~62	76~79	85~88	90~92	92~95
高液限黏土(CH)	39~51	58~69	85~74	86~92	91~95	94~97

注:①砂的饱和度取值与 D_{60} 相关,D_{60} 大时(接近 2 mm)取低值,D_{60} 小时(接近 0.25 mm)取高值。
②粉土质砂、黏土质砂或细粒土的饱和度取值与细粒土含量和塑性指数相关,细粒土含量高、塑性指数大时取低值,反之取高值。

五、路基的受力与强度指标

(一)路基的受力

一般情况下,路基承受两种荷载:一种是路面和路基自重引起的静力荷载;另一种是车轮荷载引起的动力荷载。在两种荷载的共同作用下,使路基土处于受力状态。理想的设计应使路基受力时只产生弹性变形,而车轮驶过以后恢复原状,以确保路基的相对稳定,不致引起路面破坏。

当车轮荷载为圆形均布荷载时,圆形均布荷载中心下土基的垂直压应力可用式(3-1)近似计算:

$$\sigma_1 = \frac{p}{1 + 2.5\left(\frac{Z}{D}\right)^2} \tag{3-1}$$

式中　p——车轮的单位压力,kPa;

D——圆形均布荷载作用面积的直径,m;

Z——应力作用深度,m。

自重引起土基中的压应力,考虑到在一定深度以下,同路基自重相比较,路面重力的影响不大,所以在研究荷载作用最大深度时,为简化计算,近似地将路面材料相当于土基材料,则土基材料自重引起的压应力可用式(3-2)计算:

$$\sigma_z = \rho Z \tag{3-2}$$

式中　ρ——土基的湿密度,kN/m³;

Z——应力作用深度,m。

车轮荷载所产生的垂直应力 σ_1,土基自重引起的垂直应力 σ_2 及两者的应力曲线如图 3-4 所示。

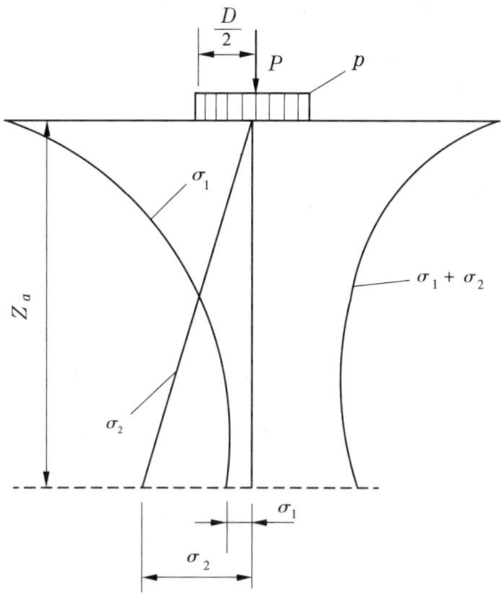

图 3-4　土基应力分布

(二)路基工作区

由图 3-4 可以看出,车轮荷载引起的应力 σ_1 随着深度的增加而逐渐减小(曲线变化),自重引起的应力 σ_2 则随着深度增加而增大(直线变化)。在某一深度 Z_a 处,车轮荷载所产生的应力仅为自重应力的 1/5 ~ 1/10,在此深度 Z_a 以下,车轮荷载对土基强度和稳定性影响甚小,故而可略去不计。将 $\dfrac{p}{1+2.5\left(\dfrac{Z_a}{D}\right)^2}=\left(\dfrac{1}{5}\sim\dfrac{1}{10}\right)\rho Z_a$,则可得出车轮荷载所引起的应力分布深度 Z_a。把经受车轮荷载作用较大的土基范围称为路基工作区,Z_a 称为路基工作深度。

几种汽车车型的路基工作区深度的近似值见表 3-5。

表 3-5　路基工作区深度的近似值

汽车型号	每侧后轮重 p/kN	工作区深度 Z_a($1/n=1/5$)/m
解放 CA-10B 载重汽车	1/2×60.85	1.6
东风 EQ-140 载重汽车	1/2×69.20	1.7
黄河 JN-150 载重汽车	1/2×101.60	1.9
北京 BJ-130 载重汽车	1/2×27.18	1.2
黄河 QD-351 倾卸汽车	1/2×97.15	1.9
上海 SH-380 倾卸汽车	1/2×360.00	2.9
天津 TJ-644C 大客车	1/2×75.30	1.7
红旗 CA-773 小客车	1/2×15.75	1.0

由表 3-5 可以看出,轻、重型汽车车轮荷载的影响深度相差很大,设计时应予注意。

由于路基、路面不是均质体,路面材料的密度较路基为大,路基工作区的实际深度随路面强度的增加而减少。因此,要精确计算 Z_a,应将路面折算为与路基同一性质的整体后,再进行计算。

在路基工作区内,土基的强度与稳定性,对于保证路面的强度与稳定,满足行车要求极为重要。因此,对应力作用区内的土质选择、含水量与压实程度等,在设计时均应特别注意。

当应力作用深度大于路基填土高度时,车轮荷载不仅作用于路堤,而且作用于天然地基上部土层,此时,天然地基上部土层和路堤应同时满足路基工作区的设计要求。路基高度与工作区深度的关系如图 3-5 所示。当路堤填筑高度 $H>Z_a$[见图 3-5(a)]时,车辆荷载作用深度位于填筑高度内,路堤应按规定要求分层填筑与压实,Z_a 内尤其应注意填筑质量;对于 $H<Z_a$[见图 3-5(b)]的低路堤,此时不但要将填土充分压实,而且要保证工作区内原地面下部土层具有足够的强度和稳定性,采取必要的措施,使天然地基下部土层和路堤同时满足路基工作区的设计要求。

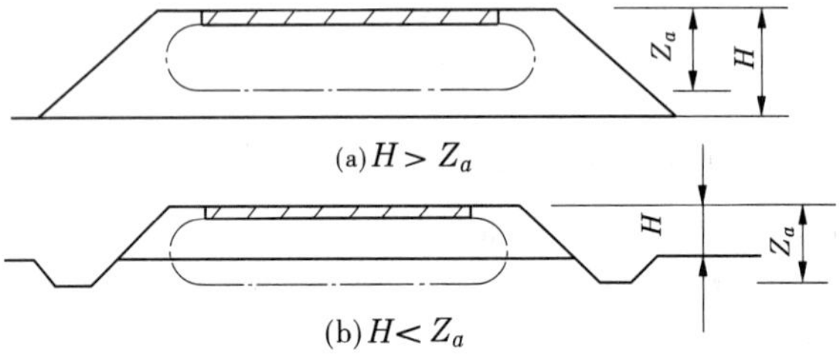

图 3-5　路基高度工作区深度的关系

(三)路基的强度指标

路基在外荷载及自重作用下,土体可能发生相对滑动位移变形和竖向垂直位移变形,路基的强度以抵抗这两种变形的能力作为具体指标。

1. 抗剪强度

在路基边坡内,若强度不足以抵抗剪应力的作用,则相邻两部分土体将沿某一剪切面(滑动面)产生相对移动,于是边坡破坏,稳定丧失。这种沿剪切面使土体破坏的现象称为剪切破坏。土体所具有的抵抗剪切破坏的能力称为抗剪强度。土体的抗剪强度按式(3-3)计算:

$$S = c + \sigma\tan\varphi \tag{3-3}$$

式中　S——土体的抗剪强度,kPa;

σ——作用于剪切面上的法向压应力,kPa;

c——土的凝聚力,kPa;

φ——土的内摩擦角,(°)。

由式(3-3)可知,土体的抗剪强度是由凝聚力 c 及内摩擦力 $\sigma\tan\varphi$ 组成的。凝聚力 c 和内摩擦角 φ 称为抗剪强度指标,是路基稳定性验算和挡土墙设计中必不可少的参数。

土的颗粒愈细,凝聚力愈大;土颗粒愈粗,内摩擦角愈大。由于凝聚力不如内摩擦力影响大，因此土的颗粒愈大，抗剪强度愈高。

2. 回弹模量

回弹模量是指路基、路面及筑路材料在荷载作用下产生的应力与其相应的回弹应变的比值。

《公路路基设计规范》（JTG D30—2015）规定，作为路面基础的路基结构应以路床顶面回弹模量为设计指标，以路床顶面竖向压应变为验算指标。标准状态（最佳含水率、最大干密度）下路基填料的回弹模量值应采用重复加载三轴压缩试验方法，通过试验获得。试验时先对试件施加 30.0 kPa 预载围压，并对试件施加至少 1 000 次、最大轴向应力为 66.0 kPa 的半正弦脉冲荷载进行预处理（若试件总的垂直永久应变达到 5%，预载停止，应分析原因或重新制备试件）。然后调整围压和半正弦脉冲荷载至目标设定值，以 10 Hz 的频率重复加载 100 次，采集最后 5 个波形的荷载及变形曲线，记录并计算试验施加荷载、试件轴向可恢复变形、动态回弹模量。

重复加载三轴压缩试验的应力幅值按式（3-4）计算确定。

$$\sigma_0 = \frac{P_i}{A} \tag{3-4}$$

式中 σ_0——轴向应力幅值，MPa；

P_i——最后一次加载循环中轴向试验荷载平均幅值，N；

A——试件径向横截面面积（可取试件上、下端面面积均值），mm^2。

应变幅值按式（3-5）计算确定。

$$\varepsilon_0 = \frac{\Delta_i}{l_0} \tag{3-5}$$

式中 ε_0——可恢复轴向应变幅值，mm/mm；

Δ_i——最后一次加载循环中可恢复轴向变形平均幅值，mm；

l_0——位移传感器的量测间距，mm。

动态回弹模量按式（3-6）计算：

$$M_R = \frac{\sigma_0}{\varepsilon_0} \tag{3-6}$$

式中 M_R——路基填料的动态回弹模量，MPa。

新建公路路基回弹模量设计值 E_0 应按式（3-7）确定，并应满足式（3-8）的要求。

$$E_0 = K_s K_\eta M_R \tag{3-7}$$

$$E_0 \geqslant [E_0] \tag{3-8}$$

式中 E_0——平衡湿度状态下路基回弹模量设计值，MPa；

$[E_0]$——路面结构设计的路基回弹模量要求值，MPa，应符合现行《公路沥青路面设计规范》（JTG D50—2017）和《公路水泥混凝土路面设计规范》（JTG D40—2011）的有关规定；

M_R——标准状态（最佳含水率、最大干密度）下路基动态回弹模量值，MPa；

K_η——干湿循环或冻融循环条件下路基土回弹模量折减系数，通过试验确定，初步设计时，非冰冻地区可根据土质类型、失水率确定，季节冻土区可根据冻结温度、含水率确定，折减系数可取 0.7 ~0.95；

K_s——路基回弹模量湿度调整系数，为平衡湿度（含水率）状态下的回弹模量与标准状态下的回弹模量之比。

新建公路路基设计可根据路基相对高度、路基土组类别及其毛细水上升高度，确定路基干湿类型，并预估路基结构的平衡湿度。按下列方法确定回弹模量湿度调整系数。

潮湿类路基的回弹模量湿度调整系数可按表 3-6 查取。干燥类路基的回弹模量湿度调整系数可按表 3-7 查取。

表 3-6　潮湿类路基的回弹模量湿度调整系数

土质类型	砂	细粒土质砂	粉质土	黏质土
路基工作区顶面	0.8~ 0.9	0.5~ 0.6	0.5~ 0.7	0.6~ 1.0
路基工作区底面	0.5~0.6	0.4~0.5	0.4~0.6	0.5~0.9

注：1. 砂的回弹模量调整系数，D_{60} 大时取高值，D_{60} 小时取低值；

2. 细粒土质砂的回弹模量调整系数，细粒含量大、塑性指数高时取低值，反之取高值；

3. 粉质土和黏质土的回弹模量调整系数，路基高度低时取低值，反之取高值。

表 3-7　干燥类路基的回弹模量湿度调整系数

土组	湿度指数 TMI					
	-50	-30	-10	10	30	50
砂(S)	1.30~1.84	1.14~1.80	1.02~1.77	0.93~1.73	0.86~1.69	0.8~1.64
粉土质砂(SM) 黏土质砂(SC)	1.59~1.65	1.10~1.26	0.83~0.97	0.73~0.83	0.70~0.76	0.70~0.76
低液限粉土(ML)	1.35~1.55	1.01~1.23	0.76~0.96	0.58~0.77	0.51~0.65	0.42~0.62
低液限黏土(CL)	1.22~1.71	0.73~1.52	0.57~1.24	0.51~1.02	0.49~0.88	0.48~0.81

注：1. 砂的回弹模量调整系数，D_{60} 大时（接近 2 mm）取低值，D_{60} 小时（接近 0.25 mm）取高值；

2. 粉土质砂、黏土质砂或细粒土的饱和度取值与细粒土含量和塑性指数相关，细粒土含量高、塑性指数大时取低值，反之取高值。

中湿类路基的回弹模量湿度调整系数，可按路基工作区内两类湿度来源的上部和下部分别确定其湿度调整系数，并以路基工作区上、下部的厚度加权计算路基总的回弹模量湿度调整系数。

第二节　一般路基设计

视频 3-1　路基设计成果展示

一般路基通常是指在正常的地质和水文等条件下，填方高度不超过 20 m 或挖方深度不超过 30 m，可以结合当地的地形、地质情况，直接选用长期生产实践和科学研究总结拟定的典型横断面图或设计规定，而不必进行个别论证和验算的路基。对于超过规范规定高度的高填、深挖路基及特殊水文地质条件下的路基，即特殊路基，必须进行个别设计和验算，合理地选择路基断面形式，正确确定边坡坡度及相应的防护和加固结构措施。

为了确保路基的强度与稳定性，使路基在各种外界因素作用下，不致产生不允许的变形，路基的整体结构设计中还必须包括路基排水、路基防护与加固及与路基工程直接相关的附属设施（如弃土堆、取土坑、护坡道、碎落台、堆料坪和错车道等）的设计。因此，路基横断面结构形式的确定与路基排水设施及防护加固结构物的设计都是路基设计的基本内容。

一、路基横断面的基本类型

路基的典型横断面形式有路堤、路堑和填挖结合三种。路堤是指全部用岩土填筑而成的路基，路堑是指全部在原地面开挖而成的路基，此两者是路基的基本类型。当原地面横坡较大，且路基较宽时，路基的一侧需要填筑，另一侧需要开挖，这种由部分填筑和部分开挖而形成的路基，叫作填挖结合路基，也称半填半挖路基。在丘陵或山岭地区的路线上，填挖结合是路基横断面的主要形式。

（一）路堤

按填土高度不同，路堤可划分为低路堤、一般路堤和高路堤。填土高度小于路基工作区深度的路堤属于低路堤；一般填土高度大于 20 m 的路堤属于高路堤。填土高度介于高路堤和低路堤之间的路堤属于一般路堤。根据路堤所处环境条件和加固类型的不同，还有浸水路堤、护脚路堤及挖沟填筑路堤等形式。图 3-6 为几种常见的路堤的横断面形式。

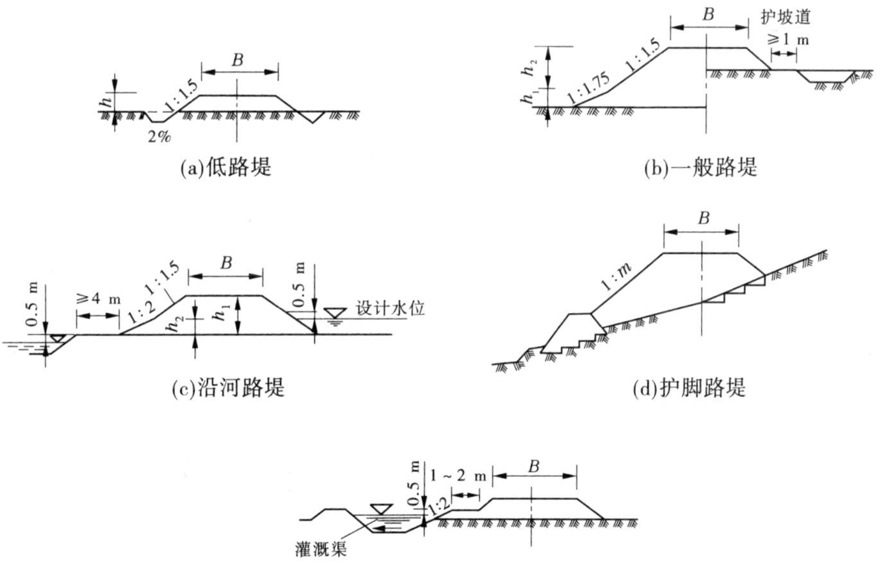

(a)低路堤　(b)一般路堤

(c)沿河路堤　(d)护脚路堤

(e)挖渠填筑路堤

图 3-6　几种常见路堤的断面形式

低路堤通常在地形平坦地区，取土困难时选用。由于平坦地区地势低，水文条件较差，易受地下水和地表水的影响，设计时应满足最小填土高度要求，力求不低于干燥或中湿状态的路基临界高度。低路堤宜采用流线形的缓边坡并在路基的两侧设置边沟。

填方高度不大的一般路堤，高度在 2.0~3.0 m 范围时，填方数量较少，全部填方或部分填方，可在两侧设置取土坑，使之与排水沟渠结合。为保护填方坡脚不受流水侵蚀，保证边坡稳定，可在坡脚与填方之间预留 1~2 m 甚至 4 m 以上宽度的边坡平台或护坡道[见图 3-6(b)、(c)]。地面横坡较陡时，为防止填方路堤沿山坡滑动，应将天然地面挖成台阶，或设置石砌护脚[见图 3-6(d)]。

高路堤的填方数量大，占地多，为使路基稳定和断面经济合理，需进行个别设计。当路基中心填方高度超过 20 m 时，宜结合路线方案与桥梁、分离式路基作方案比选。高路堤和浸水路堤的边坡可采用上陡下缓的折线式[见图 3-6(b)]或台阶形式，如在边坡中部设置边坡平台。为防止水流侵蚀和冲刷坡面，高路堤和浸水路堤的边坡，需采取适当的坡面防护和加固措施。

(二)路堑

图 3-7 是路堑的几种常见横断面形式，有全挖式、台口式和半山洞三种。

路堑开挖破坏了原地面的天然平衡状态，其稳定性主要取决于土壤地质与水文条件及边坡的高度和边坡坡度，因此路堑的设计需要根据土壤地质条件、水文条件和边坡高度，设置成直线或折线形[见图 3-7(a)]边坡，并选择合适的边坡坡度。

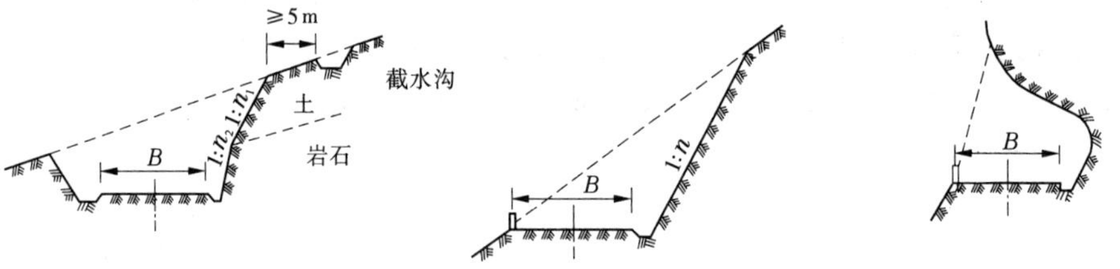

(a)全挖式路基　(b)台口式路基　(c)半山洞路基

图 3-7　路堑的几种常用横断面形式

挖方边坡的坡脚处必须设置边沟，以汇集和排除路基范围内的地表径流。为防止大量地表水流向路基，造成坡面冲刷和边沟溢流，路堑的上方应设置一道或多道截水沟[见图 3-7(a)]。

挖方弃土可堆放在路堑下方。若边坡坡面为易风化的岩石，在坡脚处应设置 1.0~1.5 m 的碎落台，或对坡面采取防护措施。

陡峻山坡上的半路堑，路中线宜向内侧移动，尽量采用台口式路基[见图 3-7(b)]，避免路基外侧的少量填方。遇有整体性的坚硬岩层，为节约石方工程，可采用半山洞路基[见图 3-7(c)]。

(三)填挖结合路基

图 3-8 是填挖结合(半填半挖)路基的几种常见横断面形式。

位于山坡上的路基，通常取路中心的高程接近原地面高程，以减少土石方数量，避免高填深挖和保持土石方数量的横向填挖平衡。若处理得当，路基稳定可靠，是比较经济的路基横断面形式。

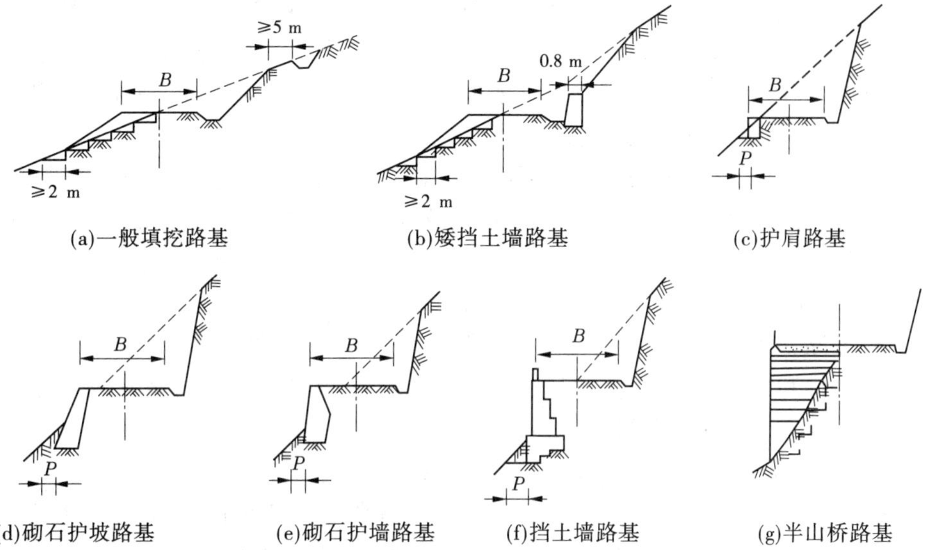

(a)一般填挖路基　(b)矮挡土墙路基　(c)护肩路基

(d)砌石护坡路基　(e)砌石护墙路基　(f)挡土墙路基　(g)半山桥路基

图 3-8　填挖结合(半填半挖)路基的几种常用横断面形式

填挖结合路基兼有路堤和路堑两者的特点,因此均应满足前述路堤和路堑的设计要求。

填方部分的原地面横坡陡于 1∶5时,土质应挖台阶或石质且应凿毛[见图 3-8(a)];填方部分的局部路段,如遇原地面的短缺口,可采用石砌护肩[见图 3-8(c)]。如果填方量较大,可就近利用废石方砌筑护坡或护墙。石砌护坡和护墙相当于简易式挡土墙,承受一定的侧向压力,要求坚固稳定。有时为了保证路基的稳定,压缩用地宽度,可在填方部分设置路肩(或路堤)式挡土墙。石砌护肩、护坡与护墙,以及挡土墙等路基形式见图 3-8(c)~(f);如果填方部分悬空,而纵向又有适当的基岩,则可以沿路基纵向建成半山桥路基[见图 3-8(g)]。

二、路基的基本构造

路基构造参数有路基宽度、路基高度和边坡坡度。路基宽度取决于公路技术等级;路基高度(包括路中心线的填挖深度,路基两侧的边坡高度)取决于路线的纵坡设计及地形;路基边坡坡度取决于土质、地质构造、水文条件及边坡高度,并由边坡稳定性和横断面经济性等因素比较确定。

(一)路基宽度

路基宽度为路面及两侧路肩宽度之和。技术等级高的公路(如高速公路和一级公路),路基宽度内还应包括中间带(由中央分隔带及相邻两侧路缘带组成)的宽度。

公路路基宽度因技术等级及具体要求的不同,除路面和路肩外,必要时还应包括分隔带、路缘带、变速车道、爬坡车道、慢行道或路用设施(如护栏、照明、绿化)等可能占用的宽度。

路基宽度的具体要求见第二章第三节道路横断面设计的相关内容。

(二)路基高度

路基高度是指路堤的填筑高度和路堑的开挖深度,是路基设计高程和原地面高程之差(亦称为施工高度)。由于原地面沿横断面方向往往是倾斜的,因此在路基宽度范围内,两侧的高差常有差别。路基高度是指路基设计高程与中心线处原地面高程之差,而路基两侧边坡的高度是指填方坡脚或挖方坡顶与路基边缘的相对高差。所以,路基高度有中心高度与边坡高度之分,中心高度常称为填挖高度。

路基高度取决于路线纵坡设计时所确定的路基设计高程。确定时,要综合考虑地形、地质、地貌、水文等自然条件,桥涵等构造物与交叉口的控制高度,纵向坡度的平顺,土石方工程数量的平衡,以及路基的强度与稳定性等因素,以得出合理的路基高度。

由于挖方路基(深路堑)不仅挖方工程量大,施工面狭窄,行车条件差,且边坡稳定性差,而高填方路基(高路堤)占地面积大,工程量集中,且往往同桥涵等人工构造物连成一体,受水的侵蚀和冲刷较严重,因此从路基稳定性出发,在填挖较大的路段,要认真考虑路基的高填与深挖的可行性,并进行单独设计。

路堤的最小填筑高度,应根据临界高度,并结合沿线具体条件和排水及防护措施,按照公路等级及有关的规定确定,不含路面厚度的路基高度不宜小于中湿状态路基临界高度或路基工作区深度。在季节性冰冻地区,不含路面厚度的路基高度不宜小于道路冻结深度。

沿河及受水浸淹的路基边缘高程,应高出根据规定的设计洪水频率计算的设计水位,加壅水高度、波浪侵袭高度及0.5 m的安全高度之和。

(三)边坡坡度

路基边坡坡度对路基整体稳定性起重要作用,正确决定路基边坡坡度是路基设计的重要任务。道路路基的边坡坡度,可用边坡高度 H 与边坡宽度 b 之比表示,并取 $H=1$,如图3-9所示。图中 $H:b=1:0.5$(路堑)或 $1:1.5$(路堤)表示的就是边坡坡度,通常用 $1:m$(路堑)和 $1:n$(路堤)表示其坡度,称为边坡坡度,边坡坡度亦可用边坡角 α(路堑)或 θ(路堤)表示。

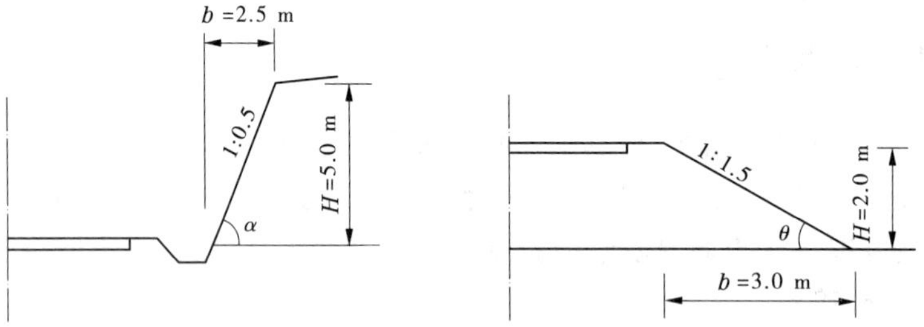

图3-9 路基边坡坡度示意图 (单位:m)

路基边坡坡度的大小,取决于边坡的土质、岩石的地质及水文地质条件等自然因素和边坡的高度。在陡坡或填挖较大的地段,边坡坡度不仅影响到土石方工程量和施工的难易程度,并且是路基整体稳定性的关键。因此,确定路基边坡坡度对于路基的稳定和横断面的经济合理性至关重要,设计时必须全面考虑,力求经济合理。一般路基的边坡坡度,可根据多年工程实践经验和大量试验研究总结推荐的数值采用。

1.路堤边坡

路堤边坡一般有三种形式,如图3-10所示。一是直线形(一坡到顶)边坡,土质均匀、边坡高度小于或等于 8 m 时，采用这种形式；二是折线形边坡，边坡高度大于 8 m 和浸水路堤，常采用上陡下缓的折线形边坡，填土性质不同时，也可采用折线形边坡；三是台阶形边坡，浸水路堤和高路堤都有可能采用此形式的边坡。

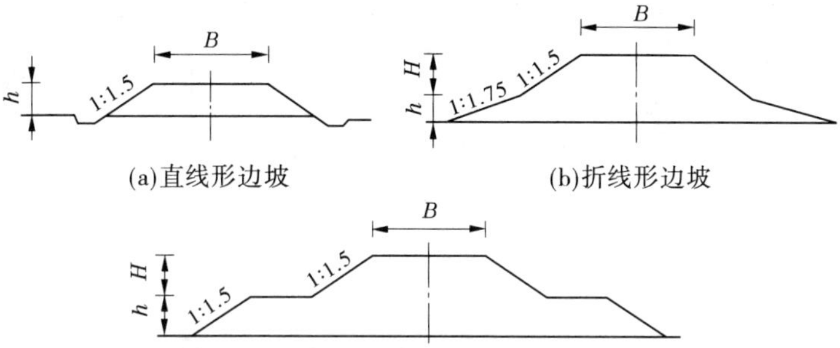

(a)直线形边坡　(b)折线形边坡　(c)台阶形边坡

图 3-10　路堤边坡形式

路堤边坡形式和坡率应根据填料的物理力学性质、边坡高度和工程地质条件确定。当地质条件良好，边坡高度不大于 20 m 时，其边坡坡率不宜陡于表 3-8 的规定值。

表 3-8　路堤边坡坡率

填料类别	边坡坡率	
	上部高度(H≤8 m)	下部高度(H≤12 m)
细粒土	1∶1.5	1∶1.75
粗粒土	1∶1.5	1∶1.75
巨粒土	1∶1.3	1∶1.5

对边坡高度大于 20 m 的路堤，边坡形式宜采用阶梯形，边坡坡率应根据稳定性分析计算确定，并作为独立工点进行勘察设计。

沿河及浸水路基的填方边坡坡度，在设计水位以下的边坡坡率不宜陡于 1∶1.75，并应根据水流情况采取边坡防护与加固措施。

填石路堤可采用与土质路堤相同的断面形式，边坡坡率不宜陡于表 3-9 规定，边部可采用码砌，码砌厚度宜为 1～2 m，码砌石块最小尺寸不应小于 300 mm。边坡较高时，可在边坡中部设置宽度 1～3 m 的平台。

表 3-9　填石路堤边坡坡率

填石料种类	边坡高度/m			边坡坡率	
	全部高度	上部高度	下部高度	上部高度	下部高度
硬质岩石	20	8	12	1∶1.1	1∶1.3
中硬岩石	20	8	12	1∶1.3	1∶1.5
软质岩石	20	8	12	1∶1.5	1∶1.75

砌石路基(见图 3-11)可用于三级、四级公路,砌石应选用当地不易风化的片、块石砌筑,内侧填石。岩石风化严重或软质岩石路段不宜采用砌石路基。砌石顶宽不应小于 0. 8 m,基底面应向内倾斜,砌石高度不宜超过 15 m。砌石内、外坡坡度不宜陡于表 3-10 规定值。

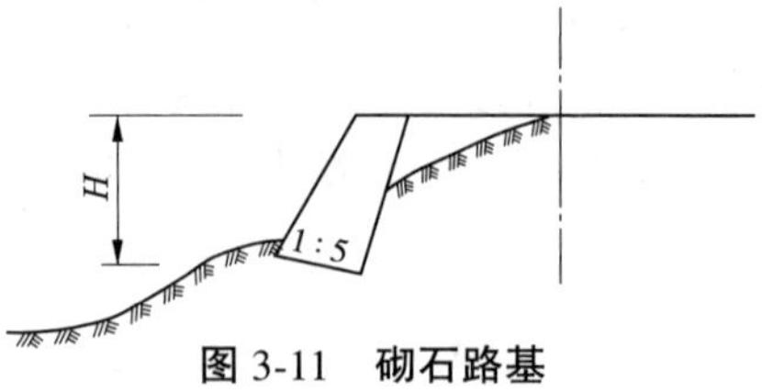

图 3-11　砌石路基

表 3-10　砌石内、外坡坡度

序号	砌石高度/m	内坡坡度	外坡坡度
1	≤5	1:0. 3	1:0. 5
2	≤10	1:0. 5	1:0. 67
3	≤15	1:0. 6	1:0. 75

当填方路基受地形地物限制或路基稳定性不足时,可采用护脚路基。护脚高度不宜超过 5 m,受水浸淹的路堤护脚,应予防护或加固。

2. 路堑边坡

路堑是从天然地层中开挖出来的路基结构物。路堑设计的中心问题是结构物的整体稳定性。设计路堑时,必须首先从地貌和地质构造上判断天然地层是否稳定。在遇到工程地质或水文地质条件不良的地层时,可尽量使路线避让它;而对于稳定的地层,则须考虑路堑开挖后会因为减少支撑坡面外露风化加剧而引起失稳。

路堑边坡可采用直线形、折线形和台阶形三种形式,如图 3-12 所示。对于单一岩层、风化和破碎程度相差不大的坡体,可以采用直线形边坡;若在坡高范围内坡体上下的风化或密实程度有显著差别,则宜采用适用于各自稳定性要求的折线形边坡,根据岩层的不同,又有上陡下缓和下陡上缓两种形式;当坡度较高且受到雨水冲蚀时,宜采用台阶形边坡,即在边坡的中部高度每隔 6~10 m,或在变坡点处设边坡平台一道,边坡平台的宽度为 1~3 m。若边坡平台设排水沟,平台应做成 2%~5%向内侧倾斜的排水坡度。

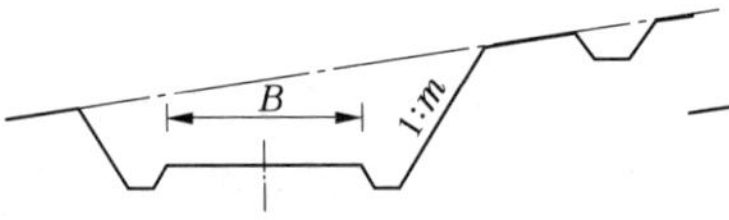

(a)直线形边坡

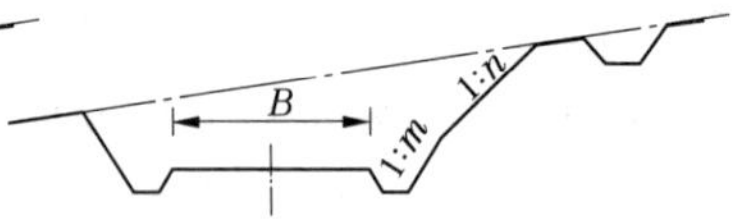

(b)折线形边坡

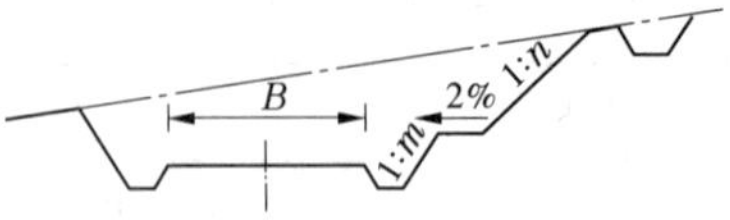

(c)台阶形边坡

图 3-12　路堑边坡形式

土质路堑边坡形式及坡率应根据工程地质、水文地质条件、边坡高度、排水措施、施工方法,并结合自然稳定山坡和人工边坡的调查及力学分析综合确定。边坡高度不大于 20

m 时，边坡坡率不宜陡于表 3-11 规定。路堑边坡高度大于 20 m 时，其边坡形式及坡率应根据稳定性验算确定。

表 3-11　土质路堑边坡坡率

土的类别		边坡坡率
黏土、粉质黏土、塑性指数大于 3 的粉土		1:1
中密以上的中砂、粗砂、砾砂		1:1.5
卵石土、碎石土、圆砾土、角砾土	胶结和密实	1:0.75
	中密	1:1

注：黄土、红黏土、高液限土、膨胀土等特殊土质挖方边坡形式及坡度应按有关规定确定。

岩质路堑边坡形式及坡率应根据工程地质与水文地质条件、边坡高度、施工方法，结合自然稳定边坡和人工边坡的调查综合确定。必要时可采用稳定分析方法予以检算。

边坡高度不大于 30 m 时，无外倾软弱结构面的边坡根据岩体类型，边坡坡率可按表 3-12 确定。岩质路堑边坡的岩体分类可参照《公路路基设计规范》（JTG D30—2015）的有关规定。

表 3-12　岩质路堑边坡坡率

边坡岩体类型	风化程度	边坡坡率	
		$H<15$ m	15 m $\leq H<30$ m
Ⅰ类	未风化、微风化	1:0.1～1:0.3	1:0.1～1:0.3
	弱风化	1:0.1～1:0.3	1:0.3～1:0.5
Ⅱ类	未风化、微风化	1:0.1～1:0.3	1:0.3～1:0.5
	弱风化	1:0.3～1:0.5	1:0.5～1:0.75
Ⅲ类	未风化、微风化	1:0.3～1:0.5	—
	弱风化	1:0.5～1:0.75	—
Ⅳ类	弱风化	1:0.5～1:1	—
	强风化	1:0.75～1:1	—

注：1. 有可靠的资料和经验时，可不受本表限制；
2. Ⅳ类强风化包括各类风化程度的极软岩。

对于有外倾软弱结构面的岩质边坡、坡顶边缘附近有较大荷载的边坡、边坡高度超过表 3-12 范围的边坡等，边坡坡率应按规范有关规定通过稳定性分析计算确定。

边坡高度大于 20 m 的软弱松散岩质路堑，宜采用分层开挖、分层防护和坡脚预加固技术。

三、路基工程的附属设施

为了使路基稳定和保证行车安全畅通，与路基使用品质及其稳定性相关的附属设施，如取土坑、弃土堆、护坡道、碎落台、堆料坪及单车道公路的错车道等,都应视为路基主体工程不可缺少的部分。

(一)取土坑与弃土堆

公路土石方数量经过合理调配后,或在养护过程中,不可避免地会在公路沿线附近借土或弃土。在公路沿线挖取土方填筑路基或作为养护材料所留下的整齐土坑,称为取土坑。利用挖方路基所剩余的土或不宜筑路而废弃的土堆积而成有规则形状的土堆称为弃土堆。无论借土或弃土,首先要合理地选择地点。一般应从土质、数量、用地及运输等方面考虑选点;其次要结合沿线农田水利,改地造田,不毁农田,少占或不占良田,维护自然生态平衡,防止水土流失;再次,结合沿线规划,充分利用,做到"借之有利,弃而无害"。公路等级愈高,或位于城郊附近的干线,愈应注意。

取土坑一般设置在地势较高一侧。其深度或宽度,应视填土数量、施工方法及用地许可条件而定。平原区一般深 1.0 m。为防止坑内积水,路基坡脚与坑之间,当堤顶与坑底高差超过 2 m 时,需设宽 1.0 m 的护坡道,坑底设纵横排水坡及相应设施,大致如图 3-13 所示。

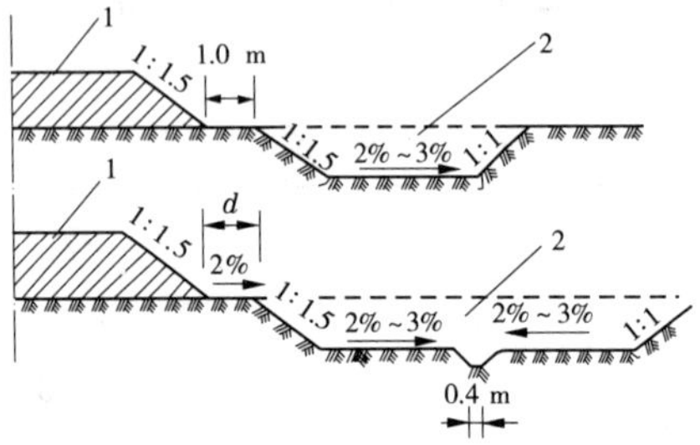

1—路堤;2—取土坑。

图 3-13　路旁取土坑示意图

河流淹没地段的桥头引道两侧一般不设取土坑。河滩上的取土坑,应与调治构造物的位置相适应,一般距离河流水位界 10 m 以外。此类取土坑不得长期积水及危害路基或构造物的稳定。

开挖路基的废方,应妥善处理,充分利用,如用于公路、农田水利、基建等,做到变废为宝,弃而不乱。对无法加以利用的弃土,亦应防止乱弃而造成水土流失,危害路基及农田水利,淤塞河道。

废方一般选择在路基沿线附近低洼荒地或路堑的下坡一侧堆放。沿河路基废石方,条件允许时,可以部分占用河道,但不能造成河道上游壅水,危及路基及附近农田等。如需在路堑上侧弃土,要求堆弃整平,顶面具有适当横坡,并设置平台三角土埂及排水沟渠,如图 3-14 所示。积砂或积雪地段的弃土堆,为有利于防砂防雪,一般设在迎风一侧。路堑深度大于 1.5 m 时,弃土堆距坡顶至少 20 m。浅而开阔的路堑两旁不得设弃土堆。

(二)护坡道与碎落台

当路堤较高时,为保证边坡稳定,在取土坑与坡脚之间,或在边坡坡面上,沿纵向保留或筑成有一定宽度的平台称为护坡道。其目的是加宽边坡横距,减缓边坡平均坡度。护

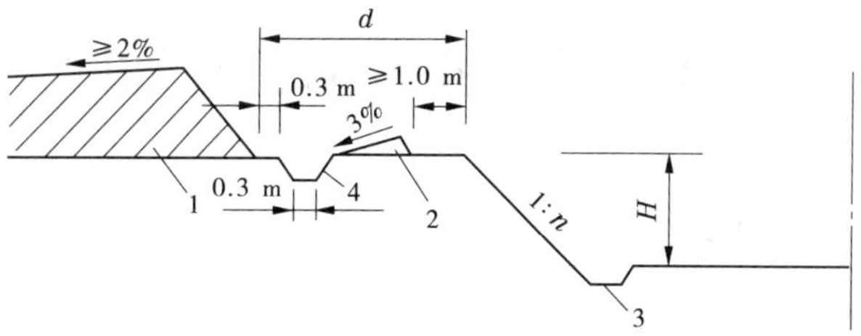

1—弃土堆;2—三角平台;3—边沟;4—截水沟;
d—弃土堆内侧坡脚与路堑坡顶的距离;H—路堑高度。

图 3-14　弃土堆横断面图

坡道愈宽,愈有利于边坡稳定,但工程量随之增加。根据实践,护坡道宽度至少为 1.0 m,并随填土高度而增大。一般情况下,护坡道宽度 d 与路基高度有关,$H\leqslant 3.0$ m 时,$d=1.0$ m; $H=3\sim6$ m 时,$d=2$ m。碎落台可设置在边坡中部,如图 3-15 所示,其作用是防止零星土石碎落物落入边沟。碎落台宽度一般为 1.0~1.5 m,兼顾护坡道作用,可酌情放宽。对风化严重的岩石边坡或不良土质边坡,为防止塌方,碎落台可修成矮墙,其顶部宽度大于 0.5 m,墙高 1~2 m。

(三) 堆料坪与错车道

为避免在路肩上堆放路面养护用料,在用地条件许可时,可在路肩外缘或边沟外缘设置堆料坪。一般每隔 50~100 m 设置一个堆料坪,其长 5~8 m,宽 2 m 左右,如图 3-16 所示。

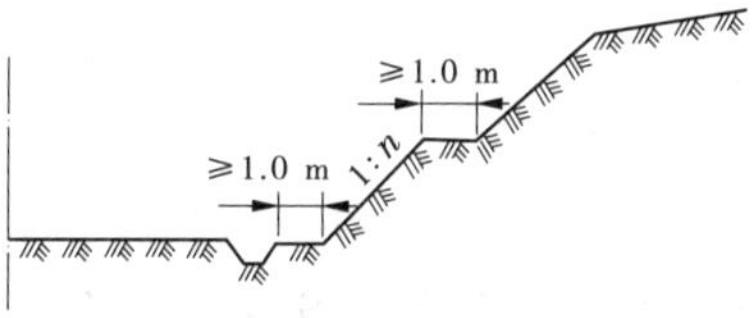

图 3-15　碎落台示意图

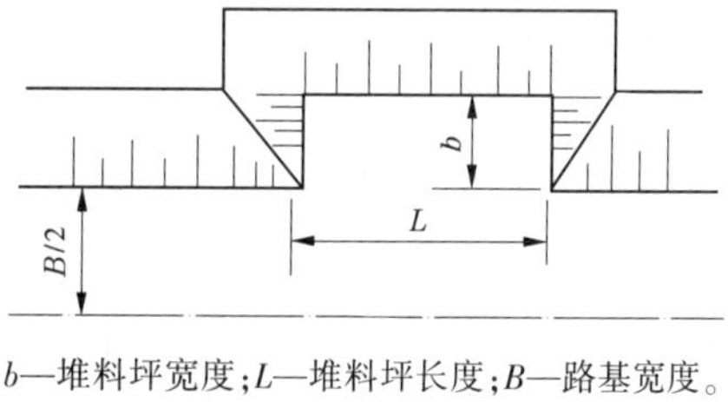

b—堆料坪宽度;L—堆料坪长度;B—路基宽度。

图 3-16　堆料坪示意图

四级公路,当采用 4.5 m 的单车道路基时,为了满足双向行车会车和相互避让的需要,在可通视的一定距离内,设置一段错车道,如图 3-17 所示。错车道的路基宽度 $b\geqslant 6.5$ m,有效长度 $L\geqslant 20$ m。

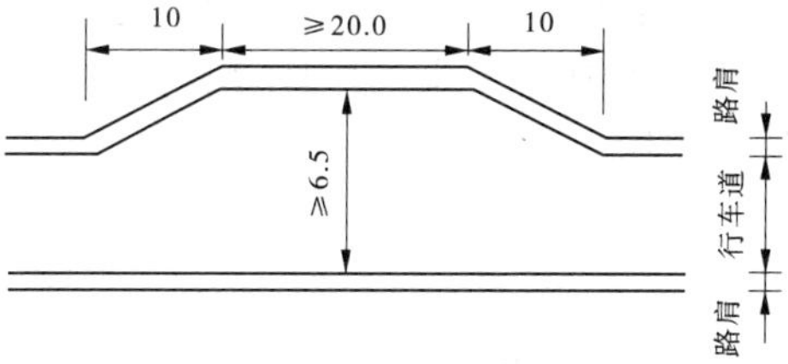

图 3-17　错车道示意图　(单位:m)

图纸 3-1　高速公路施工图

图纸——路基设计

第三节　路基防护与加固

一、防护和加固的目的和分类

（一）防护与加固的目的

由岩、土填挖而成的路基，改变了原地层的天然平衡状态，裸露于空间并直接承受填土及行车荷载的作用。在各种错综复杂的自然因素、行车的长期作用下，路基可能产生各种变形和破坏。为保证路基的稳定和防治路基病害，除做好路基排水外，还必须根据当地水文、地质及材料等情况，采取有效的措施，对各类土、石边坡及软弱地基予以必要的防护与加固。

路基防护与加固的目的在于防止自然因素所引起的路基破坏和过量变形；同时稳定路基、美化路容，提高公路的使用品质。防护与加固工程重点在于路基边坡防护及湿软地基的加固。因此，应同路基稳定性及路基排水紧密结合，以保证路基的强度与稳定性。

（二）防护与加固工程的分类

路基防护与加固工程设施，按其作用不同，可分为边坡坡面防护、冲刷防护、支挡工程及湿软地基加固四大类。

（1）坡面防护：主要用以防护易受自然因素影响而破坏的土质与岩石边坡。常用类型有植物防护、砌石防护和坡面处治。植物防护又称为“生命”防护，以土质边坡为主。砌石防护、坡面处治又称为“无机”防护，以石质路堑边坡为主。

（2）冲刷防护：用于防护水流对路基的冲刷与淘刷，可分为直接防护和间接防护两类。直接防护类型有植物防护、砌石防护与加固两种。间接防护主要指设置导治结构物，如丁坝、顺坝、防洪堤、拦水坝等，必要时应疏浚河床、改变河道，以改变流水方向，避免或减缓水流对路基的直接破坏作用。

（3）支挡工程：用以防止路基变形或支挡路基本体或山体的位移，以保证其稳定性，常用的类型有路基边坡支撑（挡土墙、土垛、石垛及其他具有承重作用的构造物）和堤岸支挡（沿河驳岸、浸水挡土墙）。沿河驳岸与浸水挡土墙的主要区别在于：前者主要起防水作用，后者既防水，又兼起支挡路基的土侧压力的作用。

（4）湿软地基加固：用各种有效方法加固含水量高、孔隙比大、承载力低的湿软地基，以防路基沉陷、滑移或发生其他病害。

路基防护与加固工程中，一般把防止风化和冲刷，主要起隔离、封闭作用的措施称为防护工程。防护工程不能承受外力作用，所以要求路基本身必须是稳定的。把防止路基或山体因重力作用而坍滑，地基承载力不足而沉陷，主要起支承、加固作用的结构物称为加固工程。它们当中有些措施往往兼有防护与加固作用。

二、坡面防护

坡面防护主要是保护路基边坡表面免受雨水冲刷，减缓温差及湿度变化的影响，防止和延缓软弱岩土表面的风化、碎裂、剥蚀演变进程，从而保护路基边坡的整体稳定性，在一定程度上还可兼顾路基美化和协调自然环境。对受自然因素作用易产生破坏的边坡坡面，应根据气候条件、岩土性质、边坡高度、边坡坡率、水文和地质条件、施工条件、环境保护、水土保持要求等因素，按表3-13经技术经济比较后选择适宜的防护措施。

表3-13 坡面防护工程类型及适用条件

防护类型	亚类	适用条件
植物防护	植草或喷播植草	可用于边坡坡率不陡于1:1的土质边坡防护。当边坡较高时，植草可与土工网、土工网垫结合防护
	铺草皮	可用于边坡坡率不陡于1:1的土质边坡或全风化、强风化的岩石边坡防护
	种植灌木(植树)	可用于边坡坡率不陡于1:0.75的土质、软质岩石和全风化岩石边坡防护
	喷混植生	可用于边坡坡率不陡于1:0.75的砂性土、碎石土、粗粒土、巨粒土及风化岩石边坡防护，边坡高度不宜大于10 m
	客土喷播	可用于边坡坡率不陡于1:1的碎石土、粗粒土、巨粒土和风化岩石边坡防护，边坡高度不宜大于8 m
骨架植物防护	—	可用于边坡坡率不陡于1:0.75的土质和全风化、强风化的岩石边坡防护
圬工防护	喷护	可用于边坡坡率不陡于1:0.5的易风化但未遭强风化的岩石边坡防护，高速公路、一级公路和环境景观要求高的公路不宜采用
	挂网喷护	可用于边坡坡率不陡于1:0.5的易风化、破碎的岩石边坡防护，高速公路、一级公路和环境景观要求高的公路不宜采用
	干砌片石护坡	可用于边坡坡率不陡于1:1.25的土质边坡或岩石边坡防护
	浆砌片石护坡	可用于边坡坡率不陡于1:1的易风化的岩石和土质边坡防护
	护面墙	可用于边坡坡率不陡于1:0.5的土质和易风化剥落的岩石边坡防护

(一)植物防护

植物防护主要适用于较缓的土质边坡，依靠成活植物的发达根系，深入土层，使表土固结。植物根、茎、叶可以调节表土的湿度，阻滞地表径流，防止或减缓冲刷，防洪保堤。沙漠或积雪地区路基两侧植树，可成为防砂栅和防雪栅。不同的植被，还可起到交通诱导、安全、防眩、吸尘、隔音作用，同时美化路容，协调环境。

1. 植草或喷播植草

植草或喷播植草适用于边坡坡率不陡于1:1的草类生长的土质边坡。采用茂盛、生长力强、多年生长的草种,并尽量用几种草籽混种。植草的最小土层厚度不应小于 0.15 m,灌木最小土层厚度不应小于 0.30 m。

2. 铺草皮

铺草皮适用于边坡坡率不陡于 1:1的土质边坡或全风化、强风化的岩石边坡防护。草皮品种与植草相仿。草皮规格以不过于损坏根系,便于成活及运输而定,一般为 20 cm×40 cm,厚为 6~10 cm。铺草皮前应将坡面整平,必要时加铺 6~10 cm 种植土层。草皮铺砌形式有平铺、水平叠铺、垂直叠铺、斜交叠铺及网格式等,如图 3-18 所示。每块草皮钉 2~4 根竹木梢桩,使草皮与坡面固结。

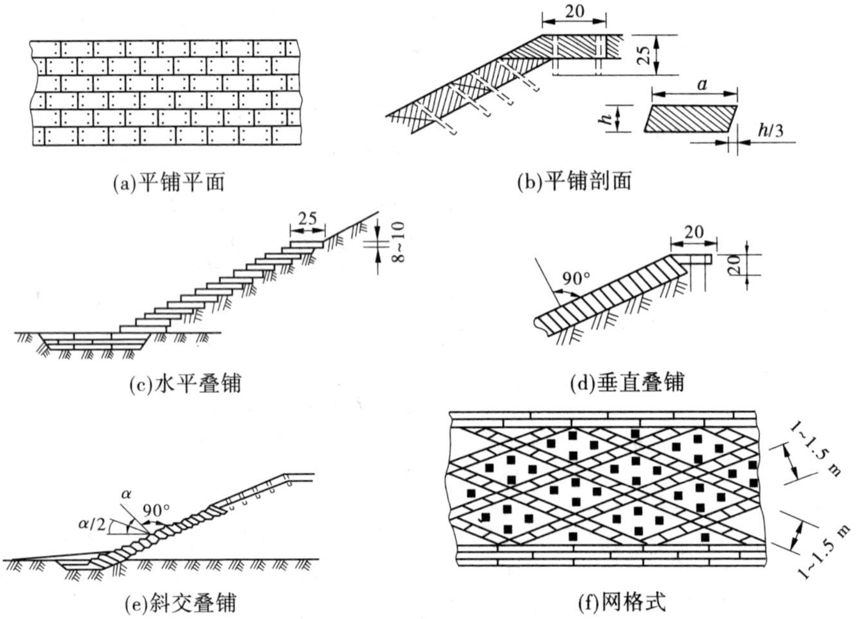

图 3-18　草皮铺砌形式示意图　(单位:cm)

3. 植树

植树的主要作用是加固边坡、防止和减缓水流冲刷。林带可以防汛、防砂和防雪,调节气候、美化路容,增加木材收益。在坡面上植树与铺草皮相结合,可使坡面形成一个良好的覆盖层。

植树品种,以根系发达、枝叶茂盛、生长迅速的低矮灌木为主。沿河路堤植树,则以喜水、根深、杆粗的树种,并多排成行栽种,以起到导流、拦流、挑水、促使泥沙淤积,加固堤岸的作用。植树的平面布置应根据植树品种、作用,结合当地经验而定。城市或风景区的植物防护,应与有关部门协调配合。

4. 喷混植生

喷混植生常用于坡面不适宜植物生长的边坡防护,是在坡面上铺设或置换一定厚度可适宜植物生长的土壤或混合料(包括土壤、有机质、肥料、保水材料、黏合剂、杀虫剂、植物种子等),达到绿化的目的。厚度不宜小于 0.10 m,种植土、草纤维、缓释营养肥料、黏合剂、保水剂等混合材料配合比应通过试验确定。喷混植生可用于边坡坡率不陡于 1:0.75

的砂性土、碎石土、粗粒土、巨粒土及风化岩石边坡防护，边坡高度不宜大于 10 m。

5. 客土喷播

客土喷播是一种融土壤学、植物学、生态学理论的生态防护技术。它在这些理论的指导下精心配制适合于特殊地质条件的植物生长基质（客土）和种子，然后用挂网喷播的方式覆盖在坡面，从而实现对岩石边坡的防护和绿化。

应用客土喷播防护首先应根据地质和气候情况确定边坡的植物生长基质配方，同时确定喷播厚度（一般为 3～10 cm），然后根据坡面稳定性确定锚杆的长度和金属间的尺寸。施工工艺顺序为：清理坡面、钻孔打锚杆、挂网、喷射客土。

客土的配方是关键，它包含土壤、纤维、肥料、保水剂、黏结剂和稳定剂。配制后的客土能满足植物生长所需要的基本厚度、酸碱度、空隙率、营养成分、水分及耐久性。这些指标不仅与具体的边坡地质条件有关，而且受当地的气候条件的影响，因此应根据具体情况试验确定。

（二）骨架植物防护

骨架植物防护可用于边坡坡率不陡于 1∶0. 75 土质和全风化、强风化的岩石边坡防护。骨架植物防护时，浆砌片石或水泥混凝土骨架形状可采用拱形（见图 3-19）、人字形（见图 3-20）或方格形浆砌片石（见图 3-21）或水泥混凝土骨架，也可采用多边形水泥混凝土空心块（见图 3-22），骨架内植草或喷播植草。多雨地区的骨架宜增设拦水带和排水槽。风化破碎的岩石挖方边坡，可在骨架中增设锚杆。

图 3-19　拱形骨架防护

图 3-20　人字形骨架防护

图 3-21　方格形浆砌片石骨架防护

图 3-22　多边形水泥混凝土空心块骨架防护

(三)圬工防护

当不宜使用植物防护或考虑就地取材时,采用砂石、水泥、石灰等矿质材料进行坡面防护是常用的防护形式。它主要有喷护、挂网喷护、砌石防护、护面墙等。

1. 喷护和挂网喷护

喷护是在易风化的新鲜平整的岩石坡面,通过喷涂一层厚度为 5~10 cm 的砂浆,将岩石坡面封闭,形成一个保护层,达到阻止面层风化,防止边坡剥落与碎落的目的。砂浆可用水泥浆或水泥砂浆,甚至水泥石灰砂浆。其质量配合比为水泥∶石灰∶河沙∶水=1∶1∶6∶3。为了增加喷浆与坡面的黏结,防止脱落或剥落,可采用锚喷混凝土防护。喷护可用于边坡坡率不陡于 1∶0.5 的易风化但未遭强风化的岩石边坡防护,高速公路、一级公路和环境景观要求高的公路不宜采用。

挂网喷护适用于坡面为碎裂结构的硬质岩石或层状结构的不连续地层及坡面岩石与基岩分开并有可能下滑的挖方边坡。先在清挖出的密实、稳定的基岩上,钻孔、安装锚杆、灌浆;然后挂上纤维网柱或钢丝网柱;最后用高压泵喷射厚度 4~6 cm 的 C20 混凝土。挂网喷护可用于边坡坡率不陡于 1∶0.5 的易风化、破碎的岩石边坡防护,高速公路、一级公路和环境景观要求高的公路不宜采用。

2. 砌石防护

为防止地面径流或河水冲刷,公路填方边坡、沿河路堤浸水部位坡面、土质路堑边坡下部的局部,以及桥涵附近坡面,可采用砌石防护。砌石防护可分为干砌和浆砌两种,如图 3-23 所示。

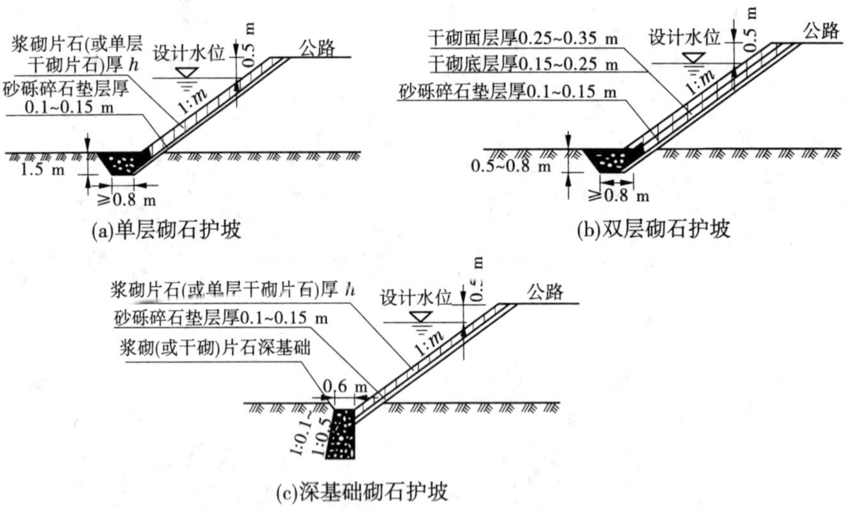

注:m值应缓于或等于1∶1.5;h值干砌为0.25~0.35 m,浆砌为0.25~0.4 m。

图 3-23 砌石防护

干砌片石护坡适用于易受水流浸蚀的土质边坡,严重剥落的软质岩石边坡、周期浸水及受水流冲刷较轻,流速小于 2~4 m/s 的河岸或水库岸坡的坡面防护。干砌片石护坡一般可分为单层铺砌和双层铺砌两种。为提高路基整体强度,防止水分浸入,干砌片石宜用砂浆勾缝。当水流流速较大,波浪作用强,有漂浮物等冲击时,不宜采用干砌片石护坡的边坡,宜采用浆砌片石护坡。无论是干砌片石或浆砌片石,均应在片石下面设置 0.1~0.15 m 厚的碎(砾)石或砂砾混合物垫层,以起到整平作用,并可防止水流将干砌片石层下面的边坡细土粒带走,能使结构层具有一定的弹性,增加对波浪、流冰及漂浮物的抵抗力。石砌护坡坡脚修筑堤石基础。在无河水冲刷时,基础埋置深度一般为护坡厚度的 1.5 倍。沿河受水流冲刷时,基础应埋置在冲刷线以下 0.5~1.0 m 处,或采用石砌深基础。

3. 护面墙

为了覆盖各种软质岩层和较破碎岩石的挖方边坡,免受大气影响,可采用护面墙加以防护,护面墙也可用于坡面易受侵蚀的土质边坡的防护。护面墙的墙背应紧贴坡面,表面砌平,厚度可不一,使用的石料应符合规格。护面墙除自重外,不承受其他荷重,亦不承受墙背土压力。其构造与布置如图 3-24 所示。

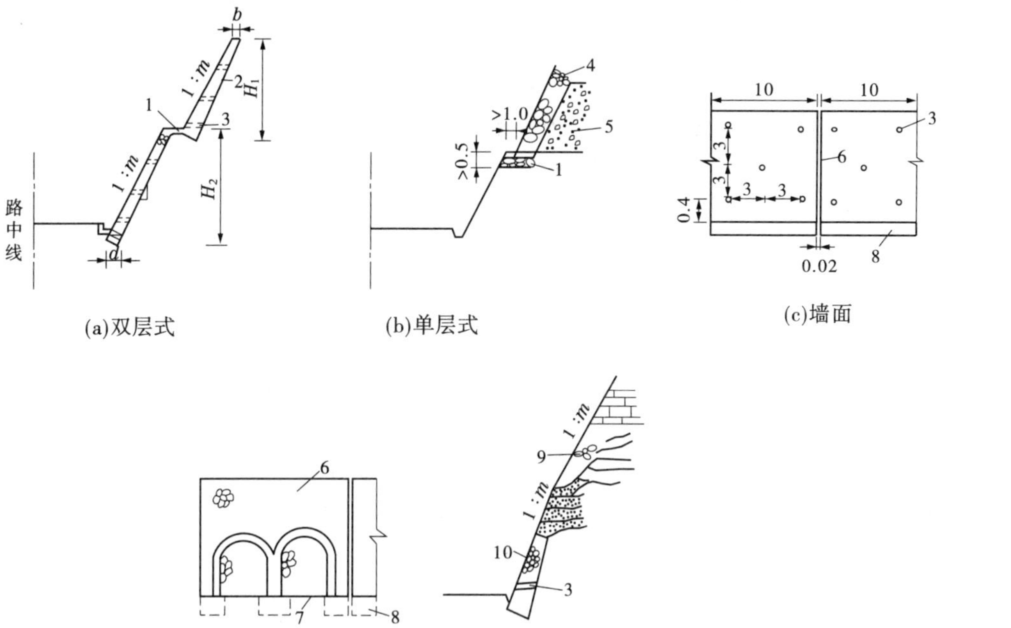

1—平台;2—耳墙;3—泄水孔;4—封顶;5—松散夹层;6—伸缩缝;7—软地基;8—基础;9—支补墙;10—护面墙。

图 3-24　护面墙示意图　(单位:m)

护面墙高一般不超过 10 m,若超过 10 m,可以分级设置,每一级高度为 6~10 m,中间设平台,墙背可设耳墙,纵向每 10 m 设一条伸缩缝,墙身应预留泄水孔,基础要求稳固,顶部应封闭。如果墙基软硬不匀,可设拱跨过软弱地基。

坡面常有各种不同地质现象,开挖后形成凹陷,应以石砌圬工填塞平整,称为支补墙。

三、冲刷防护

沿河滨海路堤和河滩路堤及路基旁的堤岸等,容易遭受水流的侵蚀、冲刷、淘蚀,波浪的侵袭以及流冰、漂浮物等的撞击而破坏,为此而采取的防护措施称为冲刷防护。冲刷防护应根据河床特征、水流情况、施工条件等选择防护形式。按其防护形式的性质和作用分为直接防护和间接防护两大类。

直接防护是直接在坡面或坡脚设置防护结构物,以减轻或避免水流的直接冲刷。直接防护可采用植物防护、砌石防护、抛石防护、石笼防护、浸水挡土墙等形式。间接防护主要指导治构造物,如丁坝、顺坝、防洪堤、拦水坝等。必要时应疏浚河床、改变河道,目的是改变流水方向,避免或缓和水流对路基的直接破坏作用。

沿河地段路基当受水流冲刷时,应根据河流特性、水流性质、河道地貌、地质等因素,结合路基位置,按表 3-14 经技术经济比较后,选用适宜的防护工程类型或采取导流或移河改道等工程措施。

表 3-14 冲刷防护工程类型及适用条件

防护类型		适用条件
植物防护		可用于允许流速小于 1.2~1.8 m/s、水流方向与公路路线近似平行、不受洪水主流冲刷的季节性水流冲刷地段的防护。经常浸水或长期浸水的路堤边坡,不宜采用
砌石或混凝土护坡		可用于允许流速 2~8 m/s 的路堤边坡防护
土工织物软体沉排、土工模袋		可用于允许流速为 2~3 m/s 的沿河路基冲刷防护
石笼防护		可用于允许流速 4~5 m/s 的沿河路堤坡脚或河岸防护
浸水挡土墙		可用于允许流速 5~8 m/s 的峡谷急流和水流冲刷严重的河段
护坦防护		可用于沿河路基挡土墙或护坡的局部冲刷深度过大、深基础施工不便的路段
抛石		可用于经常浸水且水深较大的路基边坡或坡脚及挡土墙、护坡的基础防护
导流	丁坝	可用于宽浅性河段,保护河岸或路基不受水流直接冲蚀而产生破坏
	顺坝	可用于河床断面较窄、基础地质条件较差的河岸或沿河路基防护,以调整流水曲度和改善流态

(一)直接防护

1. 植物防护

对于水流与路线大致平行、不受各种洪水主流冲刷的季节性浸水路堤边坡,可采用铺草皮等植物防护。其中,平铺草皮的容许流速为 1.2 m/s,叠铺草皮的容许流速可达 1.8 m/s。还可在河漫滩上采取植树防护,以降低水流速度,促使泥沙淤积,改变水流方向,从而达到保护堤岸的目的。

2. *砌石防护*

砌石防护分为干砌片石护坡和浆砌片石护坡两种形式。

干砌片石护坡适用于水流方向比较平顺的河岸滩地边缘或不受主流冲刷的路堤边坡，容许流速为 2~4 m/s。按水的流速大小可选用单层或双层铺砌的形式，单层或双层的上层干砌片石厚度一般为 0. 25~0. 35 m，下层干砌片石厚度为 0. 15~0. 25 m。

浆砌片石护坡适用于受水流冲刷、波浪作用强烈、有流冰和漂浮物撞击的堤岸边坡，容许流速为 4~6 m/s。浆砌片石的厚度按水流速度及波浪的大小等因素确定，一般取为 0. 35~0. 5 m。

当石料缺乏时，可采用混凝土板块防护。板块尺寸取决于所经受的荷载，一般厚度为 8~20 cm，边长为 1~2 m，容许流速可达 4~8 m/s。

砌石防护的基础均应埋置在冲刷线以下 0. 5~1 m 处。若基础深度不足，则应采取抛石、石笼等合适的防淘措施。

3. *抛石防护*

抛石防护类似在坡脚处设置护脚，亦称抛石垛，如图 3-25 所示，适用于经常受侵蚀且水深较大的路基边坡或坡脚及挡土墙和护坡基础的防护，一般多用于抢修工程。抛石不受气候条件限制，路基夯实以前均可施工，季节性浸水或长期浸水都可使用。抛石防护的容许流速为 3~5 m/s。

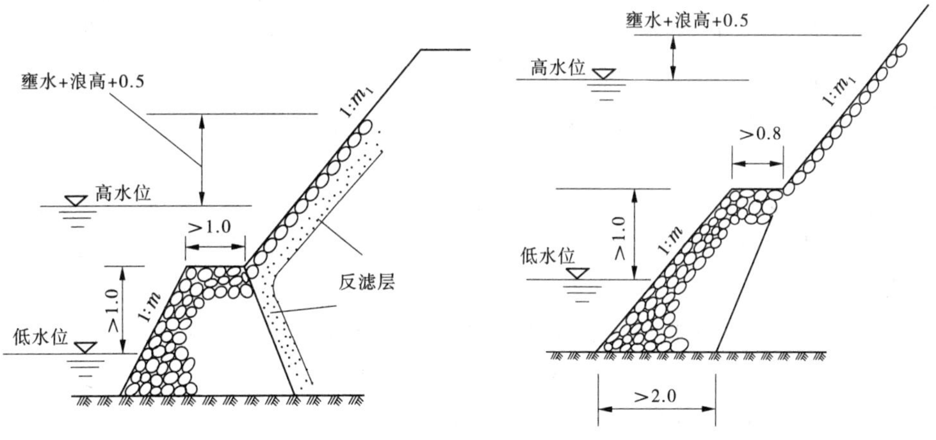

(a)新堤石垛　　(b)旧堤石垛

图 3-25　抛石防护示意图　(单位:m)

在水流或波浪作用强烈的河段及缺乏大块石料的地区，可用预制混凝土块体作为抛投材料，或者改用石笼防护。

4. *石笼防护*

石笼防护是采用铁丝(或钢筋混凝土、竹料等)编织成框架，内填石料，设于防护处。对于沿河路堤坡脚或河岸，当受水流冲刷和风浪侵袭，且防护工程基础不易处理或沿河挡墙、护坡基础局部冲刷深度过大

动画 3-1
石笼防护施工

时,可采用石笼防护。在缺乏大石块作冲刷防护的地区,用较小的石块填充石笼,也可抵抗较大的流速。在含有大量泥沙及基底土质良好的急流河段,采用石笼防护尤为有利,因为石块间的空隙将很快被泥沙淤满而使石笼形成整体。

根据编笼所用材料的不同,石笼可分为竹石笼、铁丝石笼和钢筋混凝土框架石笼等形式。铁丝石笼一般可容许流速 4~5 m/s 的水流冲刷;钢筋混凝土框架石笼可用于急流滚石河段;在盛产竹料的地区,可用竹石笼代替铁丝石笼。

根据需要,石笼的形状可做成箱形或圆筒形,如图 3-26 所示。石笼内所填石料应选用容重大、浸水不崩解、坚硬且未风化的石块,粒径应大于石笼的网孔。

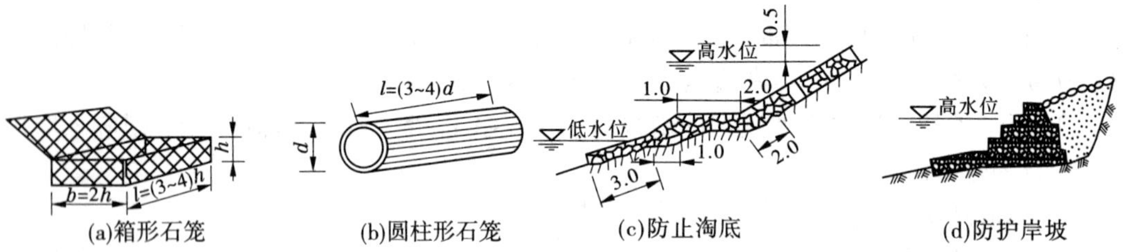

图 3-26　石笼防护示意　(单位:m)

5. 浸水挡土墙

在峡谷急流、水流冲刷严重、洪水持续时间长且流向不固定、险岸位置经常发生变化的河段,或水中漂浮物多且大、有强烈流冰等对沿河路基和河岸边坡造成威胁而用其他直接防护措施不能抵御时,或为防止路基挤占河床,可采用浸水挡土墙。浸水挡土墙大多采用浆砌片石或混凝土结构,基础应埋置在冲刷线以下的坚实地基上。浸水挡土墙容许流速可达 5~8 m/s,并能抵抗强烈的波浪和流冰等的冲击。

6. 土工织物软体沉排

土工织物软体沉排是在土工织物上以块石或预制混凝土块体为压重的护坡结构。土工织物软体沉排一般适用于水下工程及预计可能发生冲刷的河床和岸坡土面,有单片垫和双片垫两种结构形式。

单片垫是利用土工织物拼接成大面积的排体;双片垫是将两块单片垫重叠后按一定距离和形式接在一起而构成管状或格状空间,其中再填充透水性土石料(如砂、卵石等),起到防冲与反滤的作用,双片垫的结构形式如图 3-27 所示。

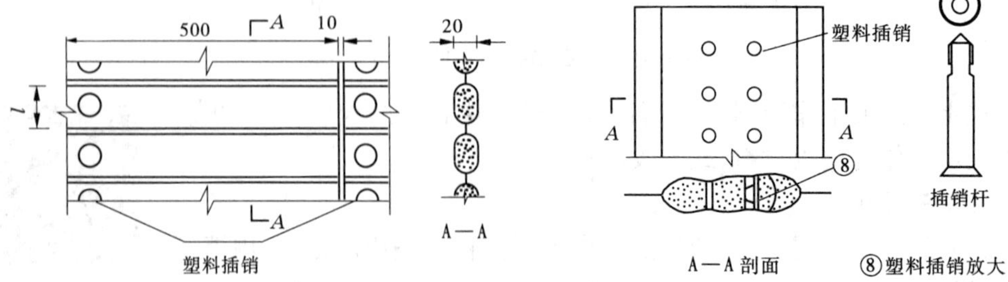

图 3-27　双片垫土工织物软体沉排　(单位:cm)

7. 土工模袋

土工模袋是一种双层织物袋,袋中充填流动性混凝土或水泥砂浆或稀释混凝土,凝固后形成高强度和高刚度的硬结板块,其主要应用及铺设形式如图 3-28 所示。

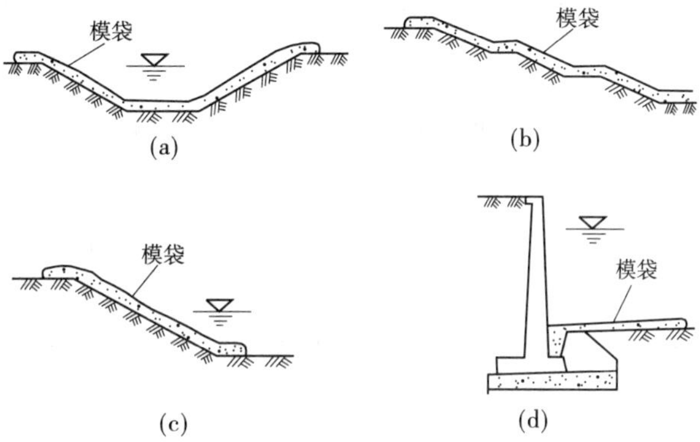

图 3-28 土工模袋的应用及铺设形式

采用土工模袋护坡的坡度不得陡于 1∶1。如在水下施工,水流速度不宜大于 1.5 m/s。模袋应根据工程要求和当地土质、地形、水文、经济与施工条件等进行选形。模袋应用尼龙绳缝制。

(二)间接防护

设置导治结构物可改变水流方向,消除和减缓水流对堤岸的直接破坏,同时可减轻堤岸近旁淤积,彻底解除水流对局部堤岸的损害作用,起安全保护作用。导治结构物是桥涵和路基的重要附属工程,由于涉及水流改向,影响范围较大,工程费用亦较高,务必慎重。用于防护堤岸的改河工程,一般限于小型工程,如裁弯取直、挖滩改道、消除孤石等,可在小河的局部段落上进行。

导治结构物主要是指坝,按其与河道的相对位置,一般可分为丁坝、顺坝或格坝。导治结构物的布置,应综合考虑河道宽窄、水流方向、地质条件、防护要求、材料来源、施工条件和工程经济等因素,要综合考虑,全面治理,并避免河床受到更多压缩,或因水位提高和水流改向,而危害河对岸或附近地段的农田水利、地面建筑及堤岸等。

坝一般用石块修建成梯形横断面,坝体分为坝头、坝身和坝根三个组成部分,横断面尺寸依构造要求、施工条件和使用需要而定,并应进行稳定性计算。

1. 丁坝

丁坝的作用是导流和挑流,把水流挑离河岸,改善水流状况,间接保护路基。丁坝用于宽浅性河段,保护河岸或路基不受水流直接冲蚀而产生破坏。丁坝所受的外力较小,其断面尺寸主要依据构造要求、施工条件和使用要求等因素确定。根据丁坝的轴线与水流方向的关系不同,分为垂直式、下挑式和上挑式三种,如图 3-29 所示。

2. 顺坝和格坝

顺坝是坝根与河岸相接、坝身与导治线基本重合或平行的纵向导流结构物,亦称导流坝。它具有导流、束水、调整航道曲度、改善流态的作用,适用于河床断面较窄、不允许过多占有河道及地质条件较差的沿河路基防护。顺坝的终点必须与河岸连在一起,通常设

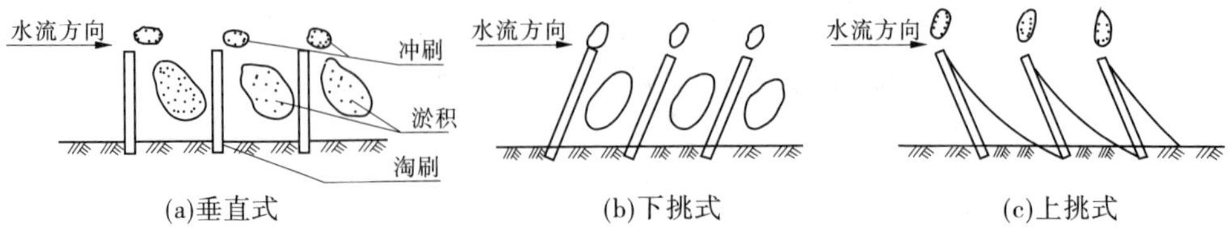

图 3-29 不同布置形式的丁坝及冲淤情况示意

计为开口式,以利淤积。

格坝是建于顺坝与河岸之间,一端与河岸相连,另一端与顺坝坝身相连的横向导治结构物,在平面上呈网格状。其作用是使水流反射入主要河床,防止高水位时水流入顺坝与河岸间而冲刷其间的河床及坝内坡脚与河岸,并促进淤积。顺坝一般与格坝联合使用,布置形式如图 3-30 所示。

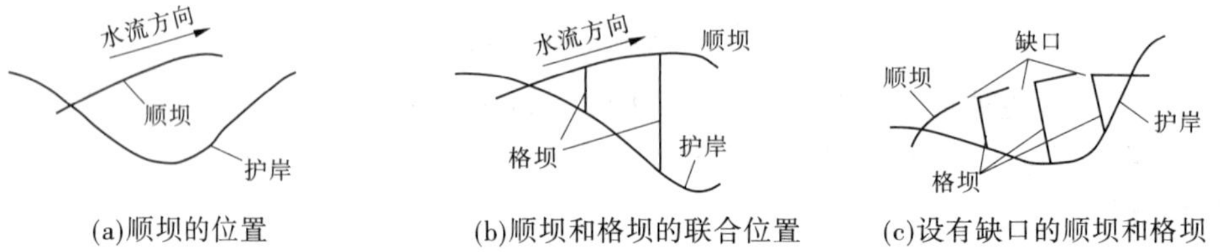

图 3-30 顺坝和格坝的布置形式

3. 改河工程

沿河路基受水流冲刷严重,或防护工程艰巨,以及路线在短距离内多次跨越弯曲河道时,可考虑改移河道,但是主河槽改动频繁的变迁性河流或支流较多的河段不宜改河。

更改河道时,其平面设计应根据河流特性及演变规律,因势利导,保证新河道水流不重归故道。改河起点和终点的位置应顺应河势,设在河流较稳定的河段,并与原河床顺接。为防止水流重归故道,宜在改河入口处加陡纵坡并设置拦河坝或顺坝。新河槽断面应按设计洪水频率的流量设计。

四、挡土墙

(一)挡土墙的用途

挡土墙是一种能够抵抗侧向土压力,用来支撑天然边坡或人工边坡,保持土体稳定的建筑物。它被广泛用于公路、铁路、水利及其他土建工程。

在公路工程中,挡土墙的用途可归纳如下:

(1)路堑地段,若开挖后的路堑边坡不能自行稳定,可在坡脚处设置挡土墙,以支撑边坡,降低挖方边坡高度,减少挖方数量,避免山体失稳坍滑[见图 3-31(a)]。

(2)在地面横坡较陡,填筑路基难以稳定,或征地、拆迁费用高的填方路段,可在路肩或填方边坡的适当位置设置挡土墙,以收缩路堤坡脚,减少填方数量[见图 3-31(b)]或减少拆迁和占地面积[见图 3-31(c)],保证路堤稳定性。

(3)对于沿河路基,为避免沿河路基挤缩河床,防止水流冲刷路基,可在沿河一侧路基设置挡土墙[见图 3-31(d)]。

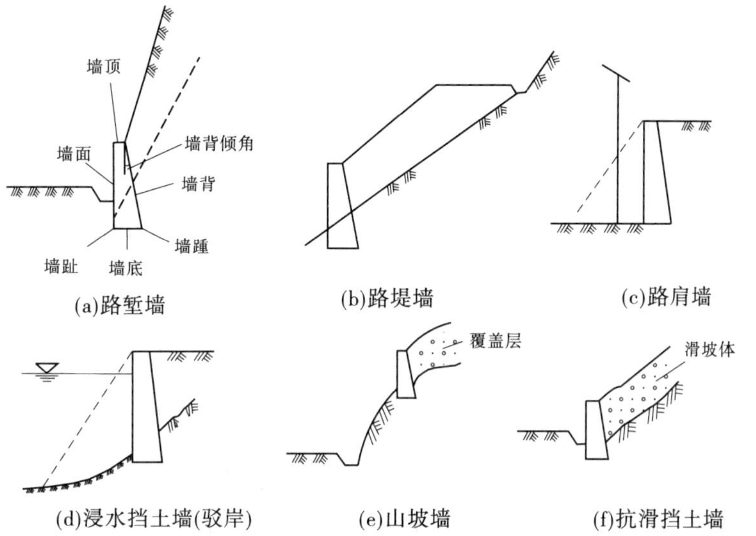

图 3-31 设置挡土墙的位置

(图中虚线表示不设挡土墙时的路基边坡)

(4)在某些挖方路段,原地面有较厚的覆盖层或滑坡,可在路堑边坡上方设置挡土墙,防止山坡覆盖层下滑[见图 3-31(e)]和抵抗滑坡[见图 3-31(f)]。

其他还有设置于隧道洞口的洞口挡墙和设置于桥头的桥头挡墙(桥台)等。

在路基设计中,是否需要设置挡土墙,应通过与其他可能的技术方案进行技术、经济比较来确定。

挡土墙各部分名称如图 3-31(a)所示。靠回填土(或山体)一侧为墙背,外露临空一侧为墙面(也称墙胸),墙底与墙面交线为墙趾,墙底与墙背的交线为墙踵,墙背与垂线的交角为墙背倾角(°)。

(二)挡土墙的类型

挡土墙按照墙的位置、材料、结构形式可划分为以下几种类型:

(1)按照墙的位置,挡土墙可分为:路堑墙、路堤墙、路肩墙和山坡墙等类型,如图 3-31 所示。

(2)按照墙体材料,挡土墙又可分为:石砌挡土墙、砖砌挡土墙、混凝土挡土墙、钢筋混凝土挡土墙和加筋土挡土墙等类型。

(3)按照墙的结构形式,挡土墙可分为:重力式、衡重式、半重力式、悬臂式、扶壁式、锚杆式、柱板式、垛式等类型。其中,重力式、衡重式多用石砌;半重力式用混凝土浇筑,视需要也可在受拉区加少量钢筋,以节省圬工;其他类型多用钢筋混凝土就地制作或预制拼装。

重力式挡土墙依靠墙身自重力支承土压力来维持其稳定,一般多用片(块)石砌筑,其圬工数量较大,但其断面形式简单,施工方便,可就地取材,适应性较强,故在我国公路上使用最为广泛。下面仅对重力式挡土墙进行介绍。

(三)重力式挡土墙的构造

常用的重力式挡土墙,一般由墙身、基础、排水设施和伸缩缝等几部分构成。

1. 墙身构造

1)墙身断面形式及其特点

根据墙背的倾斜方向,墙身断面形式可分为仰斜、垂直、俯斜、凸形折线和衡重式几种,如图 3-32 所示。

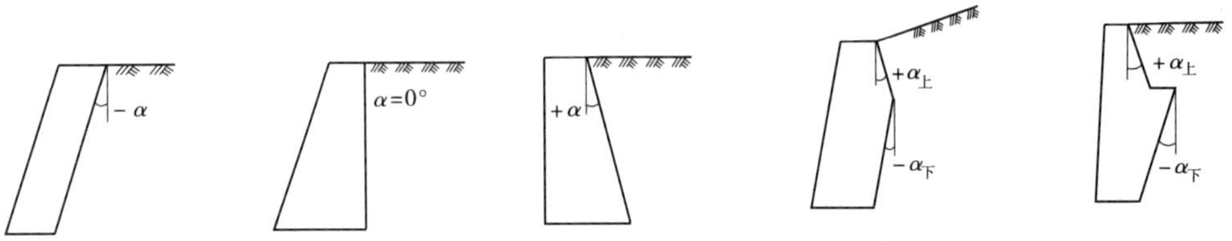

(a)仰斜　(b)垂直　(c)俯斜　(d)凸形折线　(e)衡重式

图 3-32　重力式挡土墙的断面形式

在其他条件相同时,仰斜式挡土墙背所承受的土压力比俯斜式挡土墙背小,故其墙身断面亦较俯斜式挡土墙背经济。同时,由于仰斜式挡土墙背的倾斜方向与开挖面边坡方向一致,故开挖量和回填量均比俯斜式挡土墙背小。然而,由于仰斜式挡土墙的基础外移,当墙趾处地面横坡较陡时,会使墙身增高,断面增大。因此,仰斜式挡土墙适用于作路堑墙及墙趾处地面平坦的路堤墙或路肩墙。

俯斜式挡土墙背所承受的土压力较大。在地面横坡陡峻时,俯斜式挡土墙可用陡直的墙面,以减小墙高。俯斜式挡土墙背亦可做成台阶形,以增加墙背与填料间的摩阻力。

垂直挡土墙背的特点介于仰斜式挡土墙和俯斜式挡土墙背之间。

若将仰斜式挡土墙的上部墙背改为俯斜,即构成凸形折线式挡土墙。与仰斜式比较,其上部尺寸有所减少,故断面亦较节省。其多用于路堑墙,也可用于路肩墙。

若在凸形折线式挡土墙的上下墙之间增设一平台,并采用陡直墙面,即为衡重式挡土墙。在其他条件相同时,衡重式挡土墙的断面面积比俯斜式挡土墙小而比仰斜式挡土墙大,但其基底应力较大,故对地基承载力要求相对较高。

2)墙身断面尺寸

(1)墙背坡度。俯斜式挡土墙背坡度一般为 1∶0.15~1∶0.4(即 $\alpha=+8°32'\sim+21°48'$)。仰斜式挡土墙背不宜缓于 1∶0.3(即 $\alpha\leqslant16°42'$),以免施工困难。衡重式挡土墙背坡度为 1∶0.25~1∶0.45(即 $\alpha_上=+14°02'\sim+24°14'$),下墙背在 1∶0.25(即 $\alpha_下=-14°02'$)左右,上下墙高比一般采用 2∶3。

(2)墙面。墙面一般为平面,其坡度除应与墙背坡度相协调外,还应密切结合墙趾处的地面横坡合理选择。地面横坡较陡时,为减小墙高,宜采用垂直墙面或仰斜 1∶0.05~1∶0.20,地面横坡较缓时,可放得更缓些,但不宜缓于 1∶0.4,以免过分增加墙高。

(3)墙顶。墙顶最小宽度,浆砌挡土墙不宜小于 0.5 m,干砌挡土墙不宜小于 0.6 m。浆砌路肩墙墙顶一般宜采用粗料石或低强度等级混凝土做成顶帽,顶帽厚约 0.4 m。如不做顶帽或为路堑墙或路堤墙,墙顶应以较大块石砌筑,并用砂浆勾缝,或用 5 号砂浆抹平顶面,砂浆厚约 2 cm。干砌挡土墙墙顶 0.5 m 高度内,用 M2.5 砂浆砌筑,以增加墙身稳定性。

(4)护栏。为保证交通安全,在地形险峻地段,或过高过长的路肩墙,需在墙顶设置护栏。为保持路肩宽度,护栏内侧边缘距路面边缘的距离,二级、三级公路不小于 0.75 m,四级公路不小于 0.5 m。

2. 基础

在实际工程中,挡土墙的破坏在多数情况下都是由于地基不良和基础处理不当引起的。因此,基础设计是挡土墙设计的重要内容,必须予以充分重视。

基础设计,包括选择基础形式和确定基础埋置深度两项主要内容。

1)基础形式

大多数挡土墙都是直接砌筑在天然地基上的(见图 3-33)。当地基承载力不足且墙趾处地形平坦时,为减小基底应力和增加抗倾覆稳定性,常采用扩大基础[见图 3-33(a)、(b)]。当地面陡峻而地基为完整坚实的岩石时,为节省圬工和基础开挖数量,可采用切割台阶基础[见图 3-33(c)];如局部地基软弱,挖基困难或需跨越沟涧时,可采用拱形基础[见图 3-33(d)]跨过。

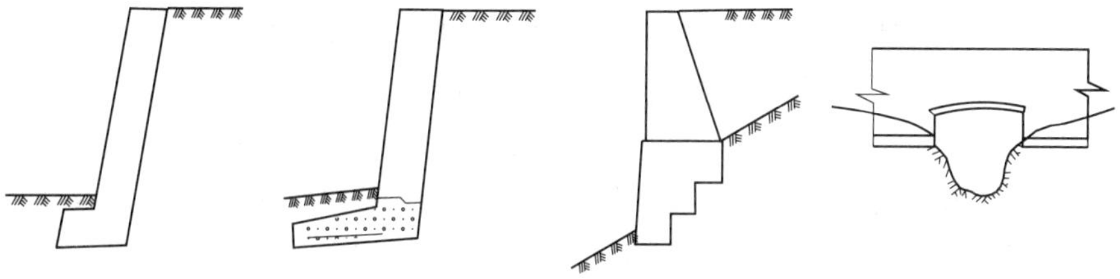

(a)加宽墙趾　(b)钢筋混凝土底板　(c)台阶基础　(d)拱形基础

图 3-33　挡土墙的基础形式

扩大基础是将墙趾或墙踵部分加宽成台阶,也可同时将两侧加宽,以增大承压面积,减小基底应力。台阶的宽度视基底应力需要减小的程度和加宽后的合力偏心距大小而定,一般不宜小于 0.2 m。台阶高度按加宽部分的抗剪、抗弯和基础材料的扩散角(刚性角)要求确定。高宽比可采用 3∶2或 2∶1。

当基底应力超出地基容许承载力过多时,基底需加宽的数值较大,台阶高度亦随之增加。为减小台阶高度,基础可改为钢筋混凝土底板;底板高度根据剪应力和主拉应力的要求确定。

切割台阶基础,每一台阶的宽度需要根据地形和地质条件而定,高宽比不宜大于 2∶1。最下一个台阶的底宽应满足偏心距的有关规定,一般不宜小于 1.5~2.0 m。其余台阶的宽度不宜小于 0.5 m,高度一般约为 1.0 m。

2)基础埋置深度

挡土墙宜采用明挖基础,基础的埋置深度应符合下列要求:

(1)基础最小埋置深度不应小于 1.0 m。风化层不厚的硬质岩石地基,基底应置于基岩未风化层以下。

(2)受水流冲刷时,应按路基设计洪水频率计算冲刷深度,基底应置于局部冲刷线以下不小于 1.0 m。

(3)当冻结深度小于或等于 1.0 m 时,基底应在冻结线以下不小于 0.25 m,且最小埋置深度不小于 1.0 m。当冻结深度大于 1.0 m 时,基础最小埋置深度不应小于 1.25 m,并应对基底至冻结线以下 0.25 m 深度范围的地基土采取措施,防止冻害。

(4)路堑挡土墙基底在路肩以下不应小于 1.0 m,并低于边沟砌体底面不小于 0.2 m。

(5)基础位于稳定斜坡地面上时,前趾埋入深度和距地表的水平距离应满足表 3-15 的规定。位于纵向斜坡上的挡土墙,当基底纵坡大于 5%时,基底应设计为台阶式。

表 3-15　斜坡地面基础埋置条件

土层类别	墙趾最小埋入深度/m	距地表水平距离/m
硬质岩石	0.60	1.50
软质岩石	1.00	2.00
土质	≥1.00	2.50

3. 排水设施

挡土墙设计一般都以天然地基容许承载力和自然状态下的墙背土体的土压力为依据。如排水不良,地基和墙背土体将由于水分增加而改变原来的状态,导致地基承载力降低和土压力增加。同时,土体内水分过多时,将产生静水压力;在冰冻地区,还将产生冻胀压力;对黏性土,水分增加时将产生膨胀压力。显然,当附加的压力过大以致超出设计计算土压力,或地基承载力过分降低以致低于设计基底应力时,挡土墙的稳定性和强度难以保证。因此,设置有效排水设施对保证挡土墙稳定性和强度具有重要的意义。

挡土墙常用的排水设施可分为地面排水和墙身排水两个部分。

地面排水主要是防止地表水渗入墙背土体或地基。主要措施包括:在墙后地面设置排水沟、夯实地表松土,必要时采取封闭处理;对路堑挡土墙墙趾前的边沟予以铺砌加固等。

墙身排水主要是为了迅速排除土内积水。其方法是在浆砌挡土墙墙身的适当高度处设置一排或数排泄水孔(见图 3-34),泄水孔尺寸一般为 5 cm×10 cm、10 cm×10 cm、15 cm×20 cm 的矩形孔,或直径为 5~10 cm 的圆形孔。泄水孔间距一般为 2~3 m,干旱地区可适当增大,渗水量大时可适当加密。上下排泄水孔交错布置。为保证顺利泄水和避免墙外水流倒灌,泄水孔应向外侧倾斜,最下一排泄水孔出口应高出地面或边沟、排水沟及积水地区的常水位 0.3 m。为防止水分渗入地基,最下一排的底部需铺设 30 cm 厚的黏土隔水层。泄水孔的进水口附近应设置粗粒料反滤层,以免孔道阻塞。当墙背透水性差或可能发生冻胀时,应在最低一排泄水孔至墙顶以下 0.5 m 高度范围内铺设砂卵石排水层。

4. 沉降缝与伸缩缝

为防止墙身因地基不均匀沉降而引起断裂,需根据地基地质条件和墙高、墙身断面变化情况,设置沉降缝。为防止墙身因圬工砌体硬化收缩,或温度变化所产生的温度应力引起开裂,须设置伸缩缝。

设计时,一般将沉降缝和伸缩缝合并设置,统称为伸缩缝。沿路线方向每隔 10~15 m

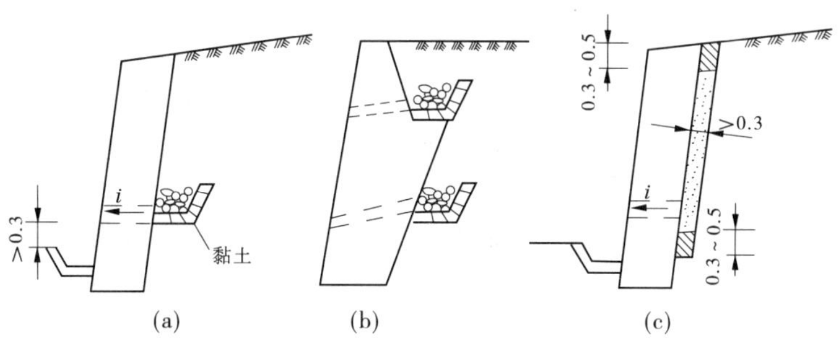

图 3-34　挡土墙泄水孔及反滤层的构造　（单位：m）

设一道，缝宽 2~3 cm，缝内可用胶泥填塞，但在渗水量大，填料容易流失或冻害严重地区，宜用沥青麻筋或涂以沥青的软木板等具有弹性的材料，沿内、外、顶三方填塞，填深不宜小于 15 cm。当墙背为填石且冻害不严重时，可不填缝。

干砌挡土墙，缝的两侧应选用平整石料砌筑，使其成垂直通缝。

第四节　路基排水设计

路基的病害有多种，造成病害的原因也很多，但水的作用是主要因素之一。因此，在路基设计、施工和养护中，必须充分重视路基排水工作。

根据水源的不同，影响路基的水可分为地面水和地下水两大类。

地面水包括大气降水（雨或雪）后在地表形成的径流，低洼积水和路基上侧流向路基的地表水。地面水对路基产生冲刷和渗透。冲刷可能导致路基整体稳定性受到损害，形成水毁现象。

地下水是指地表以下岩石或土层的孔隙、裂隙中的水，包括上层滞水、潜水、层间水等。它们对路基的危害程度因埋藏情况、流量大小而异，轻者能使路基湿软，降低强度；重者会引起路基冻胀、翻浆或边坡滑坍，甚至整个路基沿倾斜基底滑动。

路基排水的目的是减少路基的湿度，保证路基常年处于干燥或中湿状态，确保路基路面的结构稳定。因此，路基设计时，首先要查清水源，结合农田水利进行全面规划，将影响路基稳定的地表水排除或拦截于路基范围以外，并防止漫流、停积和下渗，对于影响路基稳定的地下水，则应予以截断、疏干、降低，并引导至路基范围以外。在路基施工中，首先应核实全线路基排水系统的设计是否完备和妥善，必要时予以补充或修改，应重视排水工程的质量和使用效果。在施工现场还应设置一些必要的临时性排水设施，以保证工程质量和施工顺利进行。在路基养护中，对排水设施应定期检查与维修，以保持排水设施正常使用，使水流畅通，并根据实际情况不断改善排水条件。

一、地面排水设计

路基地面排水结构物（统称沟渠）常见的类型有边沟、截水沟、排水沟、跌水、急流槽、倒虹吸、渡水槽、蒸发池及拦水带等。各种沟渠分别设置在路基的不同部位，各自发挥其主要功能。

(一)边沟

边沟一般设置在路堑、矮路堤、零填零挖路基及陡坡路堤边缘外侧或坡脚外侧,主要用来汇集和排除路基范围之内和流向路基的少量地面水。边沟的排水量不大,一般不需要进行水力水文计算,依沿线具体条件,选用标准横断面形式。

边沟的横断面形状,主要有梯形、流线形、三角形和矩形几种,如图 3-35 所示。

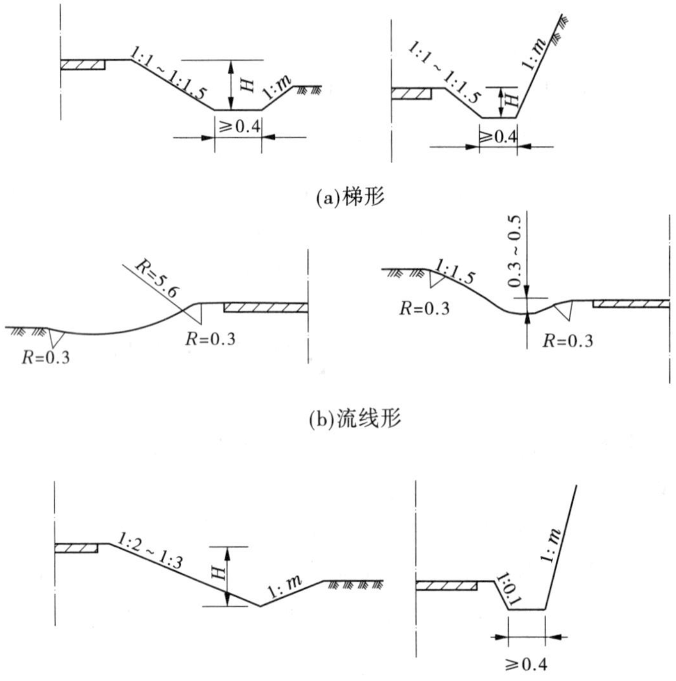

(a)梯形

(b)流线形

(c)三角形　(d)矩形

图 3-35　边沟的横断面形式示意图　(单位:m)

一般情况下,土质边沟宜采用梯形;石质边沟宜采用矩形;矮路堤或机械化施工时可采用三角形。流线形边沟是将路基边缘的边角整修圆滑,防止路基旁侧积砂或积雪,并可改善道路的景致、增进美观、舒适。因此,流线形断面在国外公路中应用较为普遍。

高速公路、一级公路边沟的底宽、深度不应小于 0.6 m,其他等级公路不应小于 0.4 m。当流量较大时,应根据流量大小加大边沟断面尺寸。

梯形边沟的内侧边坡一般为 1:1~1:1.5;岩石边坡为 1:0~1:0.5;浆砌边沟内侧边坡可直立;三角形边沟内侧边坡一般为 1:2~1:3。各种沟渠外侧边坡与挖方边坡一致。

边沟的纵坡一般应与路线纵坡一致,并不宜小于 0.3%,在困难情况下容许减至 0.1%。当边沟纵坡过大,且有冲刷可能时,应采取加固、设置跌水或急流槽等措施。路线纵断面设计时,各级公路的长路堑路段,以及其他横向排水不畅的路段,均应采用不小于 0.3%的纵坡,从而兼顾边沟设置的需要。

为防止边沟水流漫溢或冲刷,边沟的单向排水长度一般不宜超过 300~500 m。若超过此值,则增设排水沟或涵洞,将水引出路基范围以外。

(二)截水沟

截水沟是设置在挖方路基上侧边坡坡顶以外,或山坡路堤上方的适当地点,用以拦截山坡上方流向路基的地表水,保护挖方边坡和填方坡脚不受流水冲刷。降雨量较大、暴雨频繁、植被较差的山区路段,必要时可设置两道或多道截水沟。

截水沟根据路基填挖情况和所处位置的不同分成堑顶截水沟(天沟)、路堤截水沟和平台截水沟。

图3-36是路堑段挖方边坡上方设置的堑顶截水沟图例之一。图中距离 d 一般为5.0 m,土质不良时可取10.0 m或更大。截水沟下方一侧,可填置挖沟的土台,并要求做成顶部向沟倾斜2%的坡度。

山坡填方路段可能遭到上方水流冲刷坡脚,此时必须设置路堤截水沟,以拦截山坡水流保护路堤。如图3-37所示,截水沟与坡脚之间要有不小于2.0 m的间距,并做成2%的向沟倾斜的横坡,确保路堤不受水害。

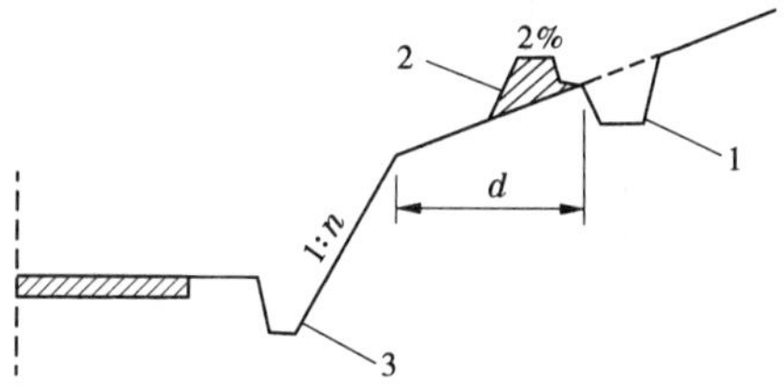

1—截水沟;2—土台;3—边沟。

图3-36　挖方路段截水沟示意

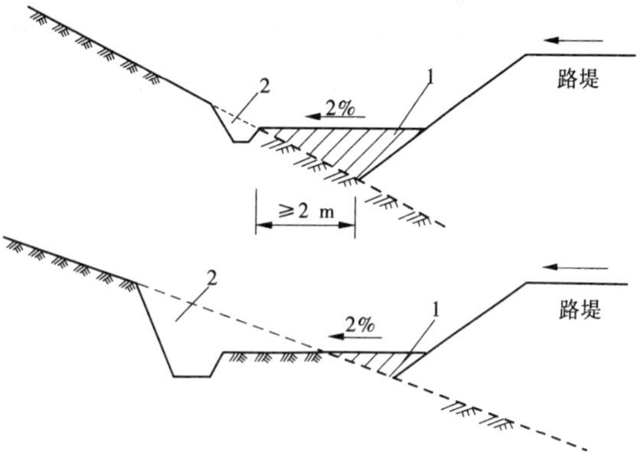

1—土台;2—截水沟。

图3-37　路堤截水沟示意

路堑或路堤设置边坡平台且坡面径流量大时,可在边坡平台设置平台截水沟(见图3-38),拦截坡面水流,减少对下部坡面冲刷。此时,应特别注意截水沟的加固,防止水流渗漏而影响边坡稳定。

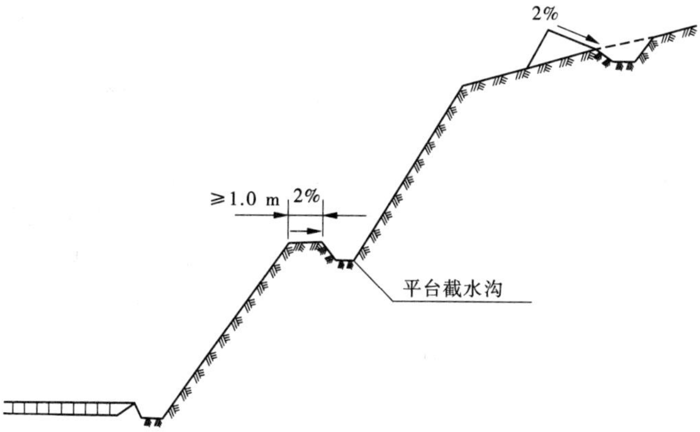

图3-38　平台截水沟示意(路堑边坡)

截水沟断面形式一般为梯形,底宽、深度一般不宜小于 0.5 m,必要时按设计流量确定。其边坡坡度视土质而定,常采用 1∶1~1∶1.5。

截水沟的位置,应尽量与绝大多数地面水流方向垂直,就近引入自然河沟内排出,必要时配以急流槽或涵洞等泄水构造物将水流引入指定地点。截水沟沟底纵坡不宜小于 0.30%,当条件允许时,纵坡应适当加大,沟底与沟壁要求平整密实、不滞流、不渗水,必要时,予以加固和铺砌。截水沟长度一般以 200~500 m 为宜。

(三)排水沟

排水沟主要用于将边沟、截水沟、取(弃)土场和路基附近低洼处所汇集的水流,引至桥涵或路基范围以外的天然河流、低洼地。

排水沟的横断面一般采用梯形,尺寸大小应通过水力水文计算选定,底宽、沟深均不宜小于 0.5 m。土沟的边坡坡度为 1∶1~1∶1.5。

照片 3-1
排水沟与涵洞

排水沟的位置灵活性很大,可根据需要并结合当地地形条件确定,离路基尽可能远些,距路基坡脚不宜小于 2~4 m。排水沟线形要求平顺、直捷,需要转弯时在转弯处做成弧形,其半径尽量采用较大值,不宜小于 10~20 m。沟的连续长度一般不宜超过 500 m。沟底纵坡应不小于 0.3%,以 1%~3%为宜;纵坡大于 3%时,需要加固;纵坡大于 10%时,应改为跌水或急流槽。

排水沟与其他沟渠相接时,力求水流舒顺,因地形限制呈直角相交时,可按如图 3-39 所示的形式处置。

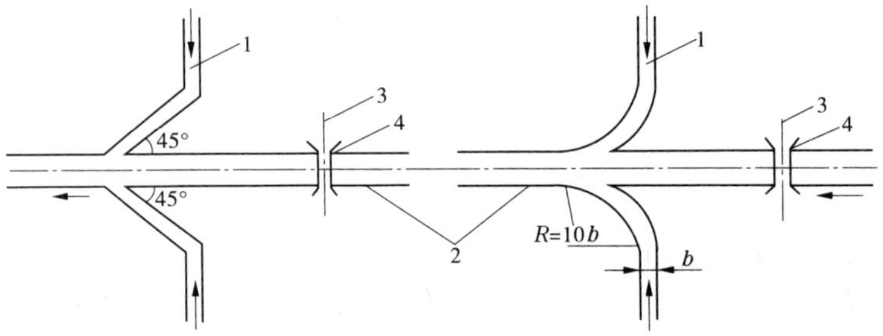

1—排水沟;2—其他沟渠;3—路中线;4—桥涵。

图 3-39 沟渠连接示意图

(四)跌水与急流槽

跌水与急流槽均为人工排水沟渠的特殊形式,用于陡坡地段。在陡坡或深沟地段设置的沟底为阶梯,水流呈瀑布跌落式通过的沟槽称为跌水。其作用是在较短的距离内,降低水流流速,削减水流能量。在陡坡或深沟地段设置的坡度较陡、水流不离开槽底的沟槽称为急流槽,其作用是将上、下游水位差较大的水流引至桥涵进口或路基下方。急流槽的纵坡,比跌水的平均纵坡更陡,故要求其结构坚固、稳定、耐用。跌水、急流槽的形式、断面尺寸和位置的确定,必须保证宣泄全部水流。根据水力计算,确定加固形式,并在适当地点与桥涵进口联结。两者既可单独采用,也可以与其他排水构造物联合采用,形成完整的排水系统。

跌水、急流槽纵坡大、水流湍急、冲刷作用严重。因此,两者一般均需用浆砌石块或水泥混凝土砌筑,且基础应埋设牢固。

按照水力计算特点,跌水的构造可分为进水口(部分)、消力池和出水口(部分)三个组成部分,如图 3-40 所示。跌水有单级和多级之分。单级跌水适用于连接沟渠的水位落差较大,需要消能或改善水流方向,路基边沟水流入涵洞前设单级跌水的窨井,如图 3-41 所示。当陡坡较长时,为减缓水流速度,并予以消能,可采用多级跌水,如图 3-42 所示。

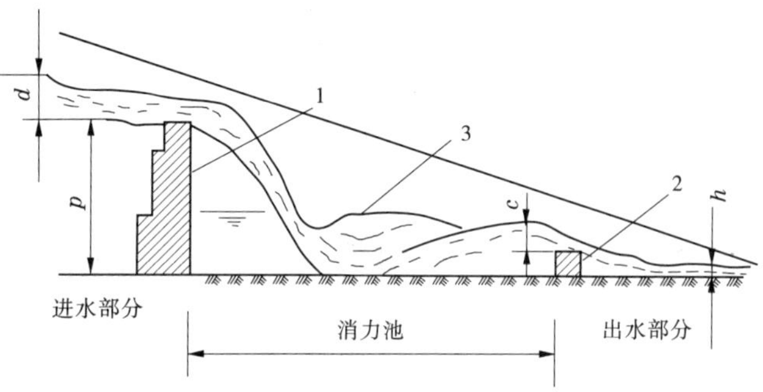

1—护墙;2—消力槛;3—墙身;

p—护墙高;c—消力槛高;d—上游水深;h—下游水深。

图 3-40 跌水示意图

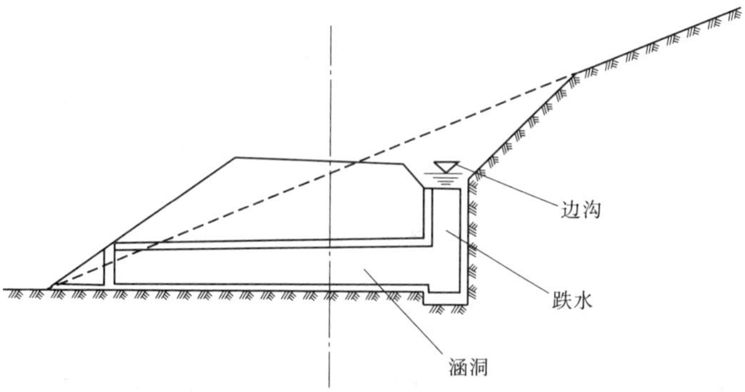

图 3-41 路基边沟水流入涵洞的单级跌水

(五)倒虹吸与渡水槽

当水流需要横跨路基,同时受到设计高程的限制时,可以采用管道或沟槽,从路基底部或上部架空跨越,前者称倒虹吸,后者为渡水槽,分别相当于涵洞和渡水桥,两者都属于路基地面排水的特殊结构物,并且多是配合农田水利所需而设。

(六)蒸发池

气候干旱、排水困难地段,可在离路基适当的地方利用沿线的集中取土坑或专门开挖的凹坑修筑蒸发池,以汇集路界地表水,靠自然蒸发或下渗将水排除,如图 3-43 所示。

蒸发池边缘距路基边沟外缘的距离应以保证路基的稳定和安全为原则,并不应小于 5 m,湿陷性黄土地区不得小于湿陷半径。池中设计水位应低于排水沟的沟底。蒸发池的容量应以 1 个月内路基汇流入池中的雨水能及时完成渗透与蒸发作为设计依据。每个蒸发池的容水量应根据蒸发池的纵向间距经水力、水文计算后确定。蒸发池应根据具体情况采取适当的防护加固措施,蒸发池的设置不应使附近地面盐渍化或沼泽化。

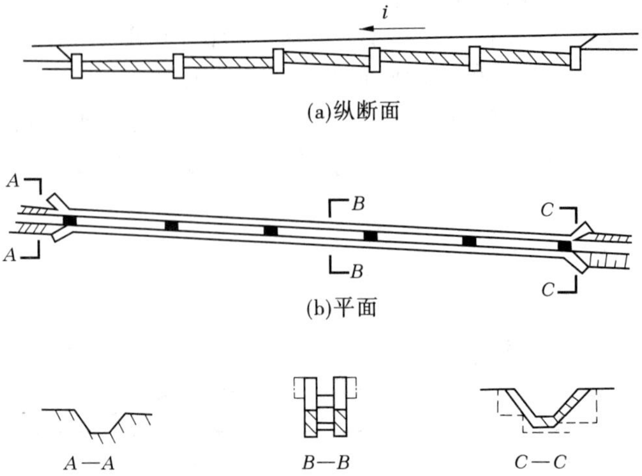

(a)纵断面

(b)平面

(c)横断面

图 3-42　固定底宽的多级跌水结构图

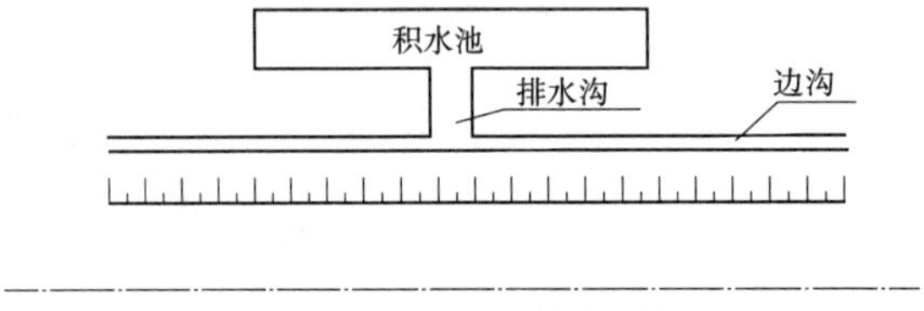

图 3-43　蒸发池平面布置图

二、地下排水设计

当地下水位较高且路基标高受到限制时,往往会导致路基水温条件变差,影响路基的强度与稳定性。因此,需要考虑地下排水设计。

建筑在地面以下,具有拦截、汇集、排除地下水或降低地下水位,或能兼排地面水的结构物,称为地下排水结构物。公路路基常用的地下排水设备有暗沟、渗沟及渗井等。排除流量较大的地下水或地面水时,应设置专用地下管道予以排除。

(一)暗沟

暗沟是设在地面以下引导水流的沟渠,其本身不起渗水、汇水作用。因此,暗沟的主要作用是把路基范围内的泉水或渗沟所拦截、汇集的水流排到路基范围之外。高速公路、一级公路中央分隔带有雨水浸入时,通过雨水口将路面水引入地下暗沟,排到路基范围之外。

暗沟造价一般高于明沟,同时,如果一旦淤塞,则疏通费事,甚至须开挖重建,因此设计时必须与修建明沟方案进行比较,择优选用。暗沟应在路基填土前或开挖后,按照泉眼范围及流量的大小或渗沟汇集的水流情况,确定断面尺寸。图 3-44 是疏导路基泉水的暗沟构造图。

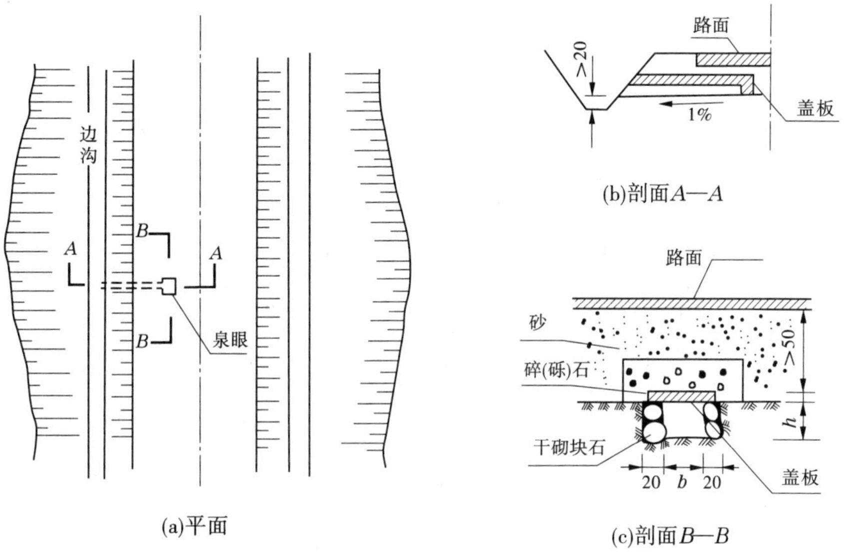

图 3-44　疏导路基泉水的暗沟构造图　(单位:cm)

暗沟(管)的尺寸应根据泉水流量计算确定。暗沟宜采用矩形断面,井壁和沟底、沟壁宜采用浆砌片石或水泥混凝土预制块砌筑,沟顶应设置混凝土或石盖板,盖板顶面上的填土厚度不应小于0.5 m。应采取有效措施防止暗沟淤塞。

暗沟沟底的纵坡不宜小于1%,条件困难时亦不得小于0.5%,出水口处应加大纵坡,并应高出地表排水沟常水位0.2 m以上,不允许出现倒灌现象。寒冷地区的暗沟,应做防冻保温处理或将暗沟设在冻结深度以下。

(二)渗沟

渗沟是采用渗透方式将地下水汇集于沟内,并通过沟底通道将水排到指定地点的地下排水设施,其作用是降低地下水位或者拦截地下水。它是公路路基最常见的一种地下排水沟渠,尤其适用于地下水蕴藏量大、面积分布广的路段。根据地下水位分布情况,渗沟可设置在边沟、路肩、路基中线以下或路基上侧山坡适当位置,如图3-45所示。

渗沟一般应用于地下水埋藏较深处。渗沟内用大颗粒透水材料(碎石、砾石等)填充,以保证有足够的孔隙率。考虑到排水孔隙容易被流水携带的细粒土所淤塞而失去排水功能,通常在渗沟迎水面增设一层反滤层。反滤层的材料有集料、土工布及无砂混凝土。

渗沟按构造不同,可分为三种形式:填石渗沟(也称为盲沟式渗沟)、管式渗沟和洞式渗沟,如图3-46所示。三种形式均由排水层(石缝或管、洞)、反滤层和封闭层组成。

填石渗沟一般用于流量不大、排水距离不长的地段,是目前公路常用的一种渗沟。设计时应考虑淤塞失效问题。由于排水层阻力较大,其纵坡不应小于1%,一般可采用5%。

管式渗沟设于地下引水较长的地段,但渗沟过长时,应加设横向泄水管,将纵向渗沟内的水流迅速地分段排除。沟底纵坡取决于设计流速,最大流速应考虑到水管的构造及其使用寿命,且不致冲毁管下垫层材料,一般不大于1.0 m/s。为避免淤积,沟底最小纵坡为0.5%。渗沟底部埋设的管道,一般为混凝土预制管或聚氯乙烯(PVC)管,管壁上半

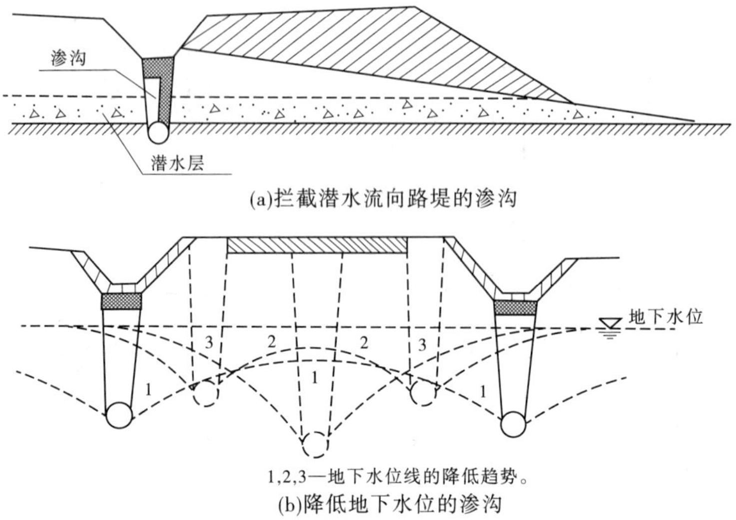

图 3-45　渗沟布置图

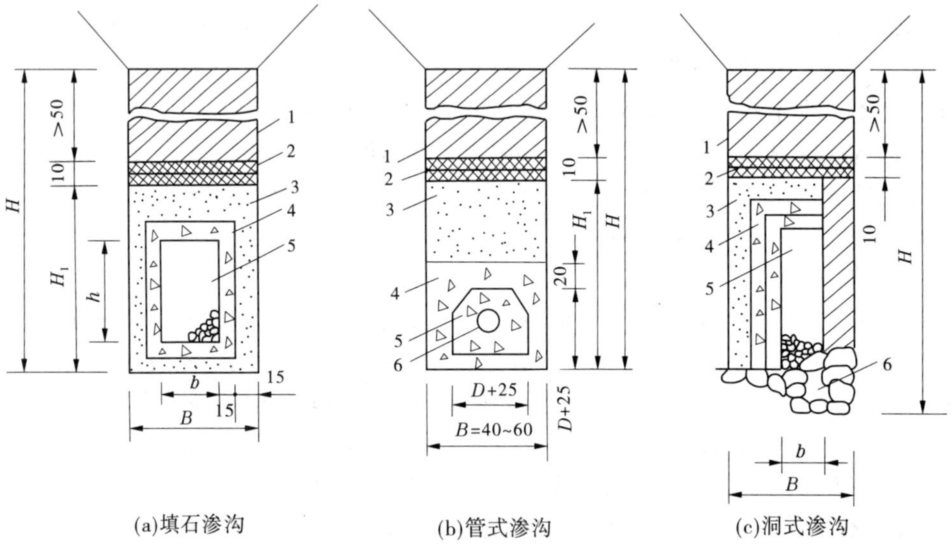

1—夯实黏土;2—双层反铺草皮;3—粗砂;4—石屑;5—碎石;6—浆砌片石沟洞。

图 3-46　渗沟构造示意图　(单位:cm)

部应留渗水孔,渗水孔交错排列。

洞式渗沟一般用于地下水流量较大或石料比较丰富的地区,其下部结构相当于顶部可以渗水的涵洞。洞口大小依设计流量而定,洞身一般要求埋入不透水层中,必要时,在两侧和底部增设隔水层,以改善排水性能。沟底最小纵坡为 0.5%,有条件时,可采用较大的纵坡,以利排水。

渗沟应尽可能与地下水流向相垂直,以拦截更多的地下水。设计时应首先考虑能否使用明槽式,以便随时检查排水情况。同时,应根据土层含水率、地理位置和各种类型结构的排水能力,作适当的技术经济比较,择优选用。

(三)渗井

将排不出的地表水或边沟水渗到地下透水层中而设置的用透水材料填筑的竖井称为渗水井。图 3-47 为圆形渗井结构布置图。前述渗沟属于水平方向的地下水排水设备,而渗井则属立式(竖向)排水设备。在平坦地区地面排水困难时,如距离地面不深处有渗透性土层,而且地下水背离路基或地下水位较深,可以修建渗井,将地表水或边沟水分散到离地面 1.5 m 以下的土层中。

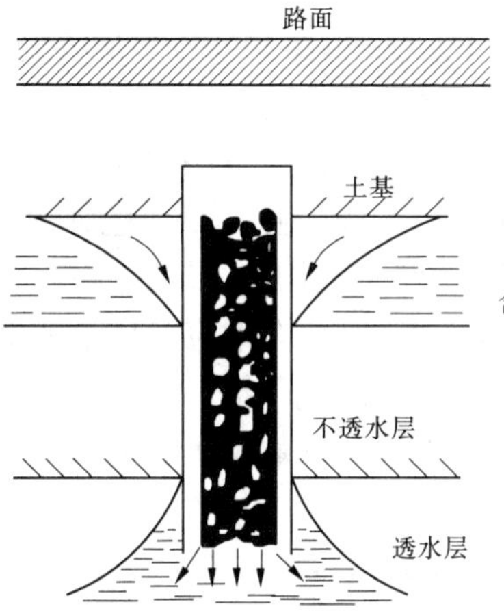

图 3-47 圆形渗井结构布置示意

渗井的平面布置、孔径与渗水量,按水力半径而定,一般采用直径为 1.0~1.5 m 圆柱形,或边长为 1.0~1.5 m 的方形。井深视地层构造情况而定。井内由中心向四周按层次分别填由粗至细的砂石材料。粗料渗水,细料反滤。填充料要求筛分冲洗,施工时需用铁皮套筒分隔不同粒径材料,不得粗细材料混杂,以保证渗井达到预期排水效果。渗井顶部周围用黏土筑堤围护,或加筑混凝土盖板。

渗井施工难度大,单位面积造价高,一般不轻易采用。当土基含水量较大、路面翻浆、彻底解决地面、地下水又困难时,将与其他技术措施相比较,有条件地选用。

以上是公路工程中常见的几种地下排水设施。值得特别指出的是,由于地下排水结构物系隐蔽工程,其构造一般比地面排水结构复杂,投资较大,故设计、施工、养护均应特别注意,以免结构失效而后患无穷。

三、路基排水的综合设计

上述各类排水结构物,均是针对某一水源,为满足某一方面的要求而设置的。由于自然条件、路线布置及其他人为因素的不同,水源可能同时来自几个不同的方向,它们对路基的危害程度不尽相同。因此,单一互不联系的排水结构物,是不能完成全路基排水任务的。为了使各结构物都得以合理使用,需要进行路基排水综合设计,使地面排水与地下排水设备相互协调;路基排水设备与桥涵等泄水结构物合理布置;排水工程与防护加固工程、农田水利及相关建设项目相互结合。因此,路基排水设计必须包括两部分内容,即首先是进行排水系统的总体规划,或者称排水系统设计,在此基础上再进行各单项结构物的设计。

实践证明，排水系统综合设计的好坏，对路基的稳定性影响很大，尤其是在多雨山区、黄土高原地区、寒冷潮湿平原区、水网密布、地基湿软与水有关的地质不良路段。建造高等级公路更应重视路基排水的综合设计。

排水综合设计，一般结合路线的平面、纵断面设计和沿线地形、地质、水文条件进行。对一般公路，常在路线平面图、地形图上予以反映。对高等级公路，排水不良、易受水流冲刷的特殊地区，如滑坡路段、隧道洞口、干线交叉道口、连续回头曲线等排水复杂路段，应做专项公路排水综合设计。设计中应考虑以下各点：

(1)流向路基的地面水和地下水，须在路基外适当位置设置截水沟或渗沟拦截，并引离路基范围之外指定地点。路基范围内的水源，分别采取边沟、暗沟、渗沟或渗井汇集或降低水位，通过排水沟排到指定地点，必要时设置跌水或急流槽、倒虹吸、桥涵。

(2)对明显的天然沟槽，一般宜"一沟一涵"，不要勉强改、并；对沟槽不明显的漫流，应在上游设置束流设施加以调节，尽量汇成沟槽，导流排除。

(3)为了提高截流效果，节省工程，地面沟渠应大体沿等高线布置，并尽可能垂直于流水方向直线布置，在转弯处以圆曲线相接。

(4)各种排水结构物均应设置于稳固的地基上，不得渗流、溢水或滞留，冲刷严重时应予以加固。

(5)水流应循最短通路迅速排至路基范围之外。

图 3-48 是某路段路基综合排水设计平面布置图例。

图纸 3-2 高速公路施工图图纸——防护排水设计

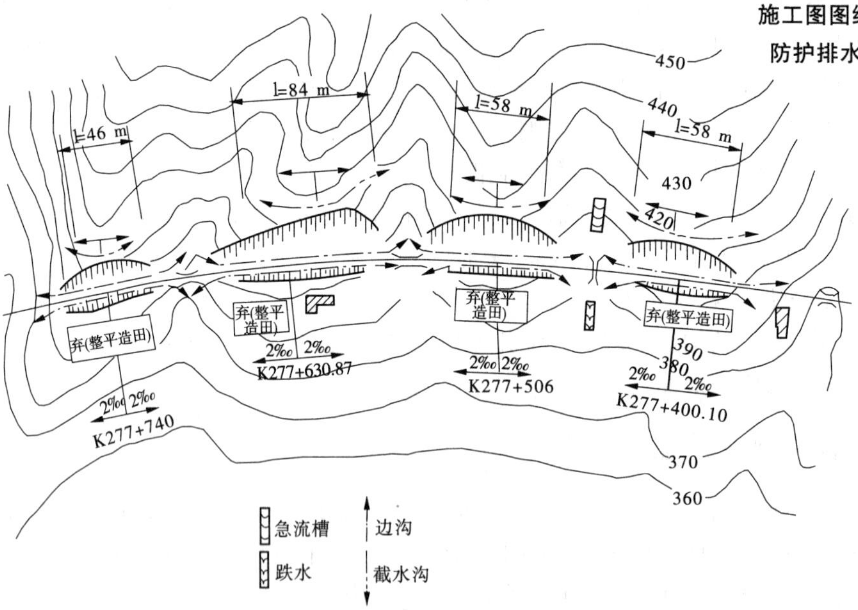

图 3-48 路基综合排水设计平面布置图

第五节 路基施工

照片 3-2 路基施工

施工是实现设计意图的手段，理想的设计必须通过施工来实现，施工实践也是检验设计的重要过程。因此，科学的组织施工是十分重要的。

路基土石方工程量大，沿线分布不均匀。工程量大小不仅与路基工程相关的设施（如路基排水、防护与加固等）相互制约，而且与道路工程的其他项目（如桥涵、隧道、路面及附属设施）密切相关。路基施工受区域性影响大，并且干扰因素很多。因此，路基施工必须做好详细调查，合理安排，统一部署，选择合适的填筑材料，采用先进的施工技术和机械设备、周密的施工组织和科学的管理。

一、路基施工方法与施工准备

（一）施工方法

路基施工方法有人工和简易机械化施工、水力机械化施工、爆破施工和机械化施工等。

人工和简易机械化施工：使用手工工具和简易机械施工，效益低，劳动强度大，进度慢，适用于一些路段机械无法进场，一些工程（如砌体工程）还无法开展机械化作业，以及某些辅助性工作。

水力机械化施工：运用水泵、水枪等水力机械，是机械化施工的一种，可用来挖掘比较松散的土层和进行软土地基加固的钻孔工作，须有充足水源和电源。

爆破施工：是开挖岩石路堑的基本方法，主要用来震松岩石、坚土、冻土或采集石料，是公路施工特别是山区公路施工不可缺少的施工方法。

机械化施工：采用推土机、铲运机、平地机、挖掘机、压路机及松土机等施工机械，可以极大地提高劳动生产率，加快施工进度，提高工程质量，降低工程造价，保证施工安全，是加速公路建设、实现公路施工现代化的根本途径。

施工方法的选择应根据工程性质、工程数量、施工期限及可能获得的人力和机械设备等条件来考虑，在高等级公路的施工中，基本实现了机械化或半机械化施工作业。

（二）施工准备

路基施工需要消耗大量的人工、物资、机械和时间等资源，是一项历时长、技术要求高的工作。路基施工前，必须根据工程的实际情况做好组织准备、物资准备和技术准备工作，使各项施工活动能正常进行。在施工过程中，所有的施工活动都必须严格按有关施工规范进行，以确保工程质量，最后得到质量优良的路基实体。

1. 组织准备

开工前的组织准备工作主要是建立健全工程管理机构和施工队伍，明确各自的施工任务，制订施工过程中必要的规章制度，确定工程应达到的目标等。组织准备是其他准备工作的开始。

2. 物资准备

路基施工要消耗大量的人工、材料和机具,因此开工前应进行所需材料的购进、采集、加工、调运和储备等工作。同时,要检修或购置施工机械,做好施工人员的生活、后勤保障准备,正所谓“兵马未动,粮草先行”。劳动力、机械设备和材料的准备工作是路基施工组织计划的重要组成部分。

3. 技术准备

路基施工前的技术准备包括制订施工组织计划、施工测量、施工前的复查与试验及清理施工现场、铺筑试验路等工作。

1) 制订施工组织计划

制订路基施工的实施性施工组织计划,是路基施工前非常重要的技术准备工作,施工单位应根据设计文件、工程实际条件、工程量、施工难易程度及设备、人员、材料供应情况和工期要求等认真编制。所编制的施工组织计划应针对工程实际,科学合理、易于操作,有利于保证工程质量和工程进度,做到“运筹帷幄”,使路基施工能连续、均衡地进行。在编制过程中,施工单位应对设计文件和设计交底全面熟悉、认真研究,组织有关人员进行现场核对和施工调查;若有必要,应按有关程序提出修改设计意见并报请变更设计。

2) 施工测量

开工前应做好施工测量工作,内容包括导线、中线、水准点复测,检查与补测横断面,校对和增加水准点等。

开工前应全面恢复路中线并固定路线的交点、平曲线主点等主要控制桩,高速公路和一级公路应采用坐标法恢复主要控制桩。若设计文件中公路路线主要由导线控制,施工测量时必须做好导线的复测工作以准确控制路线的平面位置。为满足施工要求,复测路中线时应对指示桩进行必要的加密和加固。

路基施工时,若使用设计单位设置的水准点,应进行校核并与国家水准点闭合;产生的闭合差应按有关规定处理,闭合差超出允许误差时应查明原因并报告有关部门。为方便施工可增设水准点,但应可靠固定。

施工前应对路基纵横断面进行检查和核对,并适当补测。根据已经恢复的路中线,按设计文件、施工规定和技术要求等标出路基用地界桩、路堤坡脚、路堑坡顶、边沟及路基附属设施的具体位置。为方便施工,还应在距路中线一定安全距离处设置控制桩,间距不宜大于 50 m,桩上标明桩号及路中心填挖高度。在路基施工过程中应采取有效措施保护所有测量标志,以免增加测量工作量,减少出现错误的可能。

3) 施工前的复查与试验

路基施工前,施工技术人员应对路基施工范围内的地质、地形、水文情况进行详细调查。根据设计文件提供的资料,对取自挖方、借土场、料场的路堤填料进行复查和取样试验。用作填料的土应按土工试验规程测定其物理、力学等性质,以试验结果作为判定可否应用的依据。若使用新材料(如工业废渣等)填筑路堤,除对相应指标进行试验外,还应进行环境保护分析并提出报告,经批准后方可使用。

4) 清理施工现场

路基施工前,应先办好有关土地的征用、占用手续,依法使用土地。路基范围内的既有建筑物、道路、沟渠、通信及电力设施等，施工单位应协同有关部门事先拆除或迁建。对路基附近的危险建筑物应进行适当加固，对文物古迹应妥善保护。路基用地范围内的树木、灌木丛等均应在施工前砍伐或移植。

5）铺筑试验路

二级及二级以上公路路堤、填石路堤、土石路堤、特殊填料路堤、特殊路基，以及拟采用新技术、新工艺、新材料、新设备的路基，在正式施工前，应采用不同的施工方案和施工方法，铺筑试验路并进行相关试验分析，从中选出最佳施工方案和施工方法以指导大面积路基施工。所铺筑的试验路应具有代表性，施工机械和工艺过程要与以后全面施工时相同。通过试验路铺筑可确定不同压实机械压实各种填料的最佳含水量、适宜的松铺厚度、相应的碾压遍数、最佳机械配置和施工组织方法等。

二、路堤填筑

（一）基底处理

动画 3-2　填方路基施工

路堤是在天然地基上人为构筑的土体，一般都是利用当地土石作填料、按一定方案在原地面上填筑起来的。基底是指路堤填料与原地面的接触部分。为使两者结合紧密，避免路堤沿基底发生滑动和防止因草皮、树根腐烂而引起路堤沉陷，保证路堤具有足够的强度和稳定性，必须视基底的土质、水文、坡度和植被情况及填筑高度等情况，在路基用地和取土坑范围内，认真清除地表植被、杂物、积水、淤泥和表土，处理坑塘，并对基底进行认真处理和压实，达到设计要求的密实度。

视频 3-2　软土地基处理

（1）当基底为松土或耕地时，应先将原地面认真压实后再填筑。基底原状土的强度不符合要求时，应进行换填处理，换填深度不得小于 30 cm，并分层压实。当路线经过水田、洼地和池塘时，应根据实际情况采取疏干、挖除淤泥、换填、桩基础、抛石挤淤等措施进行处理后方能填筑。

（2）基底土密实稳定，且地面横坡缓于 1∶10，填方高度大于 0.5 m 时，基底可不处理；路堤填方低于 0.5 m 的地段，应清除原地表杂草。地面横坡为 1∶10～1∶5 时，应清除地表草皮杂物再填筑；地面横坡陡于 1∶5 时，清除草皮杂物后还应将原地面挖成不小于 1 m 的台阶，台阶向内设置坡度为 2%～4%的倒坡。

（二）路基填筑材料选择

《公路路基施工技术规范》（JTG/T 3610—2019）规定路基填料应符合下列规定：

（1）宜选用级配好的砾类土、砂类土等粗粒土作为填料。

（2）含草皮、生活垃圾、树根、腐殖质的土严禁作为填料。

（3）泥炭土、淤泥、冻土、强膨胀土、有机质土及易溶盐超过允许含量的土等，不得直接用于填筑路基；确需使用时，应采取技术措施进行处理，经检验满足要求后方可使用。

（4）粉质土不宜直接用于填筑二级及二级以上公路的路床，不得直接用于填筑冰冻地区的路床及浸水部分的路堤。

(三)路基填筑方法

路基填筑是把选定的路基填料运送到路基上逐层填筑,进行铺平并碾压密实的过程。路基的填土方式可分为:水平分层填筑法、纵向分层填筑法、横向填筑法和混合填筑法等。

1. 水平分层填筑法

水平分层填筑法是按照横断面全宽分成水平层次,逐层向上填筑的方法,如图 3-49 所示。如原地面不平,应由最低处分层填起,每填一层,经压实合格后再填上一层。此法施工操作方便、安全、压实质量容易保证。

2. 纵向分层填筑法

纵向分层填筑法适用于推土机或铲运机从路堑取土填筑运距较短的路堤。依纵坡方向分层、逐层推土填筑的方法,如图 3-50 所示。原地面纵坡小于 20°的地段可用此法施工。

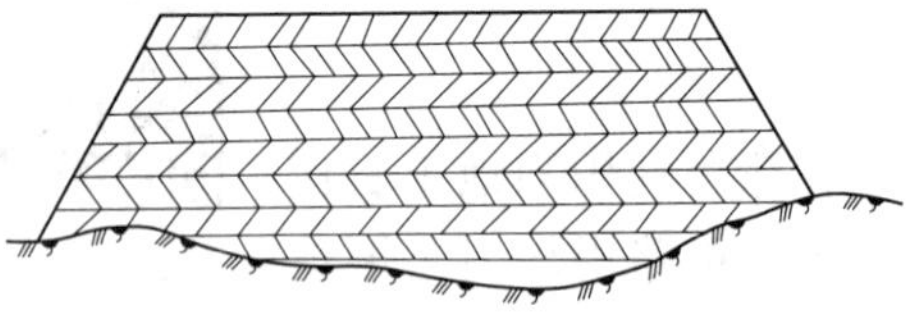

图 3-49　水平分层填筑法

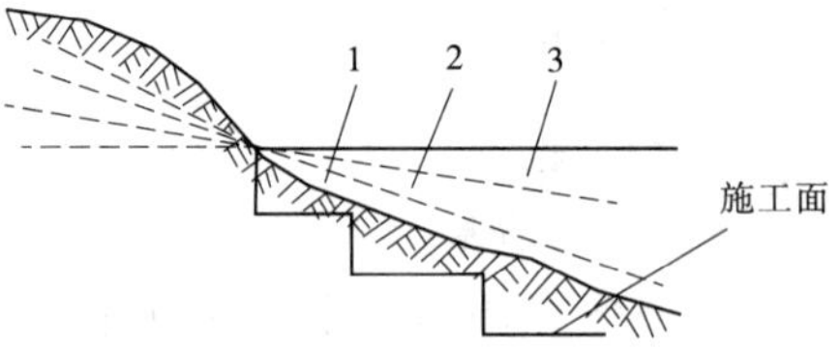

1、2、3—铲土作业顺序。

图 3-50　纵向分层填筑法

3. 横向填筑法

横向填筑法是从路基一端按各横断面的全部高度,逐步推进填筑的方法,如图 3-51 所示。此法适用于无法自下而上,分层填土的陡坡、断岩或泥沼地区。此法不易压实,且还有沉陷不均匀的缺点。为此,应采取必要的技术措施,如选用高效能的压实机械(振动压路机)碾压;采用沉陷量较小的砂性土或废石方作填料等。

4. 混合填筑法

混合填筑是当公路路线穿过深谷陡坡,尤其是要求上部的压实度标准较高时,施工时下层采用横向填筑,上层采用水平分层填筑,此种方法称为混合填筑法,如图 3-52 所示。

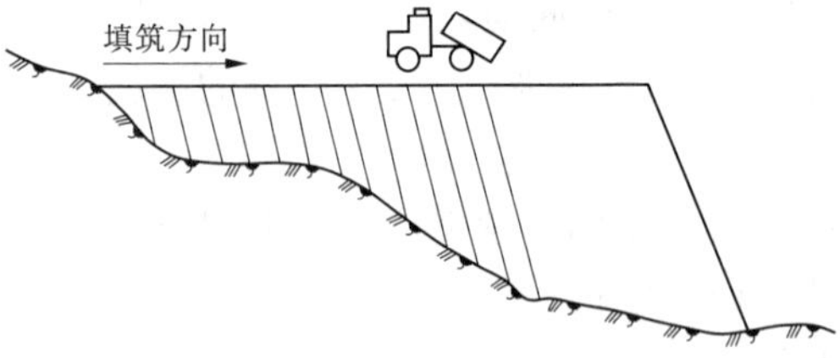

图 3-51　横向填筑法

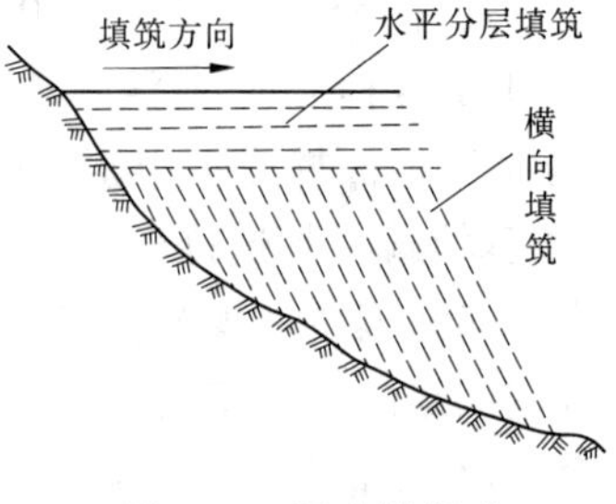

图 3-52　混合填筑法

上述方法中,第 2~4 种路堤施工方法工程质量较难保证,同时也不易检测,因此除非工程特殊要求外,一般应尽可能采用第 1 种方法施工。

(四)不同土质路堤填筑的规定

采用不同土质填筑路堤,在高等级公路施工中是十分常见的,若将不同性质的土任意混填，会造成路基病害，因此必须注意下列几点：

（1）不同土质应分层填筑，层次应尽量减少，每层总厚度最好不小于0.5 m，不得混杂乱填，以免形成水囊或滑动面。

（2）透水性差的土填筑在下层时，其表面应做成一定的横坡（一般为双向4%横坡），以保证来自上层透水性填土的水分及时排出。

（3）为保证水分蒸发和排除，路堤不宜被透水性差的土层封闭，也不应覆盖在透水性较大的土所填筑的下层边坡上。

（4）根据强度与稳定性要求，合理地安排不同土质的层位。一般地，凡不因潮湿及冻融而变更其体积的优良土应填在上层，强度（变形模量）较小的土应填在下层。

（5）为防止相邻两段用不同土质填筑的路堤在交接处发生不均匀变形，交接处应做成斜面，如图3-53所示，并将透水性差的土填在斜面的下部。

照片3-3　桥涵台背回填

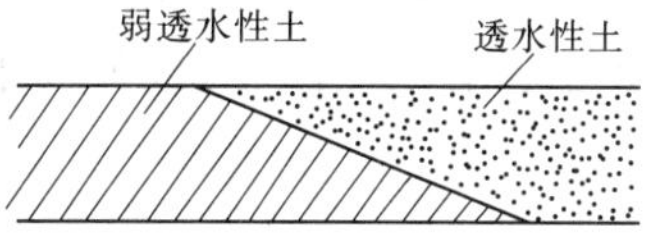

图3-53　不同土质接头处理

（6）用不同土质填筑路堤的正确或错误方式，如图3-54和图3-55所示。

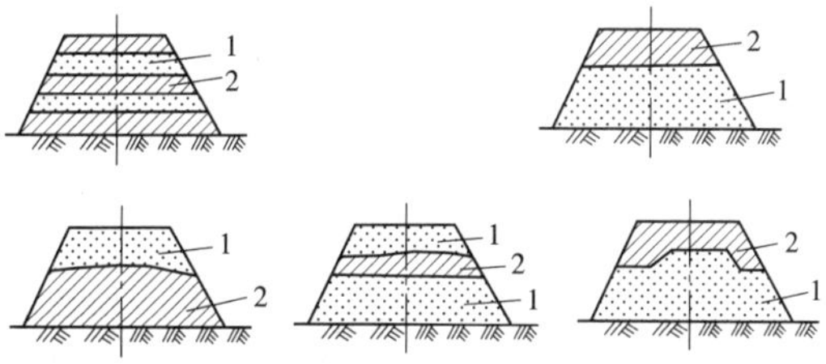

1—透水性较大土质；2—透水性较小土质。

图3-54　路堤内不同土质的填筑方式（正确方式）

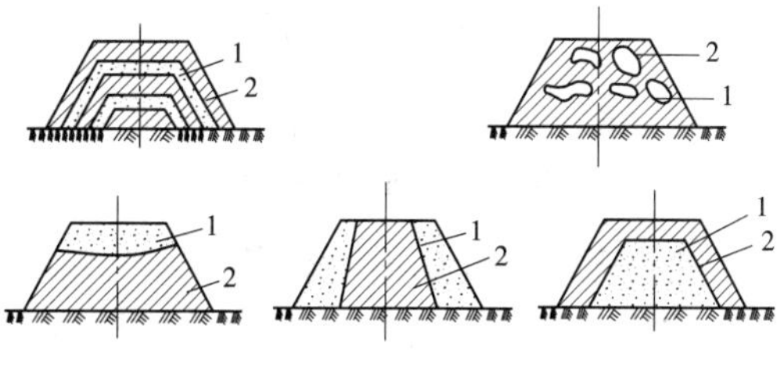

1—透水性较大土质；2—透水性较小土质。

图3-55　路堤内不同土质的填筑方式（错误方式）

三、路堑开挖

(一)路堑开挖方法

路堑开挖施工,除需考虑当地的地形条件、采用的机具等因素外,还需考虑土层的分布及利用。在路堑开挖前,应做好现场伐树除根等清理工作和排水工作。如果移挖作填时,还应将表层土单独摒弃,或按不同的土层分层挖掘,以满足路堤填筑的要求。路堑的开挖方法根据路堑深度、纵向长短及现场施工条件,可分为以下几种。

动画 3-3
挖方路基施工

照片 3-4
土质挖方

1. 横向挖掘法

(1)单层横向全宽挖掘法。从开挖路堑的一端或两端按断面全宽一次性挖到设计标高,逐渐向纵深挖掘,挖出的土方一般都是向两侧运送,如图 3-56(a)所示。这种方法适用于挖掘深度小且较浅的路堑。

(2)多层横向全宽挖掘法。从开挖的一端或两端按横断面分层挖至设计标高,如图 3-56(b)所示。多层横向全宽挖掘法主要适用于开挖深而短的路堑。土质路堑的开挖可采用人工作业,也可选用机械作业。

(a)单层横向全宽挖掘法

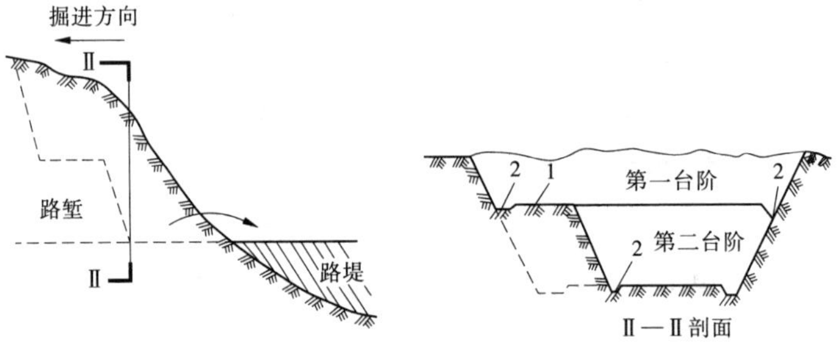

(b)多层横向全宽挖掘法

1—第一台阶运土通道;2—临时排水沟。

图 3-56　横向全宽挖掘法

①用人工按横向挖掘法挖路堑时,可在不同高度分几个台阶开挖,其深度一般宜为 1.5~2.0 m。无法自两端一次横挖到路基标高或分台阶横挖,均应设单独的运土通道及临时排水沟,以免相互干扰,影响工效,造成事故。

②用机械按横向挖掘法挖路堑且弃土(或移挖作填)运距较远时,宜用挖掘机配合自卸车进行。每层台阶高度可增加到 3~4 m,其余要求与人工开挖路堑相同。

③路堑横向挖掘法也可用推土机进行,若弃土或移挖作填运距超过推土机的经济运

距时，可用推土机推土堆积，再用装载机配合自卸车运土。用机械开挖路堑应注意的是，边坡应配合平地机或人工分层修刮平整，以保证边坡的平整与稳定。

2. 纵向挖掘法

（1）分层纵挖法。沿路堑全宽，以深度不大的纵向分层进行挖掘，如图 3-57（a）所示。此方法适用于较长的路堑开挖。

（2）通道纵挖法。先沿路堑纵向挖掘一通道，然后将通道向两侧拓宽以扩大工作面，并利用该通道作为运土路线及场内排水的出路。如图 3-57（b）所示，该层通道拓宽至路堑边坡后，再开挖下层通道，如此向纵深开挖至路基标高，该法适用于路堑较长、较深、两端地面纵坡较小的路堑开挖。

（3）分段纵挖法。沿路堑纵向选择一个或几个适宜处，将较薄一侧堑壁横向挖穿，使路堑分成两段或数段，各段再纵向开挖，如图 3-57（c）所示，该法适用于路堑过长，弃土运距过远的傍山路堑，其一侧堑壁不厚的路堑开挖。

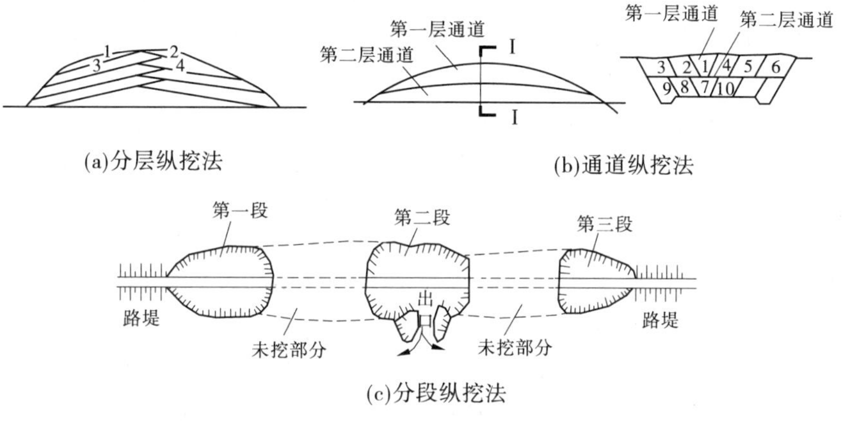

图中数字为挖掘与拓宽顺序。

图 3-57　纵向挖掘法

土质路堑纵向挖掘，多采用机械化施工。

3. 混合式挖掘法

当路线纵向长度和挖深都很大时，为扩大工作面，可将分层横挖法和通道纵挖法混合使用。先沿路堑纵向挖通道，然后沿横向坡面挖掘，以增加开挖坡面，如图 3-58 所示。每一坡面的大小，应能容纳一个施工小组或一台机械作业。

（二）施工中应注意的问题

（1）路基开挖前应对沿线土质进行检测试验。适用于种植草皮和其他用途的表土应储存于指定地点；对开挖出的适用材料，应用于路基填筑，可减少挖方弃土和弃土堆面积，亦可减少填方借土和取土坑面积。但各类材料不应混杂，混杂材料均匀性差，难以保证路基的压实质量；不适用的材料可做外弃处理。

（2）土质路堑地段的边坡稳定极为重要。开挖时，不论开挖工程量和开挖深度大小，均应自上而下进行，不得乱挖超挖。一方面，要注意施工方法，如采用不加控制的爆破施

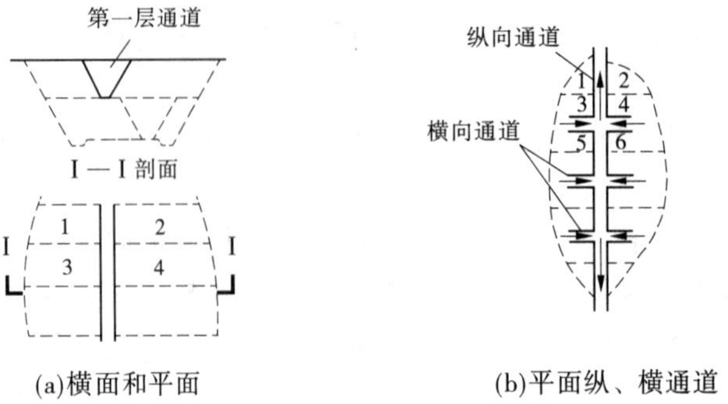

注:箭头表示运土与排水方向,数字表示工作面号数。

图 3-58　混合式挖掘法

工,易造成路堑边坡失稳,易于塌方;掏洞取土易造成土坍塌伤人,因而严禁掏洞取土。在不影响边坡稳定性的情况下采用爆破施工时,也应经过设计审批。另一方面,要注意施工顺序,防止因开挖顺序不当而引起边坡失稳崩塌。

(3)在施工中,如遇土质变化需修改施工方案时,应及时报批;如因冬季或雨季影响,使挖出的土方不能及时用于填筑路堤时,应按路基季节性施工的有关方法进行处理;如路堑路床的表层下为有机土、难以晾干压实的土、CBR 值小于规定要求的土或不宜作路床的土,均应清除换填,必要时还应设置渗沟,以保证满足路基深度的需要。如遇到特殊土质(盐渍土、黄土、膨胀土等)及易于坍滑的土,应按特殊土的有关要求施工。

(4)挖方路基施工标高,应考虑压实的下沉值。绝不能将路基的施工标高与路基的设计标高(路线纵断面图上设计标高)混同,造成超挖或少挖,产生浪费或返工。

(5)水是造成路堑各种病害的主要原因,所以在路堑开挖前应做好截水沟,并根据土质情况做好防渗工作。施工期间应修建临时排水设施。临时排水设施应与永久性排水设施相结合,水流不得排入农田、耕地,不得污染自然水源,也不得引起淤积或冲刷。

四、路基压实

(一)路基压实的机制

路基施工破坏了土体的天然状态,致使结构松散,颗粒重新组合。为使路基具有足够的强度和稳定性,必须予以压实。因此,压实是保证路基质量的重要环节,而且技术等级越高的道路,对路基的压实要求越严格。

土是三相体,土粒为骨架,颗粒之间的空隙为水分和气体所占据。路基压实的作用在于提高填料的密实度,减小空隙率,增强填料颗粒之间接触面,增大黏结力或嵌挤力,提高内摩擦阻力,减小变形,为路基的正常工作提供良好的基础。

(二)影响压实效果的主要因素

影响路基压实效果的因素是多方面的,有内因和外因两方面。内因指土质和湿度,外因指压实功能(如机械性能、压实时间与速度、土层厚度)及压实时外界自然和人为的其他因素等。

1. 含水量对压实效果的影响

通过室内击实试验绘制的土的密实度(干密度)与含水量之间的关系曲线如图3-59所示。在压实过程中,土的含水量对所能达到的密实度起着十分重要的作用,锤击或碾压的功需要克服土颗粒间的内摩擦阻力和凝聚力才能使土颗粒产生位移并互相靠近。土的内摩擦阻力和凝聚力随密实度的增加而增加。土的含水量小时,土颗粒间的内摩擦阻力大,压实到一定程度后,某一压实功不能再克服土的抗力,压实所得的干密度小。当土的含水量逐渐增加时,水在土颗粒间起着润滑作用,使土的内摩擦阻力减小,因此同样的压实功可以得到较大的干密度。当土的含水量继续增加到超过某一限度后,虽然土的内摩擦阻力还在减小,但单位土体中的空气体积已减到最小限度,而水的体积却在不断增加,由于水是不可压缩的,因此在同样的压实功下,土的干密度反而逐渐减少。在干密度与含水量关系曲线上,最大干密度对应的含水量称为最佳含水量。某种土在一定的压实功作用下,只有在最佳含水量时,才能压实到最大干密度。

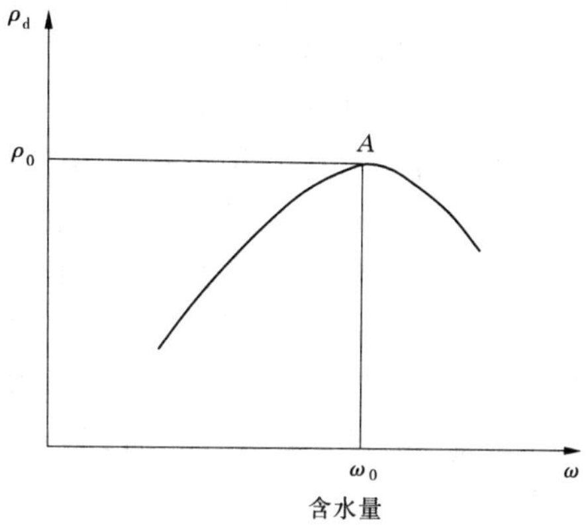

图3-59　土的干密度与含水量关系曲线

在施工现场,用某种压路机碾压含水量过小的土,要达到较大的压实度是困难的;如土的含水量超过最佳含水量过多,要达到较大的压实度同样是困难的。对含水量过大的土进行碾压时,经常会发生“弹簧”现象而不能压实。因此,细粒土、砂类土和砾石土不论采用何种压实机械,均应在该种土的最佳含水量±2%以内压实。当土的实际含水量不在上述范围内时,应均匀加水或将土摊开、晾晒,使其达到或接近最佳含水量,并迅速压实。

2. 土质对压实效果的影响

土质对压实效果的影响也较大。试验表明:土质不同,土的最佳含水量和最大干密度是不相同的,如图3-60所示。通常:

(1)土中粉粒和黏粒含量愈多,土的塑性指数愈大,土的最佳含水量就愈大,同时其最大干密度愈小。因此,一般砂性土的最佳含水量小于黏性土的最佳含水量,而最大干密度则大于黏性土的最大干密度。

(2)各种不同土的最佳含水量和最大干密度虽然不同,但它们的击实曲线的性质是基本相同的。

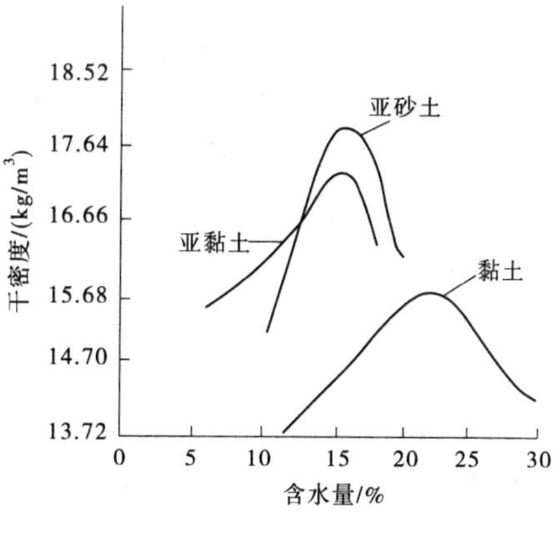

图3-60　不同土质的压实曲线

(3)亚砂土和亚黏土的压实性能较好,而黏性土的压实性能较差。对于砂土,因其颗粒呈松散状,水分易于散失,所以最佳含水量对它并没有多大的实际意义。

3. 压实功能对压实效果的影响

压实功能(指压实工具的质量、碾压次数、锤落高度、作用时间等)对压实效果的影响,是除含水量外的另一个重要因素。同一种土的最佳含水量随压实功能的增加而减小,而最大密实度则随压实功能的增加而增加;当含水量一定时,压实功能越大则密实度越高。根据这一特性,施工中如果土的含水量低于最佳含水量而加水有困难时,可用增加压实功能的办法来提高其密实度,也就是重碾或增加碾压遍数。然而,用增加压实功能的办法来提高土的密实度是有限度的,当压实功能增加到一定程度后,土的密实度增加较缓慢,在经济效益和施工组织上不够合理。相比之下,严格控制最佳含水量,要比增加压实功能收效大得多。

4. 压实机具和方法对压实效果的影响

(1)压实机具不同,压力传布在土体内的有效深度也不同。大量试验和长期生产实践表明:夯击式机具的压力传布在土体内的有效深度最深,振动式次之,碾压式最浅。同一种压实机具,其作用深度是随碾压遍数的增加而递减的。其原因是开始时,土体松软,压力传递较深;当碾压遍数逐渐增加时,土体上层的密实度随之逐渐增大,土的强度相应提高,其作用深度也就逐渐减小。

(2)压实机具的重力较小时,荷载作用时间越长,土的密实度越高,但密实度的增长速度随时间增加而减小;压实机具质量较大时,土的密实度随施荷时间增加而迅速增加,但超过某一时间限度后,土的变形急剧增加而达到破坏;机具重力过大超过土的强度极限时,将立即引起土体破坏。

(3)碾压速度越快,压实效果越差,土基变形量越小。土的黏性越大,这种影响越显著。因此,为了提高压实效果,必须正确确定碾压机械的行驶速度。

(三)土基压实要求

各级道路的路堤和路堑均应按规定进行压实并达到规定的密实度。试验证明,经过人工压实后的土体不仅强度提高、抗变形能力增强,而且由于压实使土体透水性明显减小、毛细水作用减弱和饱水量等减小,从而使其水稳定性也大大提高。因此,路基压实是保证路基获得足够强度和稳定性的根本技术措施之一。很多道路的路面破坏都是源于路基的不均匀沉降。因此,路基压实度是衡量路基施工质量的一个重要指标。所谓压实度,是指路基填料压实后的干密度 ρ 与室内标准击实试验确定的最大干密度 $\rho_{d,max}$ 之比,以百分率表示,即

$$K = \frac{\rho}{\rho_{d,max}} \times 100\% \tag{3-9}$$

显然,压实度是一个以 $\rho_{d,max}$ 为标准的相对值,意为压实的程度。

《公路路基施工技术规范》(JTG/T 3610—2019)规定了土质路基的压实度如表 3-16 所示。

表 3-16 土质路基压实度标准

<table>
<tr><th colspan="4" rowspan="2">填筑部位(路面底面以下深度)/m</th><th colspan="3">路基压实度/%</th></tr>
<tr><th>高速、一级公路</th><th>二级公路</th><th>三级、四级公路</th></tr>
<tr><td rowspan="7">填方路基</td><td colspan="2">上路床</td><td>0~0.3</td><td>≥96</td><td>≥95</td><td>≥94</td></tr>
<tr><td rowspan="2">下路床</td><td>轻、中及重交通</td><td>0.3~0.8</td><td rowspan="2">≥96</td><td rowspan="2">≥95</td><td>≥94</td></tr>
<tr><td>特重、极重交通</td><td>0.3~1.2</td><td>—</td></tr>
<tr><td rowspan="2">上路堤</td><td>轻、中及重交通</td><td>0.8~1.5</td><td rowspan="2">≥94</td><td rowspan="2">≥94</td><td>≥93</td></tr>
<tr><td>特重、极重交通</td><td>1.2~1.9</td><td>—</td></tr>
<tr><td rowspan="2">下路堤</td><td>轻、中及重交通</td><td>>1.5</td><td rowspan="2">≥93</td><td rowspan="2">≥92</td><td rowspan="2">≥90</td></tr>
<tr><td>特重、极重交通</td><td>>1.9</td></tr>
<tr><td rowspan="3">零填及挖方路基</td><td colspan="2">上路床</td><td>0~0.3</td><td>≥96</td><td>≥95</td><td>≥94</td></tr>
<tr><td rowspan="2">下路床</td><td>轻、中及重交通</td><td>0.3~0.8</td><td rowspan="2">≥96</td><td rowspan="2">≥95</td><td rowspan="2">—</td></tr>
<tr><td>特重、极重交通</td><td>0.3~1.2</td></tr>
</table>

注:①表列压实度以《公路土工试验规程》(JTG 3430—2020)重型击实试验法为准;

②三级、四级公路铺筑水泥混凝土路面或沥青混凝土路面时,其压实度应采用二级公路的规定值;

③路堤采用特殊填料或处于特殊气候地区时,压实度标准在保证路基强度要求的前提下根据试验路段和当地工程经验确定;

④特殊干旱地区的压实度标准可降低2~3个百分点。

一般而言,路基土的压实应在该土的最佳含水率±2%以内进行,而土的最佳含水量和最大干密度是在路基修筑半个月前,取其具有代表性的土进行标准击实试验而确定的。

路基的压实应分层进行,每一层均要检验其压实度,合格后才可以进行下一层的填筑。否则必须查明原因,采取措施进行补压。检验频率是每 2 000 m^2 检验 8 个点。待土质路床顶面压实后,除进行压实度试验外,还应进行弯沉检验,必须两者全部满足规范要求,该路基压实方为合格。

五、石方开挖技术

在山区,公路路基施工经常遇到石方工程。有些石方工程数量大,石质坚硬,工期长,成为路基的关键工程。石方的开挖应根据岩石的类别、风化程度、节理发育程度和周围管线、建筑物等具体情况确定开挖方式。对于软石和强风化的岩石,能用机械直接开挖的均应采用机械开挖,也可以采用人工开挖。凡是不能使用机械或人工直接开挖的石方,则采用爆破法施工。

(一)爆破器材

爆破器材包括炸药和引爆材料两类。

1. 炸药

黑火药:是最常用的炸药,威力小。

黄色炸药:又称 TNT 炸药,化学名为硝基甲苯,粉末状,不溶于水,冲击敏感性不大,需用雷管起爆。

铵梯炸药:又称硝铵炸药,是 TNT 与硝酸铵及少量木粉的混合物,具有中等威力和一定敏感性,可用雷管安全起爆。

胶质炸药:是硝化甘油与硝酸钠的混合物,有剧毒,易爆、不安全,爆炸威力大,使用时需格外小心。

2. 引爆材料

引爆材料有导火线(如鞭炮)和传爆线(用雷管起爆)。雷管有火雷管和电雷管。火雷管用导火线点火引爆,电雷管用电线通电引爆。

(二)常用爆破方法

常用的爆破方法一般包括小炮爆破和大爆破两类。小炮用药量在 1 t 以下,主要包括钢钎炮、深孔爆破、裸露炮、药壶炮和猫洞炮。爆破方法的采用应根据石方集中程度、地形、地质条件及路基断面形状等具体情况决定。

1. 钢钎炮

钢钎炮指炮眼直径和深度分别小于 7 cm 和 5 cm 的爆破方法,用于工程分散、石方少的情况。

2. 深孔爆破

深孔爆破指炮眼孔径大于 75 mm,深度在 5 m 以上(一般为 8~12 m),使用延长药包的爆破,多用于石方数量较大且较集中的情况。

3. 裸露炮

裸露炮是将药包置于被炸体表面或经清理的石缝中,药包表面用草皮或稀泥覆盖,然后进行爆破,该方法仅用于破碎孤石或大块岩石的二次爆破。

4. 药壶炮(葫芦炮)

药壶炮(葫芦炮)指在炮眼底部用少量炸药经一次或多次烘膛,使炮眼底部扩大成药壶形(葫芦形),然后将炸药集中装入药壶中进行的爆破,如图 3-61 所示。葫芦炮炮眼较深(一般为 5~7 m),它适用于均匀致密黏土(硬土)、次坚石、坚石。对于炮眼深度小于 2.5 m,节理发育的软石及地下水发育或在雨季施工时,不宜采用。

5. 猫洞炮

猫洞炮指炮眼直径为 0.2~0.5 m,深度为 2~6 m,炮眼呈水平或略有倾斜,用集中药包进行爆破的方法,如图 3-62 所示。它适用于硬土、胶结良好的古河床、冰渍层、软石和节理发育的次坚石,坚石可利用裂隙修成导洞或药室,这种炮形对大孤石、独岩包等爆破效果较佳。

6. 大爆破

大爆破指采用导洞和药室装药,用药在 1 t 以上的爆破。大爆破效率高、威力大,公路石方开挖一般不宜采用。只有当路线穿过孤独山丘,开挖后边坡不高于 6 m,且根据岩石产状和风化程度,确认开挖后,边坡稳定时,方可采用大爆破方案。

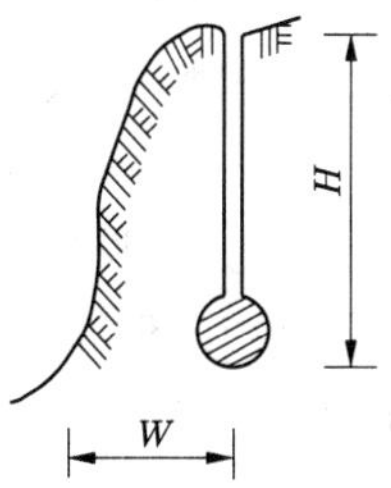

图 3-61　药壶炮断面图

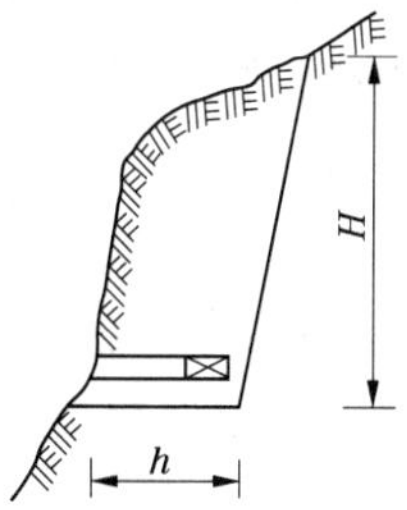

图 3-62　猫洞炮断面图

(三)爆破施工的一般注意事项

(1)进行爆破作业必须由经过专业培训并取得爆破证书的专业人员施爆。

(2)爆破前应查明地下有无管线,必须确保空中缆线、地下管线和施工区边界处建筑物的安全。在开挖附近有加油站、输气管等必须保证安全的建筑、设施时,可采用人工开凿、化学爆破或控制爆破。

(3)当爆破可能对建筑物地基造成影响时,应在开挖层边界,沿设计坡面打预裂孔(减振孔),孔深同炮孔深度,孔内不装药,孔间距不宜大于炮孔纵向间距的 1/2。

(4)炮位设计应充分考虑岩石的产状、类别、节理发育、溶蚀等情况,避免在两种硬度相差很大的岩石交界面设置炮孔药室。

(5)炮眼的装药量一般为炮孔深度的 1/3~1/2,特殊情况下也不得超过 2/3。对于松动爆破,装药量可降到炮孔深度的 1/4~1/3。

(6)装药时间应尽可能短,避免炸药受潮。装药应自下而上、自里向外逐层码砌平稳、密实,不得在雨雪、大风、雷电、浓雾及天黑进行。

(7)爆破后若有瞎炮,应由原施工人员参加处理。对于大爆破,应找出线头接上电源重新起爆,或者沿导洞小心掏出堵塞物,取出起爆体,用水灌浸药室使炸药失效,然后安全清除。

爆破施工后,应及时清理松石、危石和堑内土石方,并修整坡面。坡面应顺直、圆滑、大面平整。突出于设计线的石块,其突出尺寸不应大于 20 cm,超爆凹进部分尺寸也不应大于 20 cm。对于软质岩石,突出及凹进尺寸均不应大于 10 cm。

本章小结

路基是路面的基础,承受由路面传递下来的行车荷载。路基用土分为巨粒土、粗粒土、细粒土和特殊土四大类,路基的强度与稳定性同路基的干湿状态有密切关系,为了保证路基路面结构的稳定性,一般要求路基处于干燥或中湿状态。路基的典型横断面形式有路堤、路堑和填挖结合三种,路基设计首先要确定路基宽度、高度和边坡坡度。

为了确保路基的强度与稳定性,使路基在各种外界因素作用下,不致产生不允许的变形,路基的整体结构设计中还必须包括路基排水、路基防护与加固及与路基工程直接相关的附属设施的设计。路基防护与加固工程设施,按其作用不同,主要有边坡坡面防护、冲刷防护、支挡工程及湿软地基加固等。路基的病害有多种,造成病害的原因也很多,但水的作用是主要因素之一。根据水源的不同,影响路基的水可分为地面水和地下水两大类。路基地面排水结构物常见的有边沟、截水沟、排水沟、跌水、急流槽、拦水带、蒸发池、渡水槽、倒虹吸等;常用的地下排水设备有暗沟、渗沟及渗井等。

路基土石方工程量大,沿线分布不均匀,路基施工必须做好详细调查、合理安排、统一部署。路基施工前,必须根据工程的实际情况做好组织准备、物资准备和技术准备工作,路堤填筑和路堑开挖要根据不同的情况采用相应的施工方法。为使路基具有足够的强度和稳定性,必须予以压实,通过测定最大干密度和最佳含水率以保证路基压实达到最佳效果。

复习思考题

1. 路基设计应满足哪些基本要求?
2. 土分为哪些类型? 简述各种土的工程性质。
3. 划分公路自然区划的依据是什么?
4. 我国的自然区划是如何进行划分的?
5. 路基干湿类型分为哪几类? 划分路基干湿类型的方法有哪些?
6. 什么是路基工作区? 表征路基强度的指标有哪些?
7. 路基典型横断面有哪几种类型?
8. 简述路基宽度、路基高度、路基边坡坡度的定义。
9. 常见的路基附属设施有哪些? 各有何作用?
10. 防护与加固工程分哪几种类型?
11. 简述坡面防护的类型及其适用条件。
12. 简述冲刷防护的类型及其适用条件。
13. 画图说明挡土墙各部分的名称是如何定义的?
14. 按照墙的位置,挡土墙可分为哪几种类型?
15. 重力式挡土墙的构造是由哪几部分组成的?
16. 地表排水设施有哪几种? 各有何作用?
17. 地下排水设施有哪几种? 各有何作用?
18. 路基施工方法有哪些?
19. 路基施工前的技术准备包括哪些工作?
20. 简述路基填筑方法及其适用条件。
21. 简述路堑开挖方法及其适用条件。
22. 简述路基压实的机理。
23. 影响压实效果的主要因素有哪些?
24. 简述路基压实的评价指标是什么?

第四章　路面设计与施工

学习目标

【知识目标】

了解路面结构组成及等级划分；了解路面基层和底基层的种类及施工方法；了解沥青混凝土路面设计方法；掌握沥青表面处治、沥青贯入式、热拌沥青混合料路面施工的方法；了解水泥混凝土路面的构造；了解水泥混凝土路面施工方法。

课件　路面设计与施工

【技能目标】

认识路面结构组成及功能；掌握水泥稳定土基层施工的施工工艺；掌握沥青贯入式路面施工的施工工艺；了解热拌沥青混合料路面施工的施工工艺；认识水泥混凝土路面的构造；了解水泥混凝土路面的施工方法。

【素质目标】

具有终身学习的意识、能力、习惯；培养严谨的工作作风；具有团队协作意识；具有沟通管理能力；培养社会责任意识。

学习重点

路面结构及路面的分级分类；水泥稳定土基层施工；热拌沥青混合料路面施工；水泥混凝土路面施工。

学习难点

沥青混凝土路面设计；水泥混凝土路面设计。

知识结构

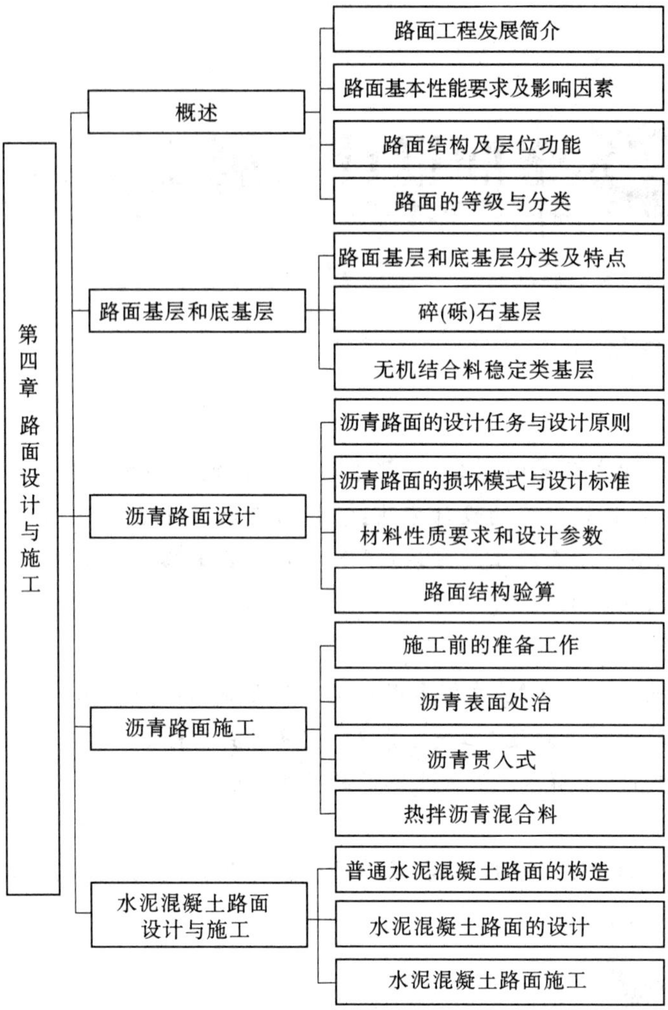

第一节 概 述

一、路面工程发展简介

路面是在路基顶面的行车部分用各种混合料铺筑而成的层状结构物。沥青路面是用沥青材料作结合料黏结矿料修筑面层与各类基层(有时含功能层)所组成的路面,如图 4-1 所示。水泥混凝土路面是指以水泥混凝土做面层(配筋或不配筋)的路面,如图 4-2 所示。

(一)路面材料和结构

我国路面工程材料和结构的发展大致经历了三个阶段:

第一阶段:以恢复原有的公路和加快建设一些干线道路,解决通车问题为特征。

图 4-1　沥青路面

图 4-2　水泥混凝土路面

第二阶段：在公路里程快速增长的同时，以改善路面行驶质量，提高车速，减轻养护为特征。

第三阶段：随着交通量的迅速增长，以提高路线和路面等级，改建和新建高等级公路，开始建设高速公路为特征。

(二)路面设计的理论与方法

路面设计方法经历了从经验法到理论法的发展过程。我国从 20 世纪 70 年代开始研究适合我国国情的理论设计法，并取得了系统实用的成果。例如：柔性路面设计采用多层弹性层状体系理论为基础，从以路表回弹弯沉值为设计控制指标，并对层底弯拉应力和上层破裂面剪应力进行验算的设计方法，发展到现在的增加了沥青混合料层永久变形量、路基顶面竖向压应变和路面低温开裂指数设计指标，改进了沥青混合料层和无机结合料稳定层疲劳开裂预估模型，取消了路表弯沉设计指标。刚性路面设计以弹性半无限地基上小挠度薄板理论为基础，以混凝土疲劳强度为控制指标，采用有限元位移法分析结果进行设计。

(三)路面施工技术

随着高等级公路的建设，近年来路面施工设备、工艺方面有了很大的发展。“七五”“八五”期间我国沥青路面施工机械发展尤为突出，已经实现了各机械设备合理地选型配套，有机地组合在一起，进行科学的组织管理，已实现沥青路面施工的机械化，如图 4-3 所示。

图 4-3　沥青路面摊铺

水泥混凝土路面施工技术发展也较快,从传统的小型机具施工到目前高等级公路建设中的轨道式摊铺机施工、滑模式摊铺机施工,以及新的施工工艺,如水泥混凝土路面真空吸水工艺等,不仅提高了施工生产效率,而且保证了水泥混凝土的质量。

(四)路面测试与评价技术

路面测试使用弯沉仪、曲率半径仪、平整度仪、摩擦系数仪、透水仪等,并制定了不同类型路面现场测试规程及验收技术规范。

随着科学技术的进步,用于弯沉检测的自动弯沉仪和落锤式弯沉仪;用于平整度检测的颠簸累积仪和激光平整度仪;用于抗滑性能检测的横向力系数测定车和测定路面构造深度的激光构造深度仪;用于路面厚度无损检测和探伤的路面雷达测试系统等仪器出现并在实际工程中逐步使用。

二、路面基本性能要求及影响因素

(一)路面基本性能要求

1. 承载能力

路面的承载能力是路面结构承受荷载的能力。行驶在路面上的车辆通过车轮把荷载传给路面,在路面结构内部产生应力、应变及位移。如果路面结构整体或某一部分的强度或者抗变形能力不足以抵抗这些应力、应变及位移,则路面会出现断裂、沉陷,路表面会出现波浪或车辙,使路况恶化,服务水平下降。因此,要求路面结构整体及其组成部分都具有与行车荷载相适应的承载能力。结构承载能力包括强度与刚度两方面。路面结构应具有足够的强度以抵抗车轮荷载引起的各个部位的各种应力,如压应力、拉应力、剪应力等,保证不发生压碎、拉断、剪切等各种破坏。路面整体结构或各个结构层应具有足够的刚度,使得在车轮荷载作用下,不发生过量的变形,保证不发生车辙、沉陷或者波浪等各种病害。

2. 稳定性

路面的稳定性是在降水、温度环境变化等条件下仍能保持其原有特性的能力。在地表上开挖或填筑路基,会改变原地面地层结构的受力状态,从而造成路基失稳;大气降水、大气周期性变化对稳定性存在影响。

3. 耐久性

路面的耐久性是指路面在车辆荷载的反复作用与大气水温周期性的重复作用下的性能变化特性，道路工程有较长的使用年限，因此路基路面工程要求有很好的耐久性能。

4. 表面平整度

路面的表面平整度是路面表面纵向凹凸量的偏差值，是影响行车安全、行车舒适性及运输效益的重要使用性能。

5. 表面抗滑性

路面的表面抗滑性是指路面表面抗滑能力的大小，保证车轮与路面之间有足够的附着力和摩擦力，以增加行车安全。

(二) 路面的影响因素

1. 行车荷载

行车荷载是指行驶汽车通过车轮作用于路面或桥涵等结构物的外力。其包括车轮的垂直压力，车辆为克服启动、加速、减速、转向、制动等各种阻力所产生的水平力，由于行车颠簸振动引起的振动、冲击力及车辆驶过时形成的真空吸力等。行车荷载具有多次重复作用和瞬时性的特点。

2. 环境因素

路面结构直接暴露在大气中，除直接承受车轮荷载作用外，还经常受水、温度、阳光、空气等自然因素的影响，其中温度和湿度是对路面结构有重要影响的自然因素。路面结构的温度和湿度状况随周围环境的变化而变化，路面体系的性质与状态也随之发生变化。路面材料的强度与刚度随路面结构内部温度和湿度的变化有时会有大幅度的增减。

3. 路面材料

路面材料的力学性能对路面的使用性能和使用寿命有重要的影响。路面结构的破坏不外乎是变形过大或应力超过材料强度而引起的。因此，为了对路面结构进行受力分析，并做到合理地使用路面材料必须研究路面材料受力时的响应。路面材料的力学特性主要有强度特性、变形累积特性和疲劳特性。

三、路面结构及层位功能

行车荷载和自然因素对路面的影响，随深度的增加而逐渐减弱。因此，对路面材料的强度、抗变形能力和稳定性的要求也随深度的增加而逐渐降低。为了适应这一特点，路面结构通常是分层铺筑的，按照使用要求、受力状况、土基支承条件和自然因素影响程度的不同，分成若干层次。通常按照各个层位功能的不同，划分为面层、基层、底基层和必要的功能层。

(一) 面层

面层是路面结构最上面的一个层次，它承受较大的行车荷载的垂直力、水平力和冲击力的作用。同时，还受到降水的侵蚀和气温变化的影响。因此，同其他层次相比，面层应具备较高的结构强度、抗变形能力、较好的水稳定性和温度稳定性，而且应当耐磨，低透水；其表面还应有良好的抗滑性和平整度。

(二) 基层和底基层

基层是面层的下卧层，主要承受由面层传来的车辆荷载的垂直力，并将其扩散到下面的垫层和土基中去,实际上基层是路面结构中的承重层,它应具有足够的强度和刚度,并应具有良好的扩散应力的能力。虽然基层位于面层之下,遭受大气因素的影响比面层小,但是仍然有可能经受地下水和通过面层渗入雨水的侵蚀,所以基层结构应具有足够的水稳定性。基层表面虽不直接供车辆行驶,但仍然要求有较好的平整度,这是保证面层平整性的基本条件。

(三)功能层

当季节性冻土地区路面厚度不满足防冻要求时,应增设防冻层。地下水位高、排水不良的路段,有裂隙水、泉眼等水文条件不良岩石挖方路段,基层和底基层为非粒料类材料时,可在基层或底基层与路床间设置粒料层。封层、黏层、透层等功能层在路面结构中也起到相应作用。

四、路面的等级与分类

(一)路面等级划分

通常按路面面层的使用品质、材料组成类型及结构强度和稳定性,将路面分为高级、次高级、中级和低级四个等级,如表4-1所示为各等级路面所具有的面层类型及其所适用的公路等级。

表4-1 路面等级面层类型所适用的公路等级

路面等级	面层类型	所适用的公路等级
高级	水泥混凝土、沥青混凝土、厂拌沥青碎石、整齐石块或条石	高速、一级、二级
次高级	沥青贯入碎(砾)石、路拌沥青碎(砾)石、沥青表面处治、半整齐石块	二级、三级
中级	泥结或级配碎(砾)石、水结碎石、不整齐石块、其他粒料	三级、四级
低级	各种粒料或当地材料改善土,如炉渣土、砾石土和砂砾土等	四级

1. 高级路面

高级路面的特点是强度高,刚度大,稳定性好,使用寿命长,能适应较繁重的交通量,路面平整,无尘埃,能保证高速行车。高级路面养护费用少,运输成本低,但初期建设投资高,需要用质量高的材料来修筑。

2. 次高级路面

次高级路面与高级路面相比,强度和刚度较差,使用寿命较短,所适应的交通量较小,行车速度也较低,次高级路面的初期建设投资虽较高级路面低些,但要求定期修理,养护费用和运输成本也较高。

3. 中级路面

中级路面的强度和刚度低,稳定性差,使用期限短,平整度差,易扬尘,仅能适应较小的交通量,行车速度低。中级路面的初期建设投资虽然很低,但是养护工作量大,需要经常维修和补充材料,才能延长使用年限,运输成本也高。

4. 低级路面

低级路面的强度和刚度最低,水稳定性差,路面平整性差,易扬尘,所以只能保证低速行车，所适应的交通量最小，在雨季有时不能通车。低级路面的初期建设投资最低，但要求经常养护修理，而且运输成本最高。

(二)路面分类

路面类型可以从不同角度来划分，一般都按面层所用的材料区划，如水泥混凝土路面、沥青路面、砂石路面等。但是在路面结构设计中，主要从路面结构在行车荷载作用下的力学特性和设计方法的相似性出发，将路面划分为柔性路面、刚性路面和半刚性路面三类。

1. 柔性路面

柔性路面的总体结构刚度较小，在车辆荷载作用下产生较大的弯沉变形，路面结构本身的抗弯拉强度较低，它通过各结构层将车辆荷载传递给土基，使土基承受较大的单位压力。路基路面结构主要靠抗压强度和抗剪强度承受车辆荷载的作用。柔性路面主要包括各种未经处理的粒料基层和各类沥青面层、碎(砾)石面层或块石面层组成的路面结构。

2. 刚性路面

刚性路面主要指用水泥混凝土作面层或基层的路面结构。水泥混凝土的强度高，与柔性路面相比较，它的抗弯拉强度高，并且有较高的弹性模量，故呈现出较大的刚性。因此，在车辆荷载作用下，水泥混凝土结构层处于板体工作状态，竖向弯沉较小，路面结构主要靠水泥混凝土板的抗弯拉强度承受车辆荷载。通过板体的扩散分布作用，传递给基础上的单位压力较柔性路面小得多。

3. 半刚性路面

用水泥、石灰、粉煤灰等无机结合料处治的土或碎(砾)石及含有水硬性结合料的工业废渣修筑的基层，在前期具有柔性路面的力学性质，后期的强度和刚度均有较大幅度的增长，但是最终的强度和刚度仍远小于水泥混凝土。由于这种材料的刚性处于柔性路面与刚性路面之间，因此把这种基层和铺筑在它上面的沥青面层统称为半刚性路面。这种基层称为半刚性基层。

刚性路面、柔性路面和半刚性路面，这种以力学特性为标准的分类方法主要是为了便于从功能原理和设计方法出发进行区分，并没有绝对的定量分界界限。近年来材料科学的发展正在逐步改变这种属性，水泥混凝土的增塑研究正在使它的刚性降低而保留它的高强性质，沥青的改性研究使得沥青混凝土随气候而变化的力学性质趋向于稳定，大幅度提高其刚度。这说明不同的路面类型是处于发展和相互转化中的。

第二节　路面基层和底基层

一、路面基层和底基层分类及特点

基层是直接位于沥青路面面层下的主要承重层，或直接位于水泥混凝土面板下的结构层。底基层是在沥青路面基层下铺筑的次要承重层或在水泥混凝土路面基层下铺筑的辅助层。

动画 4-1　路面基层、底基层、垫层施工

基层类型有沥青混合料(沥青贯入碎石、热拌沥青碎石、乳化沥青碎石混合料等)及沥青稳定土，各种集料基层及采用无机结合料稳定集料或稳定土类。后者指的是用石灰或水泥稳定集料或土类，以及用各种含有水硬性结合料的工业废渣基层，当环境适宜时，强度与刚度会随着时间的增长而不断增大，其最终抗弯拉强度和弹性模量比一般的基层要大，但还是远较刚性路面为低，称为半刚性基层。而用沥青稳定各种集料的基层及不加任何结合料的各种粒料基层则统称为柔性基层。

碎石类基层属柔性基层，按强度构成可分为嵌锁形基层与级配形基层。嵌锁形基层，强度主要依靠碎石颗粒间的嵌锁和摩阻作用所形成的内摩阻力，而颗粒之间的黏结力是次要的，这种结构层的抗剪强度主要取决于剪切面上的法向应力和材料的内摩阻角。嵌锁形基层包括泥结碎石、泥灰结碎石、填隙碎石等。级配形粒料基层的强度和稳定性取决于内摩阻力和黏结力的大小。它的强度与稳定性在很大程度上取决于集料的类型（碎石、砾石或碎砾石）、集料的最大粒径和级配及混合料在 0.5 mm 以下细料的含量及塑性指数，同时还与密实度有很大关系。

无机结合料稳定类基层属半刚性基层，系指以石灰、水泥掺入土（集料）中或与工业废渣等共同或分别掺入土（集料）中，通过加水拌和，碾压成型的基层。常用的材料有石灰土、水泥土、石灰粉煤灰土、石灰水泥渣土，以及以此类材料分别或共同掺入砾（碎）石、工业废渣中，成为各种无机结合类材料。尽管半刚性基层品种繁多，但其作用机制是石灰与水泥中的活性物质与细粒土发生化学反应或此类活性物质对工业废渣中的材料起激化作用而胶结、凝固，成为高整体材料，以抵抗外力的作用。而结合料的剂量、性质、集料的级配等都会影响此类基层材料的强度。

二、碎（砾）石基层

（一）强度形成原理

1. 纯碎石材料

1）嵌锁形原则

嵌锁形原则的理论基础是填充理论，即大颗粒填料间空隙如何填充才能使空隙率最小，同时大小颗粒间又不会产生干涉（挤开）现象。因此，它的抗剪强度主要取决于剪切面上的法向应力和材料内摩阻角。它由三项因素构成：粒料表面的相互滑动摩擦、剪切时体积膨胀而需要克服的阻力、粒料重新排列受到的阻力。

嵌锁形结构强度主要取决于石料的强度、形状、尺寸、均匀性、表面粗糙度及施工时的压实程度。当石料强度高，形状接近正立方体、有棱角、尺寸均匀、表面粗糙、压实度高时，内摩阻力就大。

2）级配形原则

最佳级配组成的理论基础是 C. A. G 魏矛斯（Weymooth）提出的干涉理论，认为颗粒间的空隙应由次一级颗粒填充，但填隙的颗粒不得大于其间隙的距离，否则大小颗粒间势必发生干涉现象。为避免干涉，大小粒子间应按一定数量分配，常见的粒料级配有连续级配、间断级配两类。

连续级配的级配曲线平顺圆滑，相邻粒径间有一定的重量比例，混合料不易离析。在连续级配中剔除其中一个或几个分级形成一种不连续的级配称为间断级配。间断级配的粗料可以互相靠拢而不受干涉，从而提高混合料的内摩阻角；细料部分仍按连续级配原则以保持其黏聚力，且粗料的空隙以更小的粒径而不是次级骨料填充会得到更大的密实度。因此，间断级配兼有嵌挤原则与级配原则的优点,是摩阻力、黏聚力、密实度都最好的混合料。

2. 土-碎(砾)石混合料

土-碎(砾)石混合料的强度和稳定性取决于内摩阻力和黏结力的大小。当混合料中含土较少时,按嵌锁形原则形成强度;反之,则按级配形原则形成强度。其中,以集料大小分配,特别是主骨料与细料(0.074 mm 以下颗粒)的比例最为重要,图 4-4 表示土-碎(砾)石混合料的三种物理状态。

(a)第一种　(b)第二种　(c)第三种

图 4-4　土-碎(砾)石混合料三种物理状态

第一种[见图 4-4(a)],不含或很少含细料(指 0.074 mm 以下颗粒)的混合料,它的强度和稳定性依靠颗粒之间内摩阻力获得。其密度较低,但透水性好,不易冰冻。由于这种材料没有黏结性,施工时压实困难。

第二种[见图 4-4(b)],含有足够的细料来填充颗粒间空隙的混合料,仍能够从颗粒接触而获得强度,其抗剪强度、密实度有所提高,透水性低,施工时易压实。

第三种[见图 4-4(c)],含有大量细料,粗颗粒间没有直接接触,集料“浮”在细料之中。这种混合料施工时易压实,但其密实度较低,易冰冻,难透水,强度和稳定性受含水量影响很大。

(二)填隙碎石基层

1. 填隙碎石

碎(砾)石基层是用尺寸均匀的碎(砾)石作为基本材料,以石屑、黏土或石灰土作为填充结合料,经压实而成的结构层。碎石层的结构强度,主要靠碎石颗粒间的嵌挤作用及填充结合料的黏结作用。嵌挤作用的大小,主要取决于石料的尺寸、强度、形状及压实度;黏结作用则取决于填充结合料本身的内聚力及其与矿料之间黏附力的大小。碎石颗粒尺寸为 0~75 mm,通常按其尺寸大小划分为 6 类,如表 4-2 所示。颗粒最大尺寸按层厚和石料强度选定,一般不宜超过压实层厚的 0.8 倍,石料较软时,可采用较大尺寸。

表 4-2　各种碎石尺寸与分类

编号	碎石名称	粒径范围/mm	用途
1	粗碎石	75~50	骨料
2	中碎石	50~35	
3	细碎石	35~25	
4	石渣	25~15	嵌缝料
5	石屑	15~5	
6	米石	0~5	封面料

用单一尺寸的粗碎石做主骨料,形成嵌锁作用,并用石屑填满碎石间的孔隙,增加密实度和稳定性,称为填隙碎石。填隙碎石可适用于各等级公路的底基层和二级以下公路的基层。

填隙碎石用作基层时,碎石最大粒径不应超过 53 mm,压碎值不大于 26%;用作底基层时,碎石的最大粒径不应超过 63 mm,压碎值不大于 30%。

2. 填隙碎石基层施工

填隙碎石基层施工,一般按下列工序进行:准备下承层→运输和摊铺粗碎石→初压→撒布石屑→振动压实→第二次撒布石屑→振动压实→局部补撒石屑及扫匀→填满孔隙,振动压实→洒水饱和并碾压滚浆(湿法施工)或洒少量水后终压成型(干法施工)。

填隙碎石的施工成型阶段主要是撒铺填隙料和碾压。初压用 8 t 两轮压路机碾压 3~4 遍,使粗碎石稳定就位;初压结束时,表面应平整,并具有要求的路拱和纵坡。撒铺填隙料及碾压:用石屑撒布机或类似的设备按松铺厚度 2.5~3.0 cm 将干填隙料均匀地撒铺在已压稳的粗碎石上,用人工或机械扫匀,用振动压路机慢速碾压,将全部填料振入粗碎石间的孔隙中。反复该过程 2~3 次,直到全部孔隙被填满。同时,应将局部多余的填隙料铲除或扫除,填隙料不应在粗碎石表面局部自成一层,表面必须能见到粗碎石。若设计厚度超过一层压实厚度,需分层施工时,应将已压成的填隙碎石层表面的填隙料扫除一些,使表面粗碎石外露 5~10 mm,然后摊铺第二层粗碎石。

填隙碎石施工时,填隙料应干燥,宜采用振动压路机碾压,碾压后,表面集料间的空隙应填满,但表面应看得见集料。填隙碎石层上为薄沥青面层时,宜使集料的棱角外露 3~5 mm,碾压后基层的固体体积率宜不小于 85%,底基层的固体体积率宜不小于 83%,填隙碎石基层未洒透层沥青或未开铺封层时,不得开放交通。

(三)级配碎(砾)石基层

1. 级配碎(砾)石

粗、细碎石集料和石屑各占一定比例的混合料,当其颗粒组成符合密实级配要求时,称为级配碎石。级配碎石基层强度的主要来源是碎石本身强度及碎石颗粒间的嵌挤力,它可适用于各等级公路的基层和底基层。一般来说,表征级配碎石刚度的重要指标——回弹模量明显低于半刚性基层材料。然而,与半刚性材料不同的是,级配碎石材料具有较显著的非线性,这种非线性使其在刚度较大的下卧层上,表现出较大的回弹模量,从而也具有足够的抵抗应力和变形的能力。因此,级配碎石还可用作较薄沥青面层与半刚性基层之间的中间层,不仅具有减缓半刚性沥青路面反射裂缝的作用,同时具有较好的抗疲劳能力。

级配碎石可以由预先筛分成几个大小不同粒级的碎石组配而成,如 37.5~19 mm、19~9.5 mm、9.5~4.75 mm 等。级配碎石也可用未筛分碎石和石屑组配而成。未筛分碎石指控制最大粒径后,由碎石机轧制的未经筛分的碎石料。它的理论颗粒组成为 0~D(D 为最大粒径),并具有较好的级配。未筛分碎石可直接用作底基层。石屑指碎石场孔径 5 mm 筛下的筛余料。缺乏石屑时,也可以添加细砂砾或粗砂,但其强度和稳定性不如添加石屑的级配碎石。

级配碎(砾)石基层的颗粒组成和塑性指数要满足表 4-3 的规定,级配曲线应接近圆滑，特别是级配碎石用作中间层时，其颗粒组成和塑性指数应符合表4-3中2号级配的规定。而未筛分碎石用作底基层时，其颗粒组成和塑性指数应符合表4-4的规定。碎石中的扁平、长条颗粒的总含量应不超过20%，碎石中也不应有黏土块、植物等有害物质。为保证级配碎石的强度和刚度，必须在最佳含水量时进行碾压，每层的压实厚度不超过15~18 cm，若用重型振动压路机和轮胎压路机碾压时，压实厚度可达20 cm，碾压必须达到重型击实实验法确定的要求压实度：基层和中间层98%和100%，底基层96%。

表4-3 级配碎(砾)石混合料的颗粒组成范围

编号		1	2
通过下列筛孔(mm)的重量百分率/%	37.5	100	—
	31.5	90~100	100
	19.0	73~88	85~100
	9.5	49~69	52~74
	4.75	29~54	29~54
	2.36	17~37	17~37
	0.6	8~20	8~20
	0.075	0~7[①]	0~7[②]
液限/%		<28	<28
塑性指数		<6(或9)[①]	<6(或9)[①]

注：①潮湿多雨地区的基层采用塑性指数宜小于6，其他地区的基层采用塑性指数宜小于9；

②对于无塑性的混合料，小于0.075 mm的颗粒量应接近高限。

表4-4 未筛分碎石底基层级配范围

编号		1	2
通过下列筛孔(mm)的重量百分率/%	53	100	—
	37.5	85~100	100
	31.5	69~88	83~100
	19.0	40~65	54~84
	9.5	19~43	29~59
	4.75	10~30	17~45
	2.36	8~25	11~35
	0.6	6~18	6~21
	0.075	0~10	0~10
液限/%		<28	<28
塑性指数		<6(或9)[①]	<6(或9)[①]

注：潮湿多雨地区，塑性指数不大于6，其他地区塑性指数不大于9。

2. 级配碎(砾)石基层施工

级配碎(砾)石可采用路拌法施工，当用于半刚性路面的中间层时，应采用厂拌法，并宜用摊铺机摊铺混合料。

路拌法施工工序如下。

1)准备下承层

使下承层的平整度和压实度符合要求。

2)施工放样

在下承层上恢复中线并进行水平测量。

3)准备集料和运输

根据计算确定未筛分碎石或不同粒级的单一尺寸碎石与石屑的配合比,对碎石和石屑洒水,使混合料的含水率超过最佳含水率约1%,以减少运输过程中的离析现象。计算每车料的堆放距离,由远到近将料卸置于下承层上。

4)摊铺

按照事先通过实验确定的松铺系数(或压实系数,混合料的松铺干密度与压实干密度的比值,人工摊铺时为1.40~1.50,平地机摊铺时为1.25~1.35),用平地机或其他合适机具将料均匀地摊铺在预定的宽度上,表面要力求平整,并具有规定的路拱。

5)拌和及整型

应采用稳定土拌和机拌和2遍以上,拌和深度应到级配碎石层底。没有稳定土拌和机时,可用平地机将铺好石屑的碎石料翻拌,使石屑均匀分布到碎石料中。平地机拌和的作业长度为300~500 m。平地机一般需拌和5~6遍。在拌和过程中,用洒水车洒足所需的水分,使集料不会出现粗细颗粒离析现象。然后,用平地机将拌和均匀的混合料按规定的路拱进行整平和整型。

6)碾压

整型后,用12 t以上三轮压路机、振动压路机或轮胎压路机进行碾压。一般需碾压6~8遍,使表面无明显轮迹。压路机不得在已完成或正在碾压的路段上“掉头”和紧急制动。

凡含土的级配碎石层,都应进行滚浆碾压,一直压到碎石层中无多余细土泛到表面。滚到表面的浆(或事后变干的薄层土)应予清除干净。

7)接缝处理

应避免纵向接缝,若必须分幅铺筑,纵缝处应搭接拌和。两作业段衔接的横缝处,应搭接拌和。第一段拌和后,留5~8 m不碾压;第二段施工时,前段留下未压部分与第二段一起拌和整平后进行碾压。

厂拌法施工宜采用不同粒级的单一尺寸碎石和石屑,按预定配合比在拌和机内拌制级配碎石混合料。碾压、整型同路拌法施工。

三、无机结合料稳定类基层

在我国已建成的高速公路和一级公路中,大多数路面采用了无机结合料稳定类基层,即半刚性基层。近三四十年来,不少国家也越来越多地采用水硬性无机结合料处治粒料和处治土作为沥青路面的基层和底基层。其原因主要有:

(1)车辆轴载增大和交通量增加对路面的承载能力要求越来越高,无机结合料处治基层的沥青路面更能适应现代重型交通的需要。

(2)优质石料的料源日益减少。用无机结合料处治材料时,可以使用原先不能应用的质量较低的石料,甚至使用当地的土。这样可以避免远运优质石料,从而节约大量投资。

(一)石灰稳定土基层

1. 石灰稳定土

在粉碎的或原来松散的土(包括各种粗、中、细粒土)中,掺入足量的石灰和水,经拌和、压实及养护后得到的混合料,当其抗压强度符合规定的要求时,称为石灰稳定土。用石灰稳定细粒土时,称为石灰土;用石灰稳定天然砂砾土或用石灰土稳定级配砂砾时,称为石灰砂砾土;用石灰稳定天然碎石或用石灰土稳定级配碎石时,称为石灰碎石土。

在土中掺入适当的石灰,并在最佳含水量下压实后,既发生了一系列的物理力学作用,也发生了一系列的化学作用,从而使土的性质发生根本改变。初期,主要表现为土的结团、塑性降低、最佳含水量的增大和最大密实度的减小等。后期变化主要表现为结晶结构的形成,从而提高其板体性、强度和稳定性。

2. 石灰稳定土基层施工

石灰稳定土基层的施工方法有路拌法和厂拌法,对于二级和二级以下的公路,石灰稳定土层可以采用路拌法施工,但二级公路应采用专用的稳定土拌和机;一级公路和高速公路,除直接铺筑在路基上的底基层下层可以用专用稳定土拌和机进行路拌法施工外,其上的各个稳定土层都应用集中厂拌法拌制混合料并用摊铺机摊铺混合料。

路拌法施工工序为:准备下承层→施工放样→摊铺→拌和与洒水→整型和碾压→养护及采取措施减少反射裂缝。

石灰稳定土在养护期间应采取保湿措施。否则,很容易产生干缩裂缝。养护期一般为 7 d 左右。养护期间未采取覆盖措施时,应封闭交通(洒水车除外)。不能封闭交通的路段,应采取覆盖措施(覆盖砂养护或喷洒沥青膜养护),并限制车速不得超过 30 km/h。

石灰稳定土可以在中心站用多种机械(如强制式拌和机、双转轴桨叶式拌和机等)进行集中拌和,即厂拌法施工。

将拌和后的混合料运送到现场,用摊铺机、平地机或人工按松铺厚度摊铺均匀。若有粗细颗粒离析现象,应该用机械或人工补充拌和。

整型(需要时)和碾压均与前述路拌法相同。

(二)水泥稳定土基层

1. 水泥稳定土

在粉碎的或原来松散的土(包括各种粗、中细粒土)中,掺入足量的水泥和水,经拌和得到的混合料经压实及养护后,当其抗压强度符合规定的要求时,称为水泥稳定土。用水泥稳定砂性土、粉性土得到的混合料,称为水泥土;稳定砂得到的混合料,称为水泥砂;用水泥稳定粗粒土和中粒土得到的混合料,视所用原材料,可称为水泥碎石(级配碎石和未筛分碎石)、水泥砂砾等。

照片 4-1
水稳基(垫)层施工

在利用水泥来稳定土的过程中,水泥、土和水之间发生了多种复杂的作用,使土的性能发生了明显的变化。但由于水的用量很少,水泥的水化完全是在土中进行的,故作用速度比在水泥混凝土中进行得缓慢。水泥在稳定土中的作用,从工程观点来看,一是改变了土的塑性，二是增加了土的强度和稳定性。

2. 水泥稳定土基层施工

水泥稳定土不适宜用人工拌和法施工。对于一级公路和高速公路，除直接铺筑在路基上的底基层下层可以用稳定土拌和机施工外，其他的都应用集中厂拌法拌制混合料，并用摊铺机摊铺基层混合料。

水泥稳定土基层施工施工工序及要求如下。

1）准备下承层

下承层表面应平整、坚实，具有规定的路拱，没有任何松散和软弱地点。

2）拌和及摊铺

混合料拌和要均匀，且使混合料运到现场碾压时的含水率不小于最佳值。摊铺要按松铺厚度进行，并应用摊铺机或平地机摊铺。

3）整型和碾压

摊铺后用平地机进行整平，然后进行碾压。在碾压过程中，混合料要保持潮湿。水泥稳定土应用 12 t 以上的压路机碾压，每层压实厚度不应超过 15 cm；用 18～20 t 三轮压路机碾压时，不应超过 20 cm。稳定集料为中粒土和粗粒土时，需采用能量大的振动压路机碾压；而细粒土要采用振动羊足碾与三轮压路机配合碾压。厚度超过上述规定时，应分层铺筑。

4）接缝处理

当天两工作段的衔接处，应搭接拌和。即前工作段尾部留 5～8 m 不进行碾压，待第二段施工时，对前段留下未压部分加适量水泥重新拌和，并与第二段一起碾压。摊铺整型的混合料当天应全部压实。每天工作段的末端工作缝应呈直线，且缝壁垂直。

5）养护及交通管制

每一工作段经压实度检查合格后应立即开始养护。最好用薄膜或湿砂养护，也可采用沥青乳液进行养护。无上述条件时，可用洒水养护。养护期不宜少于 7 d，并且要保持稳定土层表面潮湿。若为分层施工，下层碾压完后，过一天就可铺筑上层。

在养护期间未采用覆盖措施的水泥稳定土层上，除洒水车外，应封闭交通或限制重车通行，且车速不应超过 30 km/h。

（三）石灰工业废渣稳定土基层

1. 石灰工业废渣稳定土

一定数量的石灰和粉煤灰，或石灰和煤渣与其他集料相配合，加入适量的水（通常为最佳含水量），经拌和、压实及养护后得到的混合料，当其抗压强度符合一定要求时，称为石灰工业废渣稳定土（简称石灰工业废渣）。

随着工业的发展，工业废渣逐渐增多，甚至到了污染环境的程度。利用工业废渣铺筑道路，不但提高了道路的使用品质，降低了工程造价，且变废为宝，具有很大的意义。常用的工业废渣包括：粉煤灰、煤渣、高炉矿渣、崩解过的达到稳定的钢渣，以及其他冶金矿渣、煤矸石等。粉煤灰中含有较多的二氧化硅、氧化钙或氧化铝等活性物质，应用最为广泛。因此，石灰工业废渣往往分为石灰粉煤灰类及石灰其他废渣类。用石灰稳定工业废渣时，石灰在水的作用下形成饱和的 $Ca(OH)_2$ 溶液，废渣的活性氧化硅和氧化铝在 $Ca(OH)_2$

溶液中产生火山灰反应,生成水化硅酸钙和铝酸钙凝胶,使颗粒胶凝在一起。随水化物不断产生而结晶硬化,在温度较高时,混合料强度不断增长。因此,石灰工业废渣基层具有水硬性、缓凝性、强度高、稳定性好,成板体,且强度随龄期不断增加,抗水、抗冻、抗裂且收缩性小等特性,能适用各种气候环境和水文地质条件,可适用于各级公路的基层和底基层。但二灰土(石灰粉煤灰稳定土)不应用作高级沥青路面的基层,而只能用作底基层。在高速公路和一级公路上的水泥混凝土面板下,二灰土也不应作基层。

2. 石灰工业废渣稳定土基层施工

石灰工业废渣施工过程中对各工序的要求基本与石灰稳定土相同。

路拌法施工工序为:准备下承层→施工放样→备料→运输和摊铺集料→运输和摊铺粉煤灰、石灰→拌和及洒水→整型→碾压→养护。

石灰工业废渣碾压完成后第 2 天或第 3 天开始养护。通常采用洒水养护法,时间一般为 7 d,养护期间,除洒水车外应封闭交通。

当日平均气温在 50 ℃时,不应施工,并应在冻结前达到强度。

第三节 沥青路面设计

沥青路面的设计工作可分为结构设计和厚度计算两大部分。只有路面结构设计工作获得正确的成果,在此基础上进行厚度计算才是有意义的,所以路面结构设计的成败直接关系到路面设计工作的成败,在路面设计工作中处于关键地位。

一、沥青路面的设计任务与设计原则

(一)设计任务

沥青路面是在柔性基层、半刚性基层上铺筑一定厚度的沥青混合料作面层的路面结构。沥青路面设计的任务是根据使用要求及气候、水文、土质等自然条件,密切结合当地实践经验,设计确定经济合理的路面结构,使之能承受交通荷载和环境因素的作用,在预定的使用期限内满足各级公路相应的承载能力及耐久性、舒适性、安全性的要求。路面设计应包括:确定合理路面等级,选择适合的路面类型,进行结构组合设计并计算路面厚度,路面结构方案的比选等内容。

(二)设计原则

为达到沥青路面设计技术先进、经济合理,路面安全适用并与周围环境相协调的目的,在设计工作中应遵循下列原则:

(1)应根据使用要求与当地的自然条件在充分掌握设计资料的基础上,按面层耐久、基层坚实、土基稳定的要求进行综合设计。

(2)应贯彻因地制宜、合理选材的原则,结合当地经验拟订几种路面结构方案,进行分析比较,并优先选用便于机械化施工和质量管理的方案。

(3)应从技术经济上论证是否有必要考虑分期修建。对分期修建的路面工程,设计时应统筹安排结构层次与厚度,使前期工程能被后期所用。

(4)加强调查研究,认真总结经验,积极采用并推广新技术、新材料、新工艺、新设备。

以上四项设计原则中,将路基路面作为一个整体结构进行设计是最主要的原则之一,通常称为路基路面综合设计。在进行路面设计时,要充分体现路基稳定、基层坚实、面层耐久的重要原则。

路面结构设计包括各层的结构设计和结构层的组合设计。

路面结构设计的任务是在一般路面设计原则的指导下,结合当地的具体条件和使用要求,选择各结构层种类和组成材料,按就地取材和分期修建的原则,确定合理的路面结构层次并选择适用经济的组成材料,组合成既能经受行车荷载和自然因素的反复作用,又能充分发挥各结构层材料的最大效能的路基路面结构体系。

二、沥青路面的损坏模式与设计标准

路面的结构性能随行车荷载的反复作用及环境条件的变化而逐渐破坏,甚至丧失工作能力。所以,路面设计的具体目标是控制或限制路面结构性能在预定的使用年限内不恶化到某一程度。为此,需分析路面损坏的模式和产生的原因,并据此提出相应的设计指标。

(一)沥青路面的损坏模式

由于荷载、环境、材料组成、结构层次组合、施工和养护等条件的变异,路面损坏的形态是多种多样、错综复杂的,为了给沥青路面设计标准提供依据,将沥青路面损坏模式归纳为以下四类:

第一类:沉陷、车辙、弹簧。

沉陷是路面在车轮荷载作用下其表面产生较大的凹陷变形,有时凹陷两侧伴有隆起现象。

车辙是路面在重复荷载作用下,并未出现很大的凹陷和隆起变形,但轮迹处(特别是在渠化交通的情况下)出现相对其两侧来说较大的变形(10~20 mm),从而在道路纵向形成车辙。

弹簧是由于基层含水量过大、强度不足出现的情况。

这类损坏现象主要是受垂直荷载作用时,由于结构层整体强度不足而出现的垂直变形。

第二类:推移(拥包)、波浪(搓板)。

推移(拥包)是沥青路面材料沿行车方向发生剪切或拉裂破坏而出现的推挤或壅起现象。

波浪(搓板)是路面上形成的有规则的低洼和凸起变形。

造成这类损坏的主要原因是:当沥青路面承受较大的垂直荷载和水平荷载作用时(在车辆经常启动、制动的路段及弯道、陡坡变化处等),结构层内产生的剪应力或拉应力超过材料的抗剪强度或抗拉强度所致。当气温较高时,沥青路面抗剪强度下降,更易产生上述病害。当然也可能由于沥青混合料级配不当、沥青用量过多或沥青过软等原因所致。

第三类:裂缝。

裂缝是沥青路面最普遍的一种损坏现象,其出现的原因是多方面的。一般认为:

(1)疲劳开裂为荷载裂缝,是指路面无显著永久变形情况下沿轮迹带出现的裂缝。

行驶在路上的轮载使沥青面层受到反复的弯曲变形。当荷载作用下面层底面产生的拉应力超过材料的疲劳限度时,便在底面处发生开裂,并逐渐扩展到表面。疲劳开裂初期是一串细微的纵向平行裂缝,随着行车的反复作用,裂缝连片而发展成网状或龟背状裂缝。

(2)低温开裂是指在低温(通常为负温度)时,当气温下降速率较大时,沥青类路面材料因急剧收缩受阻产生较大的拉应力,若拉应力超过抗拉强度,面层就会拉裂,出现间隔性横向裂缝。

(3)反射裂缝是采用水硬性结合料稳定类基层时,由于湿度变化而产生的横向收缩裂缝会反映到面层上来,使面层也相隔一定距离,出现横向裂缝。温缩裂缝和反射裂缝为非荷载裂缝,这些横向裂缝,在水分侵蚀下,会促使面层疲劳开裂,在其周围逐步发展成网状裂缝。

第四类:泛油、滑溜、松散、脱皮、啃边、坑洞。

泛油是当沥青面层混合料中沥青含量偏多或空隙率太小(低于 3%)时,沥青会在夏天受行车的作用而溢出路表面,形成一层有光泽的沥青膜。

滑溜主要是在行车荷载作用下矿料磨光或沥青上泛(泛油)形成的。

松散是由于面层材料组合不当或施工质量差,结合料含量太少或黏结力不足,面层混合料的集料间失去黏结而成片散开。

脱皮是松散的材料被车轮后的真空吸力及风和雨水等带离路面形成的。

啃边是在行车作用和自然因素影响下,沥青路面边缘不断缺损,参差不齐,路面宽度减小的现象。

坑洞是由于雨水等进入并滞留在沥青混凝土路面材料的孔隙中,在大量快速行车的作用下,多次产生的动水压力(孔隙水压力)使沥青从碎石表面剥落下来,局部沥青混凝土变成松散,碎石被车轮甩出而形成的。

造成这类病害的主要原因是材料质量、用量,以及现场施工质量管理等。

由此可见,归纳的四类损坏现象中,第四类主要靠提高施工质量及合理选择材料来减少其出现的概率。设计方面应采用相应的控制指标来防止或减少前三类损坏现象的发生。

(二)设计标准

可靠度是指路面结构在规定的时间内和规定的条件下完成预定功能的概率。要求设计结构达到的可靠度称作目标可靠度。可靠指标是度量路面结构可靠度的数值指标。《公路沥青路面设计规范》(JTG D50—2017)规定的作为路面结构设计依据的可靠指标称为目标可靠指标。路面结构的目标可靠度和目标可靠指标不应低于表 4-5 的规定。

表 4-5　目标可靠度和目标可靠指标

公路等级	高速公路	一级公路	二级公路	三级公路	四级公路
目标可靠度/%	95	90	85	80	70
目标可靠指标 β	1.65	1.28	1.04	0.84	0.52

路面设计使用年限是指在正常设计、施工、使用和养护条件下,路面不需结构性维修的预定使用年限。新建沥青路面结构设计使用年限不应低于表 4-6 的规定,应根据公路

等级、经济、交通荷载等级等因素综合确定。改建路面结构设计可根据工程实际情况选取适宜的设计使用年限。

表 4-6　路面结构设计使用年限

公路等级	设计使用年限/年	公路等级	设计使用年限/年
高速公路、一级公路	15	三级公路	10
二级公路	12	四级公路	8

路面设计应采用轴重为 100 kN 的单轴-双轮组轴载作为设计轴载，计算参数按表 4-7 确定。根据路面结构设计使用年限，按《公路沥青路面设计规范》（JTG D50—2017）附录 A 确定当量设计轴载累计作用次数。路面结构所承受的交通荷载应按表 4-8 进行分级。

表 4-7　设计轴载的参数

设计轴载/kN	轮胎接地压强/MPa	单轮接地当量圆直径/mm	两轮中心距/mm
100	0.70	213.0	319.5

表 4-8　设计交通荷载等级

设计交通荷载等级	极重	特重	重	中等	轻
设计使用年限内设计车道累计大型客车和货车交通量（$\times10^6$，辆）	≥50.0	50.0~19.0	19.0~8.0	8.0~4.0	<4.0

沥青路面设计应控制沥青混合料层疲劳开裂损坏、无机结合料稳定层疲劳开裂损坏、沥青混合料层永久变形量、路基顶面竖向压应变，以及季节性冻土地区的路面低温开裂。

三、材料性质要求和设计参数

（一）一般规定

（1）路面材料应根据公路等级、交通荷载等级、气候条件、各结构层功能要求和当地材料特性等，在技术经济论证的基础上进行设计并确定材料设计参数。

（2）各结构层的原材料性质要求和混合料组成与性质要求，应符合现行《公路沥青路面施工技术规范》（JTG F40—2004）和《公路路面基层施工技术细则》（JTG F20—2015）的有关规定，并应结合工程特点和当地经验确定。

（3）路面结构层材料设计参数的确定可分为下列三个水平：

水平一，通过室内实验实测确定；

水平二，利用已有经验关系式确定；

水平三，参照典型数值确定。

（4）高速公路和一级公路的施工图设计阶段宜采用水平一，其他设计阶段可采用水平二或水平三，二级及二级以下公路可采用水平二或水平三。

(二)土基回弹模量值的确定

弹性理论中表征材料性质的参数是弹性模量和泊松比。在应用弹性层状体系理论进行路面计算时,必须确定路基土和路面材料的弹性模量值。土基回弹模量是路面结构设计的重要参数,其取值的大小对路面结构厚度有较大影响,正确地确定土基回弹模量值是十分重要的。土基回弹模量值与土的性质、密实度、含水量、路基所处的干湿状态及测试方法有密切关系。路基顶面回弹模量的确定应符合现行《公路路基设计规范》(JTG D30—2015)的有关规定。

路基顶面回弹模量应符合表4-9的规定。不满足要求时,应采取改变填料、设置粒料类或无机结合料稳定类路基改善层,或采取石灰或水泥处理等措施,提高路基顶面回弹模量。

表4-9 路基顶面回弹模量

单位:MPa

交通荷载等级	极重	特重	重	中等、轻
回弹模量,≥	70	60	50	40

(三)路面材料设计参数值

路面材料应根据公路等级、交通荷载等级、气候条件、各结构层功能要求和当地材料特性等,在技术经济论证的基础上进行设计并确定材料设计参数。

1. 粒料类材料

路面设计采用平衡湿度状态下粒料的回弹模量,在结构验算时采用粒料回弹模量乘以湿度调整系数后得到,湿度调整系数可在1.6~2.0范围内选取。最佳含水率和与压实度要求相应的干密度条件下的粒料回弹模量应按道路等级,依据相应的水平确定:

水平一,采用重复加载三轴压缩实验测定,取回弹模量试验结果的均值。

水平三,按粒料类型和层位参照表4-10确定粒料回弹模量取值。

表4-10 粒料回弹模量取值范围

单位:MPa

粒料类型和层位	最佳含水率和与压实度要求相应的干密度条件下	经湿度调整后
级配碎石基层	200~400	300~700
级配碎石底基层	180~250	190~440
级配砾石基层	150~300	250~600
级配砾石底基层	150~220	160~380
未筛分碎石层	180~220	200~400
天然砂砾层	105~135	130~240

2. 无机结合料稳定类材料

无机结合料稳定类材料用于高速公路、一级公路基层时,公称最大粒径不宜大于31.5 mm;用于高速公路和一级公路底基层或二级及二级以下公路基层时,公称最大粒径不宜大于37.5 mm;用于二级及二级以下公路底基层时,公称最大粒径不宜大于53.0 mm。

无机结合料稳定类材料弯拉强度和弹性模量应依据相应的水平确定。水平一,采用中间段法单轴压缩实验测定。弯拉强度和弹性模量的测定应符合现行《公路工程无机结合料稳定材料试验规程》(JTG E51—2009)中的有关规定。测试时水泥稳定类、水泥粉煤灰稳定类材料试件的龄期应为90 d,石灰稳定类、石灰粉煤灰稳定类材料试件的龄期应为180 d。实验条件受限时(水平三),参照表4-11确定弯拉强度和弹性模量。

表4-11　无机结合料稳定类材料的弯拉强度和弹性模量取值范围　　单位:MPa

材料	弯拉强度	弹性模量
水泥稳定粒料、水泥粉煤灰稳定粒料、石灰粉煤灰稳定粒料	1.5~2.0	18 000~28 000
	0.9~1.5	14 000~20 000
水泥稳定土、水泥粉煤灰稳定土、石灰粉煤灰稳定土	0.6~1.0	5 000~7 000
石灰土	0.3~0.7	3 000~5 000

结构验算时,无机结合料稳定类材料弹性模量应乘以结构层模量调整系数0.5。

3. 沥青结合料类材料

沥青结合料应采用道路石油沥青或其加工产品,沥青类型应根据公路等级、气候条件、交通荷载等级、结构层位和施工条件等确定。极重、特重和重交通荷载等级公路、气候条件严酷地区公路,以及连续长陡纵坡路段,中面层和表面层宜采取优化混合料级配、选用改性沥青或添加外掺剂等措施。

表面层沥青混合料公称最大粒径不宜大于16.0 mm,中面层和下面层沥青混合料公称最大粒径不宜小于16.0 mm,基层沥青碎石公称最大粒径不宜小于26.5 mm。

沥青混合料动态压缩模量依据相关的水平确定:

(1)水平一,沥青混合料动态压缩模量的测定应符合现行《公路工程沥青及沥青混合料试验规程》(JTG E20—2011)的有关规定,取平均值,试验温度选用20 ℃,面层沥青混合料加载频率采用10 Hz,基层沥青混合料加载频率采用5 Hz。

(2)水平二,采用经验关系式计算确定沥青混合料动态压缩模量,适用于采用道路石油沥青和常规级配的沥青混合料。

(3)水平三,参照表4-12确定沥青混合料动态压缩模量。

表4-12　常用沥青混合料20 ℃条件下动态压缩模量取值范围　　单位:MPa

沥青混合料类型	沥青种类			
	70号道路石油沥青	90号道路石油沥青	110号道路石油沥青	SBS改性沥青
SMA-10、SMA-13、SMA-16	—	—	—	7 500~12 000
AC-10、AC-13	8 000~12 000	7 500~11 500	7 000~10 500	8 500~12 500
AC-16、AC-20、AC-25	9 000~13 500	8 500~13 000	7 500~12 000	9 000~13 500
ATB-25	7 000~11 000	—	—	—

四、路面结构验算

(一)一般规定

路面结构力学指标计算应采用双圆均布垂直荷载作用下的弹性层状连续体系理论。路面结构组合应先初拟方案,并进行路面结构验算,再结合工程经验和经济分析选定路面结构方案。对于二级及二级以下公路,当交通荷载等级为中等、轻水平时,可依据所在地区经验结构合理选择路面设计方案。

(二)沥青路面的设计控制指标

由于不同结构组合的沥青路面主要损坏类型不同,其控制设计指标也不同,因此沥青路面结构验算应根据路面结构组合,参照表 4-13 选择相应的设计指标。

表 4-13 不同结构组合沥青路面的设计指标

基层类型	底基层类型	设计指标
无机结合料稳定类	粒料类	无机结合料稳定层层底拉应力、沥青混合料层永久变形量
	无机结合料稳定类	
沥青结合料类	粒料类	沥青混合料层层底拉应变、沥青混合料层永久变形量、路基顶面层竖向压应变
	无机结合料稳定类	沥青混合料层永久变形量、无机结合料稳定层层底拉应力
粒料类	粒料类	沥青混合料层层底拉应变、沥青混合料层永久变形量、路基顶面层竖向压应变
	无机结合料稳定类	沥青混合料层层底拉应变、沥青混合料层永久变形量、无机结合料稳定层层底拉应力
水泥混凝土	—	沥青混合料层永久变形量

路面结构验算时,不同设计指标对应的力学响应及其竖向位置如表 4-14 所示。水平方向计算点为单圆中心点、单圆边缘点、双圆中心距中点及后两点的中点,如图 4-5 所示的 A、B、C、D 点,取 4 个点计算的最大力学响应量进行路面结构分析。

表 4-14 不同设计指标对应的力学响应及其竖向位置

设计指标	力学响应	竖向位置
沥青混合料层层底拉应变	沿行车方向的水平拉应变	沥青混合料层层底
无机结合料稳定层层底拉应力	沿行车方向的水平拉应力	无机结合料稳定层层底
沥青混合料层永久变形量	竖向压应力	沥青混合料层各分层顶面
路基顶面层竖向压应变	竖向压应变	路基顶面

1. 沥青混合料层疲劳开裂

疲劳开裂是沥青类路面(主要为半刚性基层沥青路面与水泥混凝土路面沥青混凝土

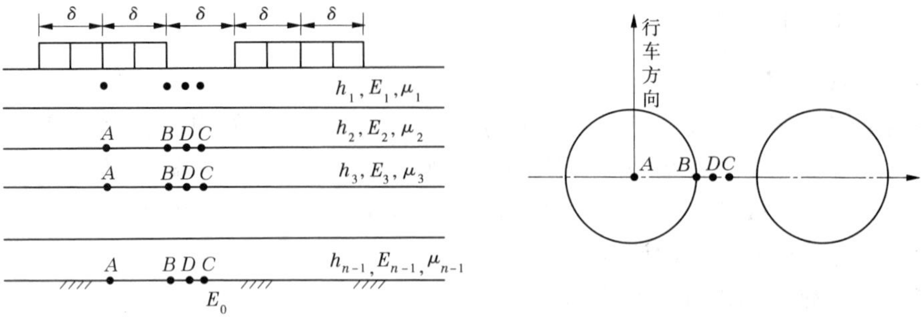

图 4-5　力学响应计算点位置图示

加铺层结构)的主要破坏形式。其实质是沥青结构层在交通荷载循环作用下内部逐渐出现损伤,劣化形成宏观裂缝的过程。

2. 无机结合料稳定层疲劳开裂

无机结合料稳定层的疲劳开裂寿命应根据路面结构分析得到的各无机结合料稳定层层底拉应力。无机结合料稳定层的疲劳开裂寿命应大于设计使用年限内设计车道的当量设计轴载累计作用次数。

3. 沥青混合料层永久变形量

应按下列要求对各沥青混合料层进行分层,分别计算各分层的永久变形量:

(1)表面层,采用 10~20 mm 为一分层。

(2)第二层沥青混合料层,每一分层厚度应不大于 25 mm。

(3)第三层沥青混合料层,每一分层厚度应不大于 100 mm。

(4)第四层及其以下沥青混合料层,作为一个分层。

4. 路基顶面层竖向压应变

根据弹性层状体系理论,计算路基顶面层竖向压应变。路基顶面层竖向压应变应小于容许压应变值。

5. 沥青面层低温开裂指数

季节性冻土地区沥青面层应验算其低温开裂指数 CI。

6. 防冻厚度

季节性冻土地区路基为中湿或潮湿状态时,应计算公路多年最大冻深。

(三)路面结构验算流程

新建沥青路面结构验算按图 4-6 所示的流程进行,具体步骤如下:

(1)根据设计任务书的要求,通过分析交通参数,计算设计使用年限内设计车道累计大型客车和货车交通量,确定交通荷载等级。

(2)按路基土类、地下水位高度确定干湿类型,确定路基顶面回弹模量值。

(3)根据已有经验和规范推荐的路面结构,拟订几种可能的路面结构组合与厚度方案,根据选用的材料进行配合比试验及测定各结构层材料的性能,确定各结构层材料设计参数。

(4)收集工程所在地区的气温资料,确定各设计指标对应的温度调整系数或等效温度。

(5)根据多层弹性体系理论程序计算各设计指标的力学响应量。对四个控制指标

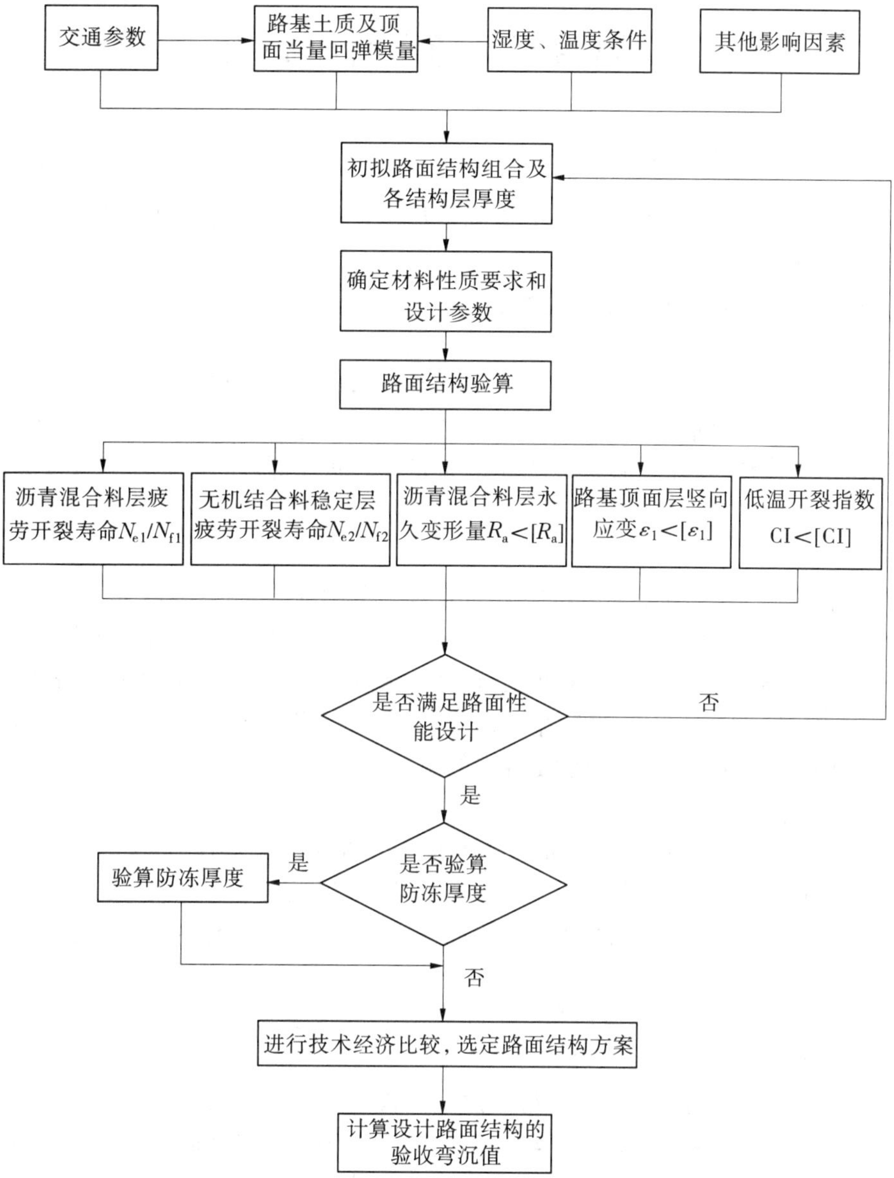

图 4-6　路面结构验算流程

(沥青混合料层层底拉应变、无机结合料稳定层层底拉应力、沥青混合料层永久变形量、路面顶面竖向压应变)进行验算，是否满足规范要求。若不满足要求，或调整路面结构层厚度，或变更路面结构组合，再重新计算。对于季节性冰冻地区的路面，尚应验算低温开裂指数是否满足要求。

图纸 4-1　高速公路施工图图纸——路面结构图

(6)进行技术经济比较，确定路面设计方案。

(7)计算设计路面结构的验收弯沉值。

第四节　沥青路面施工

一、施工前的准备工作

沥青类路面施工前的准备工作主要有确定料源及进场材料的质量检验、施工机械检查、铺筑试验路段等。

（一）确定料源及进场材料的质量检验

1. 沥青材料

沥青材料的选用应从质量和经济两个方面综合考虑。对进场沥青，每批到货均应检验生产厂家所附的试验报告，检查装运数量、装运日期、定货数量、试验结果等。对每批沥青进行抽样检测，检测指标应满足规范规定的要求。沥青材料的试验项目有针入度、延度、软化点等。

2. 矿料

矿料的准备应符合下列要求：不同规格的矿料应分别堆放，不得混杂，并应加盖防雨顶棚；各种规格的矿料到达工地后，对其强度、形状、尺寸、级配、清洁度、潮湿度等进行检查。

选择集料料场是十分重要的，对粗集料料场，重点是检查石料的技术标准能否满足要求，如石料等级、饱水抗压强度、磨耗率、压碎值、磨光值及石料与沥青的黏结力，以确定石料料场。进场的砂、石屑及矿粉应满足规定的质量要求。

（二）施工机械检查

沥青路面施工前应对各种施工机械做全面检查，并应符合下列要求：

（1）洒油车应检查油泵系统、洒油管道、量油表、保温设备等有无故障，并将一定数量的沥青装入油罐。在路上先试洒，校核其洒油量。每次喷洒前应保持喷油嘴干净，管道畅通，喷油嘴的角度应一致，一般与洒油管呈 15°~25°的夹角。

（2）矿料撒铺车应检查其传动和液压调整系统，并应事先进行试撒，以确定撒铺每一种规格矿料时应控制的间隙和行驶速度。

（3）拌和设备在开始运转前要进行一次全面检查。注意联结的紧固情况；检查搅拌器内有无残存余料；冷料运输机是否运转正常，有无跑偏现象；仔细检查沥青管道各个接头，严禁沥青管有漏气现象；注意检查电气系统；对于机械传动部分，还要检查传动链的张紧度；检查运输车辆是否符合要求；保温设施是否齐全。

（4）摊铺机应检查其规格和主要机械性能。如振捣板、振动器、熨平板、螺旋摊铺器、离合器、刮板送料器、料斗闸门、厚度调节器、自动找平装置等是否正常。

（5）压路机应检查其规格和主要机械性能（如转向、启动、振动、倒退、停驶等方面的能力）及滚筒表面的磨损情况，滚筒表面如果有凹陷或坑槽不得使用。

（三）铺筑试验路段

高等级公路在施工前应铺筑试验路段。铺筑试验段是不可缺少的步骤，其他等级公路在缺乏施工经验或初次使用重大设备时，也应铺筑试验段。试验段的长度应根据试验目的确定，宜为 100~200 m，试验段宜在直线段上铺筑。若在其他道路上铺筑，路面结构等条件应相同。路面各层的试验可安排在不同的试验段。

在试验段的铺筑过程中，施工单位应认真做好记录分析，监理工程师或工程质量监督部门应监督、检查试验段的施工质量，及时与施工单位商定有关结果。铺筑结束后，施工单位应就各项试验内容提出试验总结报告，并取得主管部门的批复，作为施工依据。

二、沥青表面处治

沥青表面处治是用沥青和细粒料矿料按层铺方法铺筑的，厚度不超过 3 cm 的一种薄层路面面层。由于处治层很薄，一般不起提高强度作用，其主要作用是抵抗行车的磨耗和大气作用，增强防水性，提高平整度，改善路面的行车条件。

沥青表面处治适用于三级及三级以下公路、城市道路的支路、县(镇)道路、各级公路的施工便道及在旧沥青面层上加铺的罩面或磨耗层。

(一)材料规格和用量

沥青表面处治采用的矿料，其最大粒径应与处治层的厚度相等，其规格和用量按表 4-15 选用；沥青表面处治施工后，应在路侧另备 S12(5~10 mm)碎石或 S14(3~5 mm)石屑、粗砂或小砾石 2~3 $m^3/1\ 000\ m^2$ 作为初期养护用料。

表 4-15 沥青表面处治材料规格和用量

沥青种类	类型	厚度/mm	集料/($m^3/1\ 000\ m^2$)						沥青或乳液用量/(kg/m^2)			
			第一层		第二层		第三层		第一次	第二次	第三次	合计用量
			规格	用量	规格	用量	规格	用量				
石油沥青	单层	1.0	S12	7~9	—	—	—	—	1.0~1.2	—	—	1.0~1.2
石油沥青	单层	1.5	S10	12~14	—	—	—	—	1.4~1.6	—	—	1.4~1.6
石油沥青	双层	1.5	S10	12~14	S12	7~8	—	—	1.4~1.6	1.0~1.2	—	2.4~2.8
石油沥青	双层	2.0	S9	16~18	S12	7~8	—	—	1.6~1.8	1.0~1.2	—	2.6~3.0
石油沥青	双层	2.5	S8	18~20	S12	7~8	—	—	1.8~2.0	1.0~1.2	—	2.8~3.2
石油沥青	三层	2.5	S8	18~20	S10	12~14	S12	7~8	1.6~1.8	1.2~1.4	1.0~1.2	3.8~4.4
石油沥青	三层	3.0	S6	20~22	S10	12~14	S12	7~8	1.8~2.0	1.2~1.4	1.0~1.2	4.0~4.6
乳化沥青	单层	0.5	S14	7~9	—	—	—	—	0.9~1.0	—	—	0.9~1.0
乳化沥青	双层	1.0	S12	9~11	S14	4~6	—	—	1.8~2.0	1.0~1.2	—	2.8~3.2
乳化沥青	三层	3.0	S6	20~22	S10	9~11	S12 S14	4~6 3.5~4.5	2.0~2.2	1.8~2.0	1.0~1.2	4.8~5.4

注：①煤沥青表面处治的沥青用量可比石油沥青用量增加 15%~20%；

②表中的乳液用量按乳化沥青的蒸发残留物含量 60%计算，如沥青含量不同应予折算；

③在高寒及干旱、风沙大的地区，可超出高限 5%~10%。

沥青表面处治可采用道路石油沥青、乳化沥青、煤沥青铺筑,沥青标号应符合规范要求。各层沥青用量宜根据施工气温、沥青标号、基层等情况,在总用量不变的原则下酌情调整。在寒冷地带,施工季节气温较低,沥青针入度较小,基层空隙较大时,沥青用量宜采用并可超出高限,反之宜采用低限。清扫干净的碎(砾)石路面上应喷洒透层油,在旧沥青路面、水泥混凝土路面、块石路面上不用透层油或黏层油,但宜对第一次沥青用量酌情增加 10%~20%。

(二)施工技术要点

沥青表面处治通常采用层铺法施工。按照洒布沥青及铺撒矿料的层次多少,沥青表面处治可分为单层式、双层式和三层式三种。单层式为洒布一次沥青,铺撒一次矿料,厚度为 1.0~1.5 cm,一般用作交通量 300~500 辆/昼夜的道路面层和原沥青路面的防滑层;双层式为洒布两次沥青,铺撒两次矿料,厚度为 2.0~2.5 cm,一般用作交通量 500~1 000 辆/昼夜的道路面层和损坏较轻的沥青面层加固(或改善和恢复已老化的沥青面层);三层式为洒布三次沥青,铺撒三次矿料,厚度为 2.5~3.0 cm,一般用作交通量 1 000~2 000 辆/昼夜的道路面层。

层铺法沥青表面处治施工,有先油后料和先料后油两种方法,其中以前者使用较多。三层式沥青表面处治一般施工程序:施工准备→洒透层油→洒布第一层沥青→撒布第一层集料→碾压→洒布第二层沥青→撒布第二层集料→碾压→洒布第三层沥青→撒布第三层集料→碾压→初期养护成型。

沥青表面处治施工应确保各工序紧密衔接,每个作业段长度应根据施工能力确定,并在当天完成。人工撒布集料时应等距离划分段落备料。

三层式沥青表面处治的施工程序应按下列步骤进行:

(1)施工准备。

基层验收符合设计规定,否则处理至达到要求。

在表面处治施工前,应将路面基层清扫干净,使基层的矿料大部分外露,并保持干燥;若基层整体强度不足,则应先予以补强。

沥青表面处治喷洒沥青材料时,应对道路人工构造物、路缘石等外露部分作防污染遮盖。

(2)洒透层油。

在清扫干净的碎(砾)石路面上铺筑沥青表面处治时,应喷洒透层油。在旧沥青路面、水泥混凝土路面、块石路面上铺筑沥青表面处治路面时,可在第一层沥青用量中增加 10%~20%,不再另洒透层油或黏层油。

洒透层油前,应检查洒油车油泵、输油管道和保温系统运转是否正常有效,并进行试洒,确定喷洒速度及喷洒量。

(3)洒布第一层沥青。

沥青的洒布温度根据气温及沥青标号选择,石油沥青宜为 130~170 ℃,煤沥青宜为 80~120 ℃,乳化沥青在常温下洒布,加温洒布的乳液温度不得超过 60 ℃。前后两车喷洒的接茬处用铁板或建筑纸铺 1~1.5 m,使搭接良好。分几幅浇洒时,纵向搭接宽度宜为 100~150 mm,洒布第二层、第三层沥青的搭接缝应错开。

第一层沥青要洒布均匀，当发现洒布沥青后有空白、缺边时，应立即用人工补洒，有积聚时应立即刮除。施工时应采用沥青洒布车喷洒沥青，其洒布长度应与矿料撒布能力相协调。沥青洒布车洒布沥青如图 4-7 所示。

图 4-7　沥青洒布车洒布沥青

(4)撒布第一层集料。

碎石撒布机是沥青路面层铺法表面处治施工的关键配套设备之一。它可以按照施工要求将一定规格的集料连续、定量和均匀地撒布在已喷洒沥青的路面基层或面层上。

洒布主层沥青后，应立即用集料撒布机或人工撒布第一层主集料。撒布集料后应及时扫匀，达到全面覆盖、厚度一致、集料不重叠、也不露出沥青的要求。局部有缺料时适当找补，积料过多的将多余集料扫出。两幅搭接处，第一幅洒布沥青应暂留 100～150 mm 宽度不撒布石料，待第二幅一起撒布。车载式碎石撒布机施工如图 4-8 所示。

图 4-8　车载式碎石撒布机施工

(5)碾压。

撒布主料后，不必等全段撒布完，立即用 6～8 t 钢筒双轮压路机从路边向路中心碾压 3～4 遍，每次轮迹重叠约 300 mm。碾压速度开始不宜超过 2 km/h，以后可适当增加。

(6)第二层、第三层的施工方法和要求应与第一层相同，但可以采用 8 t 以上的压路机碾压。

(7)初期养护成型。

沥青表面处治应注意初期养护。当发现有泛油时，应在泛油处补撒与最后一层石料规格相同的嵌缝料并扫匀,过多的浮料应扫至路外。

三、沥青贯入式

沥青贯入式路面是在初步碾压的矿料(碎石或破碎砾石)上,分层洒布沥青,撒布嵌缝料,或再在上部铺筑热拌沥青混合料层,经压实而成的沥青路面。其厚度一般为4~8 cm(乳化沥青贯入式路面厚度应≤5 cm)。沥青贯入式路面适用于三级及三级以下道路的面层,也可作为沥青混凝土路面的联结层。

(一)材料规格和用量

1. 集料

沥青贯入式路面的集料应选择有棱角、嵌挤性好的坚硬石料,其规格和用量可根据贯入层厚度按表4-16选用。沥青贯入层主层集料中大于粒径范围中值的数量不得少于50%。表面不加铺拌和层的贯入式路面在施工结束后每1 000 m^2 宜另备2~3 m^3 与最后一层嵌缝料规格相同的细集料等供初期养护使用。

表4-16 沥青贯入式路面材料规格和用量

(用量单位:集料,m^3/1 000 m^2;沥青及沥青乳液,kg/m^2)

沥青品种	石油沥青					
厚度/cm	4		5		6	
规格和用量	规格	用量	规格	用量	规格	用量
封层料	S14	3~5	S14	3~5	S13(S14)	4~6
第三遍沥青		1.0~1.2		1.0~1.2		1.0~1.2
第二遍嵌缝料	S12	6~7	S11(S10)	10~12	S11(S10)	10~12
第二遍沥青		1.6~1.8		1.8~2.0		2.0~2.2
第一遍嵌缝料	S10(S9)	12~14	S8	12~14	S8(S6)	16~18
第一遍沥青		1.8~2.1		1.6~1.8		2.8~3.0
主层石料	S5	45~50	S4	55~60	S3(S4)	66~76
沥青总用量	4.4~5.1		5.2~5.8		5.8~6.4	

沥青品种	石油沥青				乳化沥青			
厚度/cm	7		8		4		5	
规格和用量	规格	用量	规格	用量	规格	用量	规格	用量
封层料	S13(S14)	4~6	S13(S14)	4~6	S13(S14)	4~6	S14	4~6
第五遍沥青								0.8~1.0
第四遍嵌缝料							S14	5~6
第四遍沥青						0.8~1.0		1.2~1.4
第三遍嵌缝料					S14	5~6	S12	7~9
第三遍沥青		1.0~1.2		1.0~1.2		1.4~1.6		1.5~1.7

续表 4-16

沥青品种	石油沥青				乳化沥青			
第二遍嵌缝料	S10（S11）	11～13	S10（S11）	11～13	S12	7～8	S10	9～11
第二遍沥青		2.4～2.6		2.6～2.8		1.6～1.8		1.6～1.8
第一遍嵌缝料	S6（S8）	18～20	S6（S8）	20～22	S9	12～14	S8	10～12
第一遍沥青		3.3～3.5		4.4～4.2		2.2～2.4		2.6～2.8
主层石料	S2	80～90	S1（S2）	95～100	S5	40～45	S4	50～55
沥青总用量	6.7～7.3		7.6～8.2		6.0～6.8		7.4～8.5	

注：①煤沥青贯入式的沥青用量可较石油沥青用量增加 15%～20%；

②表中乳化沥青是指乳液的用量，并适用于乳液浓度约为 60%的情况，如果浓度不同，用量应予换算；

③在高寒地区及干旱风沙大的地区，可超出高限 5%～10%。

沥青贯入层的主层集料最大粒径宜与贯入层的厚度相当。当采用乳化沥青时，主层集料最大粒径可采用厚度的 0.8～0.85 倍，数量宜按压实系数的 1.25～1.30 计算。

2. 沥青材料

沥青贯入式路面的结合料可采用道路石油沥青、煤沥青或乳化沥青，其用量应按表 4-17 或表 4-18 选定。但分次用量宜根据施工气温及沥青标号等在规定范围内选用。在寒冷地带或施工季节气温较低、沥青针入度较小时，沥青用量宜用高限；反之宜用低限。在低温潮湿气候下用乳化沥青贯入时，应按乳液总用量不变的原则进行调整，上层较正常情况下适当增加，下层较正常情况下适当减少，高寒地区及干旱风沙大的地区宜根据需要酌情调整，增加用量。

（二）施工技术要点

沥青贯入式面层的施工工艺流程如图 4-9 所示。

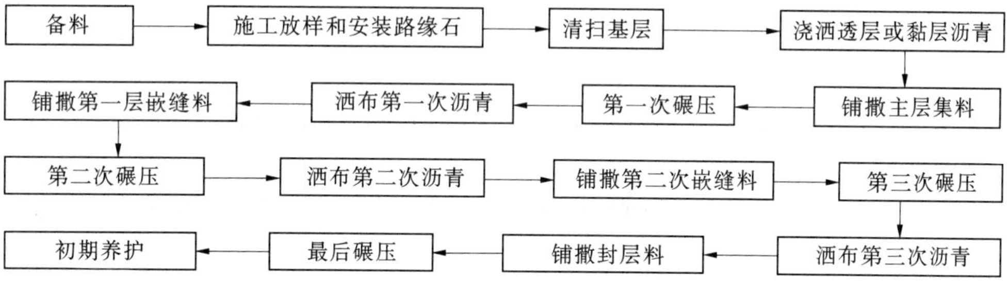

图 4-9　沥青贯入式面层施工工艺流程

（1）施工前期准备。

①编制施工方案，提交开工报告，报监理审批。

②熟悉施工图纸，对施工班组组织技术交底。

（2）下承层准备。

①沥青路面的基层要保证表面平整、坚实、具有规定的路拱，没有任何松散的材料和软弱地点，施工面应洒水彻底清扫干净。

②测量放样。当需要安装路缘石时,应在路缘石安装完成后,再进行沥青贯入式路面的施工。路缘石应予遮盖。

(3)浇洒透层或黏层沥青。

乳化沥青贯入式路面必须浇洒透层或黏层沥青。沥青贯入式路面厚度小于或等于 5 cm 时,也应浇洒透层或黏层沥青。

(4)撒铺主层集料。

采用碎石摊铺机、平地机或人工摊铺主层集料。铺筑后严禁车辆通行。

(5)第一次碾压(碾压主层集料)。

撒布后应采用 6~8 t 的轻型钢筒式压路机自路两侧向路中心碾压,碾压速度宜为 2 km/h,每次轮迹重叠约 30 cm,碾压一遍后检验路拱和纵向坡度,当不符合要求时,应调整找平后再压。然后用重型的钢轮压路机碾压,每次轮迹重叠 1/2 左右,宜碾压 4~6 遍,直至主层集料嵌挤稳定,无显著轮迹。

(6)浇洒第一层沥青。

浇洒方法与沥青表面处治相同。采用乳化沥青贯入时,为防止乳液下漏过多,可在主层集料碾压稳定后,先撒布一部分上一层嵌缝料,再浇洒主层沥青。

(7)铺撒第一层嵌缝料。

采用集料撒布机或人工撒布第一层嵌缝料。撒布后尽量扫匀,不足处应找补。当使用乳化沥青时,石料撒布必须在乳液破乳前完成。

(8)第二次碾压。

铺撒第一层嵌缝料后,立即用 8~12 t 钢筒式压路机碾压嵌缝料,轮迹重叠轮宽的 1/2 左右,宜碾压 4~6 遍,直至稳定。碾压时随压随扫,使嵌缝料均匀嵌入。因气温较高使碾压过程中发生较大推移现象时,应立即停止碾压,待气温稍低时再继续碾压。

(9)按上述方法浇洒第二层沥青、撒布第二层嵌缝料,然后碾压,再浇洒第三层沥青。

(10)铺撒封层料。

按撒布嵌缝料方法撒布封层料。

(11)最后碾压。

采用 6~8 t 压路机进行最后碾压,宜碾压 2~4 遍,然后开放交通。

(12)初期养护。

沥青贯入式路面开放交通后应按沥青表面处治路面施工的要求控制交通,做初期养护。

四、热拌沥青混合料

(一)沥青混合料的分类、基本要求及组成设计

热拌沥青混合料(HMA)适用于各种等级公路的沥青路面,是由矿料与沥青在热态下拌和而成的混合料的总称。热拌沥青混合料可按混合料的性质、强度构成及矿料级配、最大粒径等进行分类。具体分类见表 4-17。

表 4-17　热拌沥青混合料分类

混合料类型	密级配			开级配		半开级配	公称最大粒径/mm	最大粒径/mm
	连续级配		间断级配	间断级配		沥青稳定碎石		
	沥青混凝土	沥青稳定碎石	沥青玛琋脂碎石	排水式沥青磨耗层	排水式沥青碎石基层			
特粗式	—	ATB-40	—	—	ATPB-40	—	37.5	53.0
粗粒式	—	ATB-30	—	—	ATPB-30	—	31.5	37.5
	AC-25	ATB-25	—	—	ATPB-25	—	26.5	31.5
中粒式	AC-20	—	SMA-20	—	—	AM-20	19.0	26.5
	AC-16	—	SMA-16	OGFC-16	—	AM-16	16.0	19.0
细粒式	AC-13	—	SMA-13	OGFC-13	—	AM-13	13.2	16.0
	AC-10	—	SMA-10	OGFC-10	—	AM-10	9.5	13.2
砂粒式	AC-5	—	—	—	—	AM-5	4.75	9.5
设计空隙率/%	3~5	3~6	3~4	>18	>18	6~12	—	—

注:空隙率可按配合比设计要求适当调整。

动画 4-2　沥青混凝土路面施工

照片 4-2　工地试验室

(二)沥青混合料配合比设计

1. 确定工程设计级配

沥青路面工程的混合料设计级配范围由工程设计文件或招标文件规定,密级配沥青混合料的设计级配应根据公路等级、工程性质、气候条件、交通条件、材料品种,按表 4-18 选择采用粗形(C 形)或细形(F 形)混合料,并在表 4-19 范围内确定工程设计级配范围,通常情况下工程设计级配范围不宜超出表 4-19 的要求。其他类型的混合料的工程设计级配范围参考《公路沥青路面施工技术规范》(JTG F40—2004)相关规定。

表 4-18　粗形和细形密级配沥青混凝土的关键性筛孔通过率

混合料类型	公称最大粒径/mm	用以分类的关键性筛孔/mm	粗形密级配		细形密级配	
			名称	关键性筛孔通过率/%	名称	关键性筛孔通过率/%
AC-25	26.5	4.75	AC-25C	<40	AC-25F	>40

续表 4-18

混合料类型	公称最大粒径/mm	用以分类的关键性筛孔/mm	粗形密级配		细形密级配	
			名称	关键性筛孔通过率/%	名称	关键性筛孔通过率/%
AC-20	19	4.75	AC-20C	<45	AC-20F	>45
AC-16	16	2.36	AC-16C	<38	AC-16F	>38
AC-13	13.2	2.36	AC-13C	<40	AC-13F	>40
AC-10	9.5	2.36	AC-10C	<45	AC-10F	>45

表 4-19 密级配沥青混凝土混合料矿料级配范围

级配类型		通过下列筛孔(mm)的质量百分率/%												
		31.5	26.5	19	16	13.2	9.5	4.75	2.36	1.18	0.6	0.3	0.15	0.075
粗粒式	AC-25	100	90~100	75~90	65~83	57~76	45~65	24~52	16~42	12~33	8~24	5~17	4~13	3~7
中粒式	AC-20	—	100	90~100	78~92	62~80	50~72	26~56	16~44	12~33	8~24	5~17	4~13	3~7
	AC-16	—	—	100	90~100	76~92	60~80	34~62	20~48	13~36	9~26	7~18	5~14	4~8
细粒式	AC-13	—	—	—	100	90~100	68~85	38~68	24~50	15~38	10~28	7~20	5~15	4~8
	AC-10	—	—	—	—	100	90~100	45~75	30~58	20~44	13~32	9~23	6~16	4~8
砂粒式	AC-5	—	—	—	—	—	100	90~100	55~75	35~55	20~40	12~28	7~18	5~10

通过对条件大体相当的工程的使用情况进行调查研究后调整确定，必要时允许超出规范级配范围。密级配沥青稳定碎石混合料可直接以《公路沥青路面施工技术规范》(JTG F40—2004)规定的级配范围做工程设计级配范围使用。经确定的工程设计级配范围是配合比设计的依据，不得随意变更。

2. 马歇尔试验配合比设计方法

沥青混合料配合比设计采用马歇尔试验配合比设计方法。公称最大粒径≤26.5 mm密级配沥青混凝土混合料技术要求应符合表 4-20 的规定[其他类型的沥青混合料参考《公路沥青路面施工技术规范》(JTG F40—2004)的相关规定]，并有良好的施工性能。当采用其他方法设计沥青混合料时，应按规范规定进行马歇尔试验及各项配合比设计检验，并报告不同设计方法各自的试验结果。二级公路宜参照一级公路的技术标准执行。表 4-20 中气候分区按规范规定执行。长大坡度的路段按重载交通路段考虑。

表 4-20　密级配沥青混凝土混合料马歇尔试验技术标准

<table>
<tr><td colspan="2" rowspan="3">试验指标</td><td rowspan="3">单位</td><td colspan="4">高速公路、一级公路</td><td rowspan="3">其他等级公路</td><td rowspan="3">行人道路</td></tr>
<tr><td colspan="2">夏炎热区(1-1、1-2、1-3、1-4 区)</td><td colspan="2">夏热区及夏凉区(2-1、2-2、2-3、2-4、3-2 区)</td></tr>
<tr><td>中轻交通</td><td>重载交通</td><td>中轻交通</td><td>重载交通</td></tr>
<tr><td colspan="2">击实次数/双面</td><td>次</td><td colspan="4">75</td><td>50</td><td>50</td></tr>
<tr><td colspan="2">试件尺寸</td><td>mm</td><td colspan="6">ϕ 101.6 mm×63.5 mm</td></tr>
<tr><td rowspan="2">空隙率 VV</td><td>深约 90 mm 以内</td><td>%</td><td>3~5</td><td>4~6</td><td>2~4</td><td>3~5</td><td>3~6</td><td>2~4</td></tr>
<tr><td>深约 90 mm 以下</td><td>%</td><td colspan="2">3~6</td><td>2~4</td><td>3~6</td><td>3~6</td><td>—</td></tr>
<tr><td colspan="2">稳定度 MS 不小于</td><td>kN</td><td colspan="4">8</td><td>5</td><td>3</td></tr>
<tr><td colspan="2">流值 FL</td><td>mm</td><td>2~4</td><td>1.5~4</td><td>2~4.5</td><td>2~4</td><td>2~4.5</td><td>2~5</td></tr>
<tr><td rowspan="7">矿料间隙率 VMA/% 不小于</td><td colspan="2" rowspan="2">设计空隙率/%</td><td colspan="6">相应于以下公称最大粒径(mm)的最小 VMA 及 VFA 技术要求</td></tr>
<tr><td>26.5</td><td>19</td><td>16</td><td>13.2</td><td>9.5</td><td>4.75</td></tr>
<tr><td colspan="2">2</td><td>10</td><td>11</td><td>11.5</td><td>12</td><td>13</td><td>15</td></tr>
<tr><td colspan="2">3</td><td>11</td><td>12</td><td>12.5</td><td>13</td><td>14</td><td>16</td></tr>
<tr><td colspan="2">4</td><td>12</td><td>13</td><td>13.5</td><td>14</td><td>15</td><td>17</td></tr>
<tr><td colspan="2">5</td><td>13</td><td>14</td><td>14.5</td><td>15</td><td>16</td><td>18</td></tr>
<tr><td colspan="2">6</td><td>14</td><td>15</td><td>15.5</td><td>16</td><td>17</td><td>19</td></tr>
<tr><td colspan="3">沥青饱和度 VFA/%</td><td>55~70</td><td colspan="3">65~75</td><td colspan="2">70~85</td></tr>
</table>

注：①对空隙率大于 5%的夏炎热区重载交通路段，施工时压实度应至少提高 1%；

②当设计的空隙率不是整数时，由内插确定要求的 VMA 最小值；

③对改性沥青混合料，马歇尔试验的流值可适当放宽。

3. 混合料使用性能检验

对用于高速公路和一级公路的公称最大粒径小于或等于 19 mm 的密级配沥青混合料(AC)及 SMA、OGFC 混合料，须在配合比设计的基础上按下列步骤进行各种使用性能检验，不符合《公路沥青路面施工技术规范》(JTG F40—2004)相关要求的沥青混合料，必须更换材料或重新进行配合比设计。二级公路参照此要求执行。

1)车辙试验

配合比设计必须在规定的试验条件下进行车辙试验。

2)浸水马歇尔试验和冻融劈裂试验

配合比设计必须在规定的试验条件下进行浸水马歇尔试验和冻融劈裂试验检验沥青

混合料的水稳定性。达不到要求时，必须按要求采取抗剥落措施，调整最佳沥青用量后再次试验。

3）低温弯曲试验

配合比设计宜对密级配沥青混合料在温度-10 ℃、加载速率 50 mm/min 的条件下进行弯曲试验，测定破坏强度、破坏应变、破坏劲度模量，并根据应力应变曲线的形状，综合评价沥青混合料的低温抗裂性能。

4）渗水试验

宜利用轮碾机成型的车辙试验试件，脱模架起进行渗水试验。

（三）施工技术要点

热拌沥青混合料路面通常采用厂拌法施工，施工过程可分为沥青混合料拌制、运输、摊铺及碾压成型等几个阶段，沥青混凝土路面施工工艺流程如图 4-10 所示。

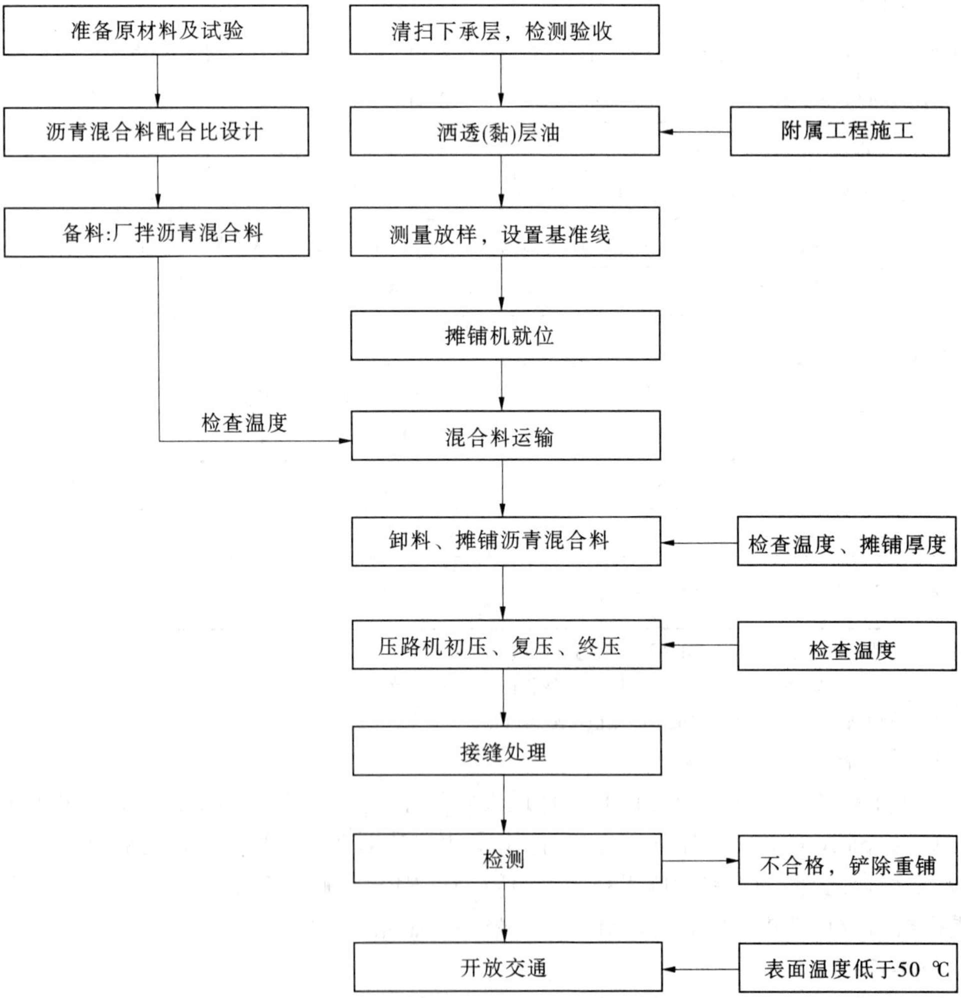

图 4-10　沥青混凝土路面施工工艺流程

1. 沥青混合料拌制

沥青混合料必须在沥青拌和厂(场、站)采用拌和机械拌制。

热拌沥青混合料在生产过程中会产生粉尘、废气、废油等污染,搅拌站设置必须符合国家有关环境保护、消防、安全等规定。搅拌站与工地现场的距离应充分考虑道路条件,确保不会因运输而导致混合料冷却至规定温度以下,避免混合料因颠簸而产生离析。搅拌站应有功能完善的防排水设施,各种原材料应分仓堆放,细集料、矿粉等应有防雨顶棚,站内道路应作硬化处理,防止泥土污染集料。

照片 4-3 沥青拌和站

热拌沥青混合料可采用间歇式拌和机或连续式拌和机拌制。间歇式拌和机是沥青混合料中各类材料的称量、烘干与加热、拌和等工艺过程都是按一定的间隔周期进行的,也就是按份数拌制的。连续式拌和机是混合料中各种配料的定量加料、烘干与加热、拌和与出料等工艺都是连续进行的。前者是在每盘拌和时计量混合料各种材料的重量,而后者则在计量各种材料之后连续不断地送进拌和器中拌和。间歇式拌和机结构简图及工艺流程分别如图 4-11、图 4-12 所示,连续式拌和机结构简图及工艺流程分别如图 4-13、图 4-14 所示。为保证沥青混合料的质量稳定、沥青用量准确,高速公路和一级公路的沥青混凝土宜采用间歇式拌和机拌和。当工程材料从多处供料、来源或质量不稳定时,不得采用连续式拌和机。各类拌和机均应有防止矿粉飞扬散失的密封性能及除尘设备,并有检测拌和温度的装置。搅拌系统的各种传感器必须做定期检查,确保各种材料计量准确。

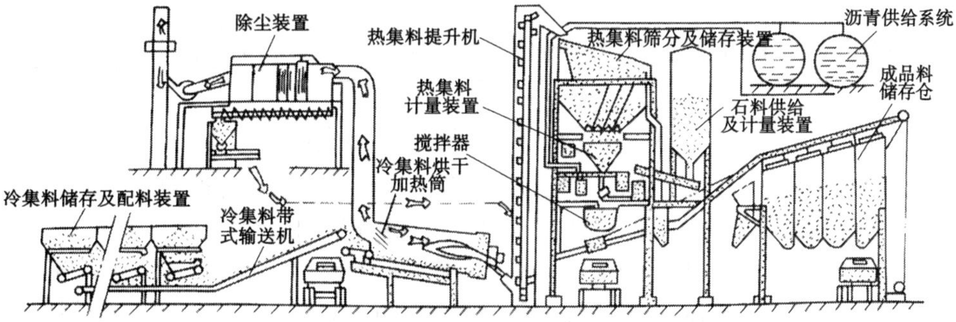

图 4-11 间隙式拌和机结构简图

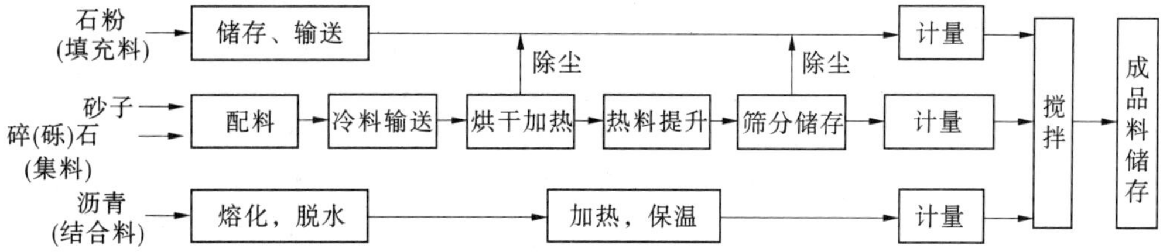

图 4-12 间歇式拌和机拌和工艺流程

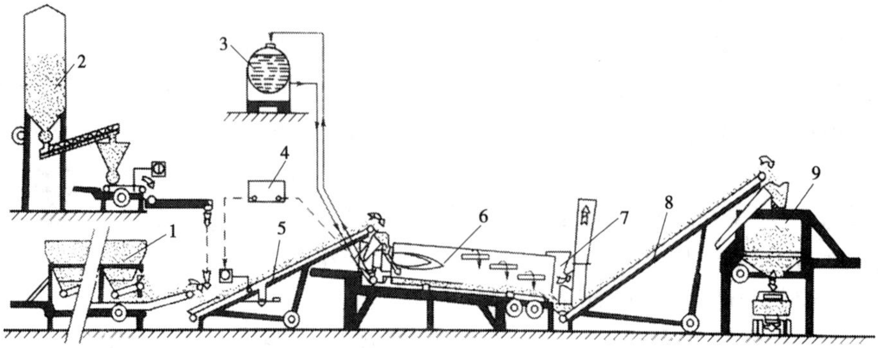

1—储存和配料装置;2—矿料供给系统;3—沥青供给系统;4—操作、控制中心;
5—冷矿料称重皮带输送机;6—烘干~拌和滚筒;7—集尘装置;8—成品料输送机;9—成品料储存仓。

图 4-13　连续式连续搅拌设备简图

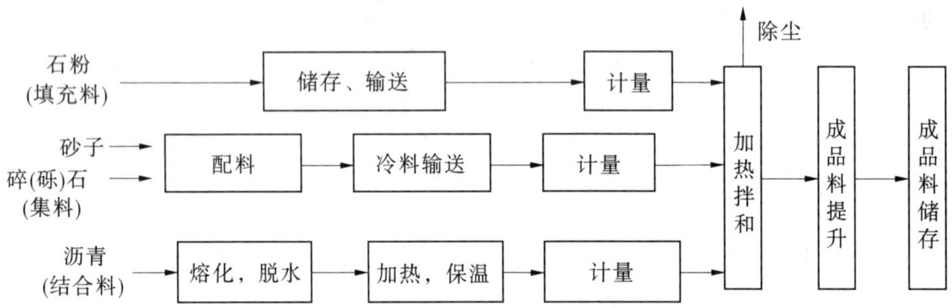

图 4-14　连续式拌和机拌和工艺流程

在拌制沥青混合料之前,应根据确定的配合比进行试拌。试拌时对所用的各种矿料及沥青应严格计量。通过试拌和抽样检验确定每盘热拌的配合比及其总重量(对间歇式拌和机)或各种矿料进料口开启的大小及沥青和矿料进料的速度(对连续式拌和机)、适宜的沥青用量、拌和时间、矿料和沥青加热温度及沥青混合料出厂的温度。对试拌沥青混合料进行试验之后,即可选定施工的配合比。

为保证沥青混合料的质量,需要控制拌制温度、运输温度、摊铺温度及碾压温度,混合料在各阶段的施工温度应符合表 4-21 的要求。尤其应严格控制沥青加热温度,沥青温度过低,混合料拌和不均匀,沥青加热温度过高,可能会导致沥青老化。烘干集料的残余含水量不得大于 1%。沥青混合料拌和时间根据具体情况经试拌确定,以沥青均匀裹覆集料为度。间歇式拌和机每盘的生产周期不宜少于 45 s(其中干拌时间不少于 5~10 s)。改性沥青和 SMA 混合料的拌和时间应适当延长。经拌和后的沥青混合料均匀一致,无花白料,无结团块或严重的粗细料分离现象,不符合要求时不得使用,并应及时调整搅拌系统相关系数。

表 4-21　热拌沥青混合料的施工温度　　单位:℃

施工工序		石油沥青的标号			
		50 号	70 号	90 号	110 号
沥青加热温度		160~170	155~165	150~160	145~155
矿料加热温度	间隙式拌和机	集料加热温度比沥青温度高 10~30			
	连续式拌和机	矿料加热温度比沥青温度高 5~10			
沥青混合料出料温度		150~170	145~165	140~160	135~155
混合料储料仓储存温度		储料过程中温度降低不超过 10			
混合料废弃温度高于		200	195	190	185
运输到现场温度不低于		150	145	140	135
混合料摊铺温度 ≥	正常施工	140	135	130	125
	低温施工	160	150	140	135
开始碾压的混合料内部温度≥	正常施工	135	130	125	120
	低温施工	150	145	135	130
碾压终了的表面温度≥	钢轮压路机	80	70	65	60
	轮胎压路机	85	80	75	70
	振动压路机	75	70	60	55
开放交通的路表温度≤		50	50	50	45

注:①沥青混合料的施工温度采用具有金属探测针的插入式数显温度计测量。表面温度可采用表面接触式温度计测定。当采用红外线温度计测量表面温度时,应进行标定;

②表中未列入的 130 号、160 号及 30 号沥青的施工温度由试验确定。

间隙式拌和机宜备有保温性能好的成品储料仓,储存过程中混合料温降不得大于 10 ℃且不能有沥青滴漏,普通沥青混合料的储存时间不得超过 72 h,改性沥青混合料的储存时间不宜超过 24 h,SMA 混合料只限当天使用,OGFC 混合料宜随拌随用。沥青混合料出厂时应逐车检测沥青混合料的重量和温度,记录出厂时间,签发运料单。

2. 混合料运输

热拌沥青混合料宜采用较大吨位的运料车运输,但不得超载运输,或急刹车、急弯掉头使透层、封层造成损伤。每次使用前后必须清扫干净,在车厢板上涂一薄层防止沥青黏结的隔离剂或防黏剂(柴油与水的比例可达 1:3),但不得有余液积聚在车厢底部。

沥青混合料运输车的运量应较拌和能力或摊铺能力有所富余,施工过程中摊铺机前方应有运料车在等候卸料。对高速公路和一级公路,开始摊铺时在施工现场等候卸料的运料车不宜少于 5 辆。

从储料斗向运输车辆卸料时,应多次挪动车辆位置,平衡装料,以减少混合料离析。运输车应有保温、防雨、防污染措施。车轮不能带入泥土等外物污染摊铺现场。

向摊铺机卸料时,运料车在摊铺机前方 100~300 mm 处停住,空挡等候,由摊铺机推动缓缓前进并开始卸料，避免撞击摊铺机，如图 4-15 所示。有条件时可将混合料卸入转运车经二次拌和后再向摊铺机连续均匀地供料。每次卸料务必倒净，尤其是改性沥青混合料和 SMA 混合料，防止余料结块。应检查每车来料的温度是否达到要求，是否遭雨淋或结团成块。

图 4-15 沥青混合料的运输

3. 混合料摊铺

1）下承层准备和放样

照片 4-4 沥青混凝土路面、摊铺

沥青混合料面层铺筑前，应对其下的基层或旧路面的厚度、密实度、平整度、路拱等进行检查。基层或旧路面若有坎坷不平、松散、坑槽等，必须在混合料铺筑之前整修完毕，并清扫干净。为使铺筑层与下承层黏结良好，在铺筑前 4～8 h，在粒料类的下承层上洒布透层沥青；若下承层为旧沥青路面或水泥混凝土路面，则要在旧路面上洒布一层黏层沥青；若下承层为灰土类基层，为防止水渗入基层，加强基层与面层的黏结，要在面层铺筑前铺下封层。

做好下承层准备的同时，应提前进行标高及平面控制等施工测量工作，作为混合料摊铺控制高程、厚度、平整度的依据。

2）摊铺

热拌沥青混合料应采用沥青摊铺机摊铺，在喷洒有黏层油的路面上铺筑改性沥青混合料或 SMA 时，宜使用履带式摊铺机。摊铺机的受料斗应涂刷薄层隔离剂或防黏结剂。铺筑高速公路、一级公路沥青混合料时，一台摊铺机的铺筑宽度不宜超过 6（双车道）～7.5 m（3 车道以上），通常宜采用两台或更多台数的摊铺机前后错开 10～20 m 呈梯队方式同步摊铺，如图 4-16 所示，两幅之间应有 30～60 mm 宽的搭接，并躲开车道轮迹带，上下层的搭接位置宜错开 200 mm 以上。

摊铺机开工前应提前 0.5～1 h 预热熨平板不低于 100 ℃。在铺筑过程中应使熨平板的振捣或夯锤压实装置具有适宜的振动频率和振幅，以提高路面的初始压实度。熨平板加宽连接应仔细调节至摊铺的混合料没有明显的离析痕迹。摊铺机必须缓慢、均匀、连续不间断地摊铺，不得随意变换速度或中途停顿，以提高平整度，减少混合料的离析。摊铺速度宜控制在 2～6 m/min 的范围内。对改性沥青混合料及 SMA 混合料宜放慢至 1～3 m/min。当发现混合料出现明显的离析、波浪、裂缝、拖痕时，应分析原因，予以消除。

图 4-16　沥青路面摊铺

用机械摊铺的混合料,不宜用人工反复修整。当不得不由人工做局部找补或更换混合料时,需仔细进行,特别严重的缺陷应整层铲除。

摊铺机应采用自动找平方式,下面层或基层宜采用钢丝绳引导的高程控制方式,上面层宜采用平衡梁或雪橇式摊铺厚度控制方式,中面层根据情况选用找平方式。直接接触式平衡梁的轮子不得黏附沥青。铺筑改性沥青或 SMA 路面时宜采用非接触式平衡梁。沥青混合料的松铺系数应根据混合料类型由试铺试压确定。

沥青路面施工的最低气温应根据铺筑层厚度、气温、风速及下卧层表面温度确定,且不得低于表 4-22 的要求。每天施工开始阶段宜采用较高温度的混合料。

表 4-22　沥青混合料的最低摊铺温度　　单位:℃

下卧层的表面温度	相应于下列不同摊铺层厚度的最低摊铺温度					
	普通沥青混合料			改性沥青混合料或 SMA 沥青混合料		
	<50 mm	50~80 mm	>80 mm	<50 mm	50~80 mm	>80 mm
<5	不允许	不允许	140	不允许	不允许	不允许
5~10	不允许	140	135	不允许	不允许	不允许
10~15	145	138	132	165	155	150
15~20	140	135	130	158	150	145
20~25	138	132	128	153	147	143
25~30	132	130	126	147	145	141
>30	130	125	124	145	140	139

摊铺过程中应随时检查摊铺层厚度及路拱、横坡,并由使用的混合料总量与面积校验平均厚度。

4. 混合料碾压与成型

碾压是热拌沥青混合料路面施工的最后一道工序。若前述各工序的施工质量符合要求而碾压质量达不到要求,则将前功尽弃,达不到路面施工的目的。压实的目的是提高沥青混合料的密实度,从而提高沥青路面的强度、高温抗车辙能力及抗疲劳特性等路用性能,是形成高质量沥青混凝土路面的又一关键工序。碾压工作包括碾压机械的选型与组

照片 4-5　沥青混凝土路面碾压

合,碾压温度、碾压速度的控制,碾压遍数、碾压方式及压实质量检查等。

沥青混凝土的压实层最大厚度不宜大于 100 mm,沥青稳定碎石混合料的压实层厚度不宜大于 120 mm,但当采用大功率压路机且经试验证明能达到压实度时允许增大到 150 mm。沥青路面施工应配备足够数量的压路机,选择合理的压路机组合方式及初压、复压、终压(包括成型)的碾压步骤,以达到最佳碾压效果。高速公路铺筑双车道沥青路面的压路机数量不宜少于 5 台。施工气温低、风大、碾压层薄时,压路机数量应适当增加。

压路机应以慢而均匀的速度碾压,压路机的碾压速度应符合表 4-23 的规定。压路机的碾压路线及碾压方向不应突然改变而导致混合料推移。碾压区的长度应大体稳定,两端的折返位置应随摊铺机前进而推进,横向不得在相同的断面上。

表 4-23 压路机碾压速度

单位:km/h

压路机类型	初压		复压		终压	
	适宜	最大	适宜	最大	适宜	最大
钢轮压路机	2~3	4	3~5	6	3~6	6
轮胎压路机	2~3	4	3~5	6	4~6	8
振动压路机	2~3 (静压或振动)	3 (静压或振动)	3~4.5 (振动)	5 (振动)	3~6 (静压)	6 (静压)

压路机的碾压温度应符合表 4-21 的要求,并根据混合料种类、压路机、气温、层厚等情况经试压确定。在不产生严重推移和裂缝的前提下,初压、复压、终压都应在尽可能高的温度下进行。同时,不得在低温状况下做反复碾压,使石料棱角磨损、压碎,破坏集料嵌挤。

碾压轮在碾压过程中应保持清洁,有混合料黏轮应立即清除。对钢轮可涂刷隔离剂或防黏结剂,但严禁刷柴油。当采用向碾压轮喷水(可添加少量表面活性剂)的方式时,必须严格控制喷水量且呈雾状,不得漫流,以防混合料降温过快。

1)初压

初压应在紧跟摊铺机后碾压,如图 4-17 所示,并保持较短的初压区长度,以尽快使表面压实,减少热量散失。对摊铺后初始压实度较大,经实践证明,采用振动压路机或轮胎压路机直接碾压无严重推移而有良好效果时,可免去初压直接进入复压工序。初压的目的主要是使混合料初步稳定,采用钢轮压路机静压 1~2 遍,在此过程中,压路机驱动轮面向摊铺机,从外侧向中心碾压,在超高路段则由低处向高处碾压,在坡道上应将驱动轮从低处向高处碾压。初压后应检查平整度、路拱,有严重缺陷时进行修整乃至返工。

2)复压

复压应紧跟在初压后开始,且不得随意停顿。压路机碾压段的总长度应尽量缩短,通常不超过 60~80 m。采用不同型号的压路机组合碾压时,宜安排每一台压路机做全幅碾压。防止不同部位的压实度不均匀,如图 4-18 所示。

图 4-17　沥青路面初压

图 4-18　沥青路面复压

对路面边缘、加宽及港湾式停车带等大型压路机难以碾压的部位,宜采用小型振动压路机或振动夯板做补充碾压。

3)终压

终压主要是为了消除碾压轮迹。终压应紧接在复压后进行,如经复压后已无明显轮迹时可免去终压。终压可选用双轮钢筒式压路机或关闭振动的振动压路机碾压不宜少于2遍,至无明显轮迹。

5. 接缝处理与开放交通

接缝包括横向接缝和纵向接缝两种。沥青路面的施工必须接缝紧密、连接平顺,不得产生明显的接缝离析。上下层的纵缝应错开 150 mm(热接缝)或 300~400 mm(冷接缝)以上。相邻两幅及上下层的横向接缝均应错位 1 m 以上。接缝施工应用 3 m 直尺检查,确保平整度符合要求。

1)横向接缝

横向接缝通常指工作缝,但也包括同一天内摊铺中断较长时间后,再开始摊铺的接缝。高速公路和一级公路的表面层横向接缝应采用垂直的平接缝,以下各层可采用自然碾压的斜接缝,沥青层较厚时也可做阶梯形接缝,如图 4-19 所示。其他等级公路各层均可采用斜接缝。

斜接缝的搭接长度与层厚有关,宜为 0.4~0.8 m。搭接处应洒少量沥青,混合料中的

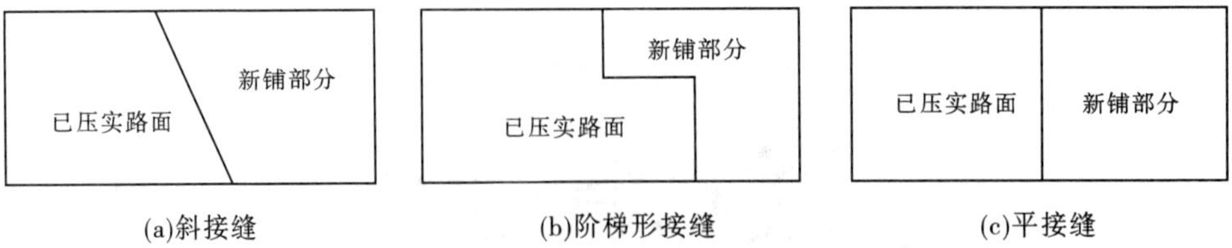

图 4-19　横向接缝的几种形式

粗集料颗粒应予以剔除，并补上细料，搭接平整，充分压实。阶梯形接缝的台阶经铣刨而成，并洒黏层沥青，搭接长度不宜小于 3 m。

平接缝宜趁尚未冷透时用凿岩机或人工垂直刨除端部层厚不足的部分，使工作缝呈直角连接。当采用切割机制作平接缝时，宜在铺设当天混合料冷却但还没有结硬时进行。刨除或切割不能损伤下层路面。切割时留下的泥水必须冲洗干净，待干燥后涂刷黏层油。铺筑新混合料接头应使接茬软化，压路机先进行横向碾压，再纵向碾压成为一体，充分压实，连接平顺。

2）纵向接缝

对于高等级公路的沥青面层应避免纵向冷接缝，一般采用两台摊铺机一前一后梯队同步作业。

当半幅施工或因特殊原因而产生纵向冷接缝时，宜加设挡板或加设切刀切齐，也可以在混合料还没有完全冷却前用镐刨除边缘留下毛茬的方式，但不宜在冷却后采用切割机做纵向切缝。加铺另半幅前应涂洒少量沥青，重叠在已经摊铺层上 5~10 cm，再铲走铺在前半幅上面的混合料。上下层的纵向接缝应采用平接缝，并应错开 30~40 cm 以上，表面层的纵向接缝应顺直，并应在路面标线位置上。

纵向接缝的碾压如图 4-20 所示。碾压时由边向中碾压留下 10~15 cm，再跨缝挤紧压实，或者先在已压实路面上行走碾压新铺层 15 cm 左右，然后压实新铺部分。

3）开放交通

热拌沥青混合料路面应待摊铺层完全自然冷却，混合料表面温度低于 50 ℃后，方可开放交通。需要提早开放交通时，可洒水冷却降低混合料温度。

第五节　水泥混凝土路面设计与施工

一、概述

（一）水泥混凝土路面分类

水泥混凝土路面是指用水泥混凝土做面层（配筋或不配筋）的路面结构，也称刚性路面，属于高级路面。根据对材料的要求、组成及施工工艺的不同，水泥混凝土路面分为以下几种。

普通水泥混凝土路面是指除接缝区和局部范围（如角隅和边缘）外，面层内均不配筋的水泥混凝土路面，也称素混凝土路面。目前，该路面广泛用于公路及城市道路中。

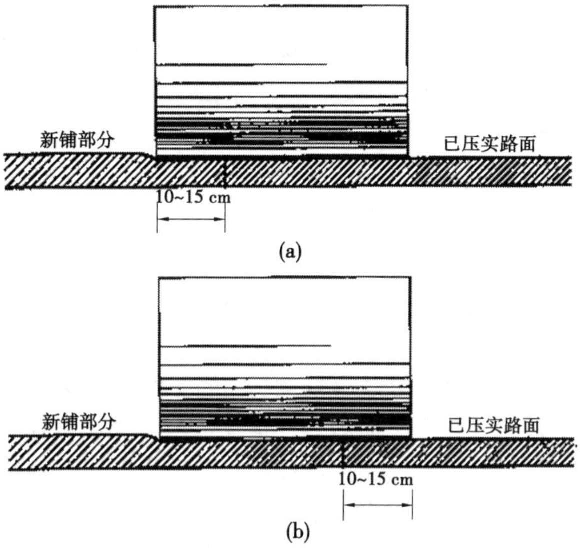

图 4-20　纵向接缝的碾压

碾压混凝土路面是利用沥青混凝土路面摊铺、碾压技术施工的一种水泥混凝土路面。它与普通水泥混凝土路面所用材料基本组成相同,均为水、水泥、砂、碎(砾)石及外掺剂,不同之处是碾压混凝土为用水量很少的特干硬性混凝土,比普通水泥混凝土路面节约水泥 10%~30%,且施工速度快,养护时间短,具有很好的社会经济效益。

钢纤维混凝土路面是在混凝土面层中掺入钢纤维,即成为一种均匀而多向配筋的混凝土路面。与普通混凝土路面相比,该种路面的板厚在同等条件下相对较薄,且使用寿命长,养护费用少,国外一致认为它是一种新型路面材料,具有广泛的发展前途,特别是作为旧混凝土路面的罩面尤为适宜。

钢筋混凝土路面是指面层内配置纵、横向钢筋或钢筋网并设接缝的水泥混凝土路面。其中,钢筋网的设置可以控制裂缝缝隙的张开量,把开裂的板拉在一起,使板依靠断裂面上集料的嵌锁作用而保证结构强度。

连续配筋混凝土路面是指面层内配置纵向连续钢筋和横向钢筋,横向不设缩缝的水泥混凝土路面,适用于高速公路、一级公路和机场混凝土道面。

复合式混凝土路面为面层由两层或两层以上不同材料类型和力学性质的混凝土复合而成,通常下层用当地品质较差的材料来铺筑,而上层用品质较好的材料来铺筑,以降低造价,该路面也叫双层式或组合式路面。一般下层为碾压混凝土,其厚度取总厚度的 2/3,上层为普通混凝土,其厚度一般取总厚度的 1/3,并不宜小于 8 cm。

水泥混凝土预制块路面是由水泥混凝土预制块铺筑而成的路面。块料形状有矩形和嵌锁形(不规则形状)两类。这种路面结构由面层、砂整平层(厚 3 cm)和基层组成,基层类型同普通混凝土路面。该种路面具有结构简单,价格低廉,能承受较大的单位压力,出现较大变形也不会破坏块料,便于修复等优点。因此,20 世纪 70 年代以来,这种路面在欧美得到了较大的发展,较广泛地用于铺筑人行道、停车场、堆场(特别是集装箱码头)、街区道路、一般公路的路面等。

装配式混凝土路面是在工厂中把混凝土预制成板块，然后运至工地现场装配而成的路面。混凝土板可以全年生产，不受气候影响，混凝土质量容易保证；施工进度快，铺筑完毕即可通车；损坏后易于拆换修理。因此，它适用于城市道路、厂矿道路、大型基建场地、停车站场和软弱土基上。

（二）水泥混凝土路面的特点

1. 水泥混凝土路面的优点

（1）强度高，混凝土路面具有较高的抗折强度、抗压强度和抗磨耗的力学强度，能经受较重的车轮荷载和车轮重复作用引起的路面磨耗。

（2）稳定性好，混凝土路面的物理力学性能受自然因素作用的影响较小，特别是气候温度的影响，它不像沥青路面到了夏季会发软、强度降低，有时甚至引起车辙。在冬天会发脆，过了若干年又会产生老化现象而破坏。水泥混凝土路面突出的优点是它的强度能随着时间的增长而提高，没有像砂石路面那样的衰退现象，对各种油类侵蚀的抵抗力也较强，遇到水的侵入其强度变化也比沥青混凝土小。

（3）耐久性好，由于混凝土路面的强度和稳定性好，所以它经久耐用，可以使用20～40年或更长。

（4）夜间行车效果好，水泥混凝土路面色泽鲜明，反光能力强，对夜间行车有利。

（5）使用初期养护费用少，经济效益取决于使用效果。

2. 水泥混凝土路面的缺点

（1）同等平整度情况下，水泥混凝土路面舒适性较低。刚性路面模量很高，反弹颠簸大，荷载、温度、干湿变形较大，设置的接缝很多，接缝极易破坏。刚度大，同时带来的减振效果差，噪声较大，影响路面的舒适性。同等平整度时的舒适性明显比沥青路面差。

（2）板体性强、对基层的抗冲刷性要求高。在交通量大、重载车多的路面上，对基层的抗冲刷性要求较高，否则将在接缝部位出现唧泥、错台和啃边，造成路面行车颠簸。

（3）对基底脱空相当敏感，水泥混凝土路面在超载条件下对板厚设计不足、材料强度不高或不均匀、结构内渗透排水不畅、施工质量不高、基层冲刷和基础支撑不稳固等很敏感，超载运行对刚性路面极为不利，极易形成断板、断边、断角等结构性破坏，如图4-21所示。

图4-21　水泥混凝土路面破坏形式

（4）商品混凝土板块刚性大，不适应大沉降量，水泥混凝土路面不适应于基层和路基大变形和不均匀沉降的软基、山区填挖方交界、高填方长期浸水路段，要求更加稳固的路基和基层支撑条件。

(5)维修困难。水泥混凝土路面强度高,即使断板破损,硬度仍然很大,在缺乏修复新材料和机械时,维修较为困难。

(6)白色水泥商品混凝土路面的光、热反射能力高于黑色沥青路面,在高速公路上晃眼,眼睛容易疲劳。

二、普通水泥混凝土路面的构造

(一)路基和基层

路基是路面的基础,其质量直接关系到路面的使用品质。路基应稳定、密实、均质,为路面结构提供均匀的支撑。如果路基的稳定性不足,在自然因素水温变化影响下,路基出现较大的变形,造成混凝土板下路基不均匀沉陷,导致对面板的不均匀支撑,使面板在荷载作用下底部产生过大的弯拉应力而破坏。因此,没有坚固、密实、均匀、稳定的路基,就没有稳固的路面。按照交通荷载等级,路床顶的综合回弹模量值应分别不低于 40 MPa(轻交通荷载等级)、60 MPa(中等或重交通荷载等级)和 80 MPa(特重或极重交通荷载等级)。对于不能满足综合回弹模量值要求的路床,应采取更换填料、增设粒料层或低剂量无机结合料稳定层等措施。压实度应满足《公路路基设计规范》(JTG D30—2015)要求。

另外,要加强排水设计,对可能危害路基稳定的地面水和地下水,采取必要的防水排水措施,使之远离路基。路基一般要求处于干燥或中湿状态,过湿状态或强度和稳定性不符合要求的潮湿状态的路基必须进行处理。

在混凝土板下面设置基层,不仅能给混凝土面板提供均匀稳定的支撑,而且可以防止唧泥和冻胀的不良影响,保证路面的整体强度和有较好的平整度,并延长混凝土板的使用寿命,对保证路面使用品质起着重要作用。水泥混凝土路面对基层的基本要求是:有足够抗冲刷能力和一定的刚度,整体性强,稳定性好,表面平整,有抗冻性,以避免出现板底脱空和错台现象。依据交通荷载等级、材料供应条件和结构层组合要求,分别参照表 4-24 和表 4-25 选用基层和底基层的组成材料类型。

表 4-24　各交通荷载等级的基层材料类型

交通荷载等级	基层材料类型
极重、特重	贫混凝土、碾压混凝土
	沥青混凝土
重	密级配沥青稳定碎石
	水泥稳定碎石
中等、轻	级配碎石
	水泥稳定碎石,石灰、粉煤灰稳定碎石

表 4-25　各交通荷载等级的底基层材料类型

交通荷载等级	底基层材料类型
极重、特重、重	级配碎石,水泥稳定碎石,石灰、粉煤灰稳定碎石
中等、轻	未筛分碎石、级配砾石, 或不设

承受极重、特重或重交通荷载的路面，基层下应设置底基层；承受中等或轻交通荷载时，可不设底基层。当基层采用无机结合料稳定类材料，且上路床由细粒土组成时，应在基层下设置粒料类底基层。

各种基层和底基层的结构层适宜压实厚度，应按所选集料的公称最大粒径和压实效果的要求而定。基层或底基层的设计层厚超出相应材料的适宜压实厚度范围时，宜分层铺设和压实。

(二)混凝土面层

水泥混凝土面层应具有足够的强度和耐久性，表面应抗滑、耐磨、平整。

面层宜采用设接缝的普通水泥混凝土。当面层板的平面尺寸较大或形状不规则，路面结构下埋有地下设施，位于高填方、软土地基、填挖交界段等有可能产生不均匀沉降的路基段时，应采用接缝设置传力杆的钢筋混凝土面层。连续配筋混凝土、碾压混凝土和钢纤维混凝土等其他面层类型可依据适用条件按表 4-26 选用。

表 4-26 其他面层类型选择

面层类型		适用条件
连续配筋混凝土面层		高速公路
复合式面层	密级配沥青混合料上面层	极重、特重交通荷载的高速公路
	连续配筋混凝土下面层 设传力杆普通混凝土下面层	
碾压混凝土面层		二级及二级以下公路
钢纤维混凝土面层		高程受限制路段、混凝土加铺层
混凝土预制块面层		二级及二级以下公路桥头引道沉降未稳定段、服务区停车场

普通水泥混凝土、钢筋混凝土、碾压混凝土和连续配筋混凝土面层的计算厚度，可依据交通荷载等级、公路等级和变异水平等级，参照表 4-27 并通过计算确定。考虑混凝土路面表面在设计基准期(设计年限)内会因轮胎摩擦产生一定的磨耗量，设计厚度依据计算厚度加 6 mm 磨耗层后，按 10 mm 向上取整。

表 4-27 水泥混凝土面层厚度的参考范围

交通荷载等级	极重	特重				重			
公路等级	—	高速	一级		二级	高速	一级		二级
变异水平等级	低	低	中	低	中	低	中	低	中
面层厚度/mm	≥320	320~280	300~260	280~240			270~230	260~220	

交通荷载等级	中等				轻	
公路等级	二级		三级、四级		三级、四级	
变异水平等级	高	中	高	中	高	中
面层厚度/mm	250~220	240~210		230~200	220~190	210~180

钢纤维混凝土面层的厚度按钢纤维掺量确定，钢纤维体积率为 0.6%～1.0%时，其厚度为普通混凝土面层厚度的 0.65～0.75 倍。特重或重交通荷载时，其最小厚度为 180 mm。中等或轻交通荷载时，其最小厚度为 160 mm。

复合式路面的沥青混凝土上面层的厚度不宜小于 4.0 cm。水泥混凝土下面层的厚度通过结构分析计算确定。水泥混凝土下面层与沥青混凝土上面层之间应设置黏层。

为保证行车安全，混凝土路面表面必须采用拉毛、拉槽、压槽或刻槽等方法做表面构造，并达到构造深度的要求。

（三）接缝的构造与布置

水泥混凝土面层由一定厚度的混凝土板组成，混凝土板具有热胀冷缩的性质。由于一年四季气温的变化，混凝土板会产生不同程度的膨胀和收缩，如图 4-22 所示。而在一昼夜中，白天气温升高，混凝土板顶面温度较底面为高，这种温度坡差会造成板的中部隆起。夜间气温降低，板顶面温度较底面为低，会使板的角隅和四周翘起[见图 4-22(a)]。这些变形会受到板与基础之间的摩阻力和黏结力及板的自重和车轮荷载等的约束，致使板内产生过大的应力，造成板的断裂或拱胀等破坏。

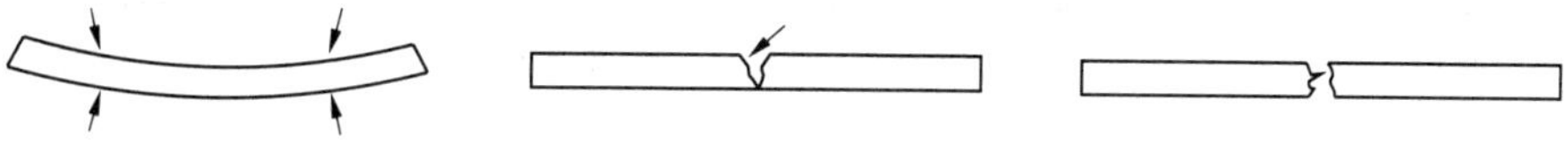

(a)由于温度坡差(梯度)引起的变形　(b)由于温度坡差(梯度)引起的开裂　(c)由于均匀温度下降引起板的断裂

图 4-22　混凝土受温度变化影响的形式

为避免这些缺陷，混凝土路面不得不在纵横两个方向设置许多接缝，把整个路面分割成许多板块(见图 4-23)。

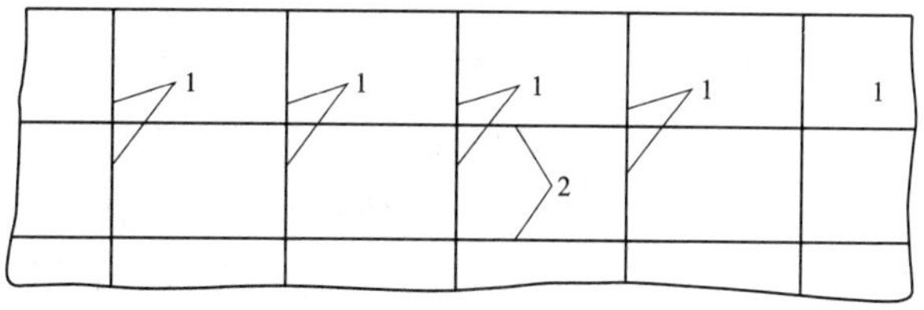

1—横缝(横向接缝)；2—纵缝(纵向接缝)。

图 4-23　路面接缝设置

任何形式的接缝处板体都不可能是连续的，其传递荷载的能力总不如非接缝处，而且任何形式的接缝都不免漏水。因此，对各种形式的接缝，都必须为其提供相应的传荷与防水的设施。

1. 横缝的构造与布置

横向接缝垂直于行车方向，共有三种：缩缝、胀缝、施工缝。缩缝保证板因温度和湿度的降低而产生收缩时不至于产生不规则裂缝。胀缝保证板在温度升高时能部分伸张，从而避免产生路面板在热天的拱胀和折断破坏，同时胀缝也能起到缩缝的作用。另外，混凝土每天完工及因其他原因不能继续施工时，应设置施工缝。施工缝应尽量施工在胀缝处，如不可能，也应施工在缩缝处。

(1)胀缝。常采用平缝形式,平缝也叫真缝。对于交通繁重的道路,为保证混凝土板之间能有效地传递荷载,防止形成错台,应在胀缝处板厚中央设置滑动传力杆(见图 4-24),并设置支架或其他方法予以固定。传力杆采用光面圆钢筋,尺寸及间距见表 4-28。在同一条胀缝上的传力杆,设有套筒的活动端最好在缝的两边交错布置。

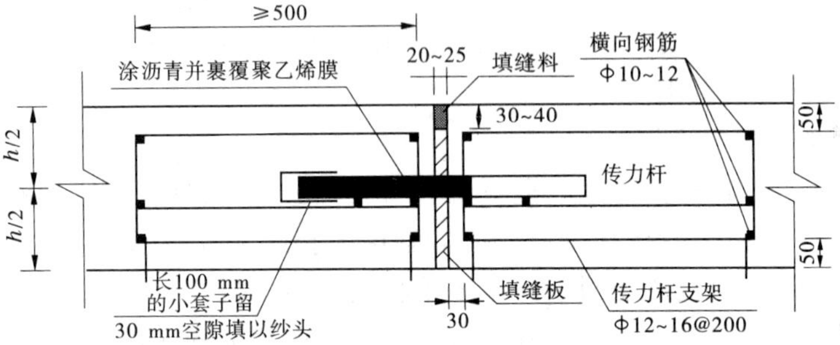

图 4-24 胀缝构造 (单位:mm)

表 4-28 传力杆尺寸及间距 单位:mm

面层厚度	直径	最小长度	最大间距
220	28	400	300
240	30	400	300
260	32	450	300
280	32~34	450	300
≥300	34~36	500	300

胀缝是混凝土路面的薄弱环节,它不仅给施工带来不便,同时容易由于施工不能满足要求而造成胀缝处的混凝土出现碎裂等病害。此外,胀缝还易引起行车跳动,其中的填缝料又要经常补充或更换,增加了养护的麻烦。因此,近年来,国内外修筑的混凝土路面均有减少或者不设胀缝的趋势。我国现行《公路水泥混凝土路面设计规范》(JTG D40—2011)规定,在邻近桥梁或其他固定构筑物处及与其他道路相交处应设置横向胀缝。设置的胀缝条数,视膨胀量大小而定。低温浇筑混凝土路面面板或选用膨胀性高的集料时,应酌情确定是否设置胀缝。胀缝宽宜为 20~25 mm,缝内设置填缝板和可滑动的传力杆。

但是,采用长间距胀缝或无胀缝路面结构时,需注意采取一些相应的措施,如增大基层表面的摩阻力,以约束板在高温或潮湿时伸长的趋势;在气温较高时施工,以尽量减小水泥混凝土板的胀缩幅度。

(2)缩缝。缩缝一般采用假缝形式[见图 4-25(a)],即只在板的上部设缝隙,当板收缩时,将沿此最薄弱断面有规则地自行断裂。由于缩缝缝隙下面板断裂面凹凸不平,能起一定的传荷作用,一般不必设置传力杆,但在特重和重交通道路、收费广场以及邻近胀缝或自由端部的三条缩缝,应加传力杆[见图 4-25(b)]。普通混凝土路面横向缩缝间距一

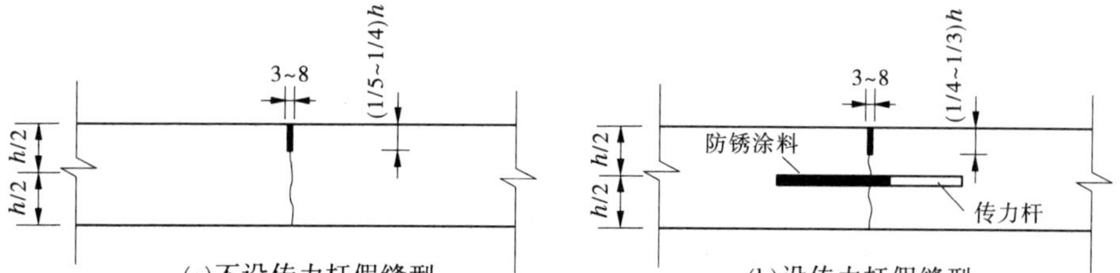

(a)不设传力杆假缝型　　(b)设传力杆假缝型

图 4-25　横向缩缝构造　(单位:mm)

般为 4~6 m(板长),碾压混凝土或钢纤维混凝土路面一般为 6~10 m,钢筋混凝土路面一般为 6~15 m。

当在胀缝或缩缝上设置传力杆时,最外边的传力杆距接缝或自由边的距离,应较传力杆间距小些,一般为 15~25 cm。

(3)横向施工缝。施工缝也叫工作缝。设在缩缝处的施工缝,应采用加传力杆的平缝形式,其构造如图 4-26 所示;设在胀缝处的施工缝,其构造与胀缝相同,如图 4-24 所示。

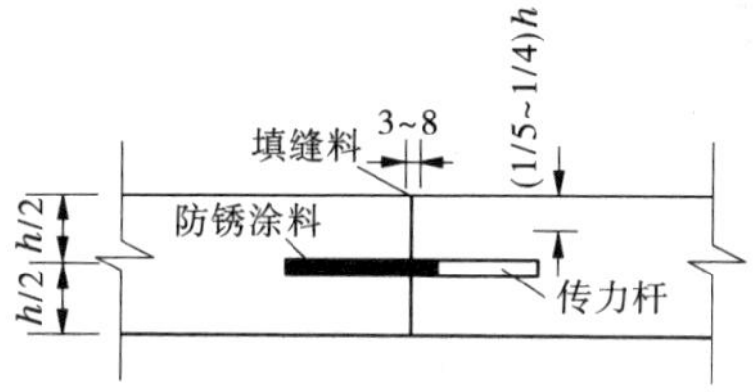

图 4-26　横向施工缝构造　(单位:mm)

2. 纵缝的构造与布置

纵缝是指与行车方向平行的接缝。纵缝一般分假缝和施工缝。纵缝间距一般按 3.0~4.5 m 设置,这对施工和行车都方便。当一次铺筑宽度大于 4.5 m 时,应增设纵向缩缝,纵向缩缝采用假缝形式。为了防止接缝两侧混凝土板被拉开而丧失缝下部的嵌锁作用,应设置拉杆(见图 4-27)。拉杆采用螺纹钢筋,拉杆尺寸及间距见表 4-29。其最外边的拉杆距横向接缝的距离不得小于 10 cm。一次铺筑宽度小于路面宽度时,应设置纵向施工缝,施工缝采用平缝形式,并应设置拉杆(见图 4-28),上部应锯切槽口,深度宜为 30~40 mm,宽度宜为 3~8 mm,槽内应灌塞填缝料。

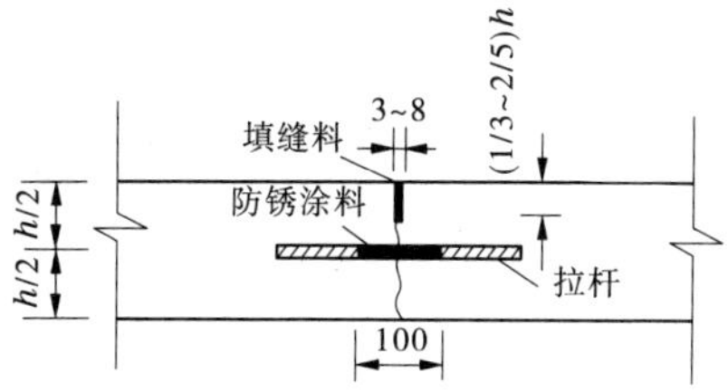

图 4-27　纵向缩缝构造　(单位:mm)

表 4-29　拉杆尺寸及间距

面层厚度/mm	到自由边或未设拉杆纵缝的距离/m					
	3.00	3.50	3.75	4.50	6.00	7.50
200～250	14×700×900	14×700×800	14×700×700	14×700×600	14×700×500	14×700×400
≥260	16×800×900	16×800×700	16×800×600	16×800×500	16×800×400	16×800×300

注:拉杆尺寸表示方法为直径×长度×间距。

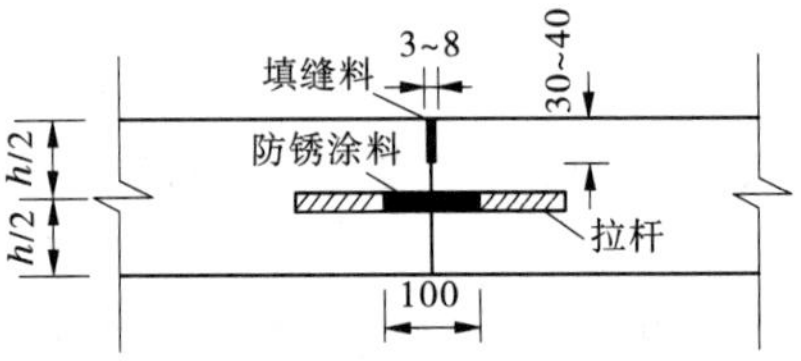

图 4-28　纵向施工缝构造　(单位:mm)

对多车道路面,应每隔 3～4 个车道设一条纵向胀缝,其构造与横向胀缝相同。当路旁有路缘石时,路缘石与路面板之间也应设胀缝,但不必设传力杆。

三、水泥混凝土路面的设计

水泥混凝土路面具有较高的力学强度,在车轮荷载作用下变形小,同时按照现行的设计理论,混凝土板工作在弹性阶段,也就是在计算汽车荷载作用下,板内产生的最大应力不超过混凝土的比例极限应力。当水泥混凝土板工作在弹性阶段时,基层和土基所承受的荷载单位应力及产生的变形也微小,它们也都工作于弹性阶段。同时,由于混凝土板与基层或土基之间的摩阻力一般不大,所以在力学图式上,可把水泥混凝土路面结构看作是弹性地基上的小挠度薄板,用弹性地基板理论进行分析计算。

因此,我国水泥路面设计规范规定,水泥混凝土路面结构分析采用弹性地基板理论。

(一)设计参数

1. 可靠度设计标准

各级公路水泥混凝土路面结构的设计安全等级及相应的设计基准期、目标可靠度指标与目标可靠度,应符合表 4-30 的规定。二级及二级以下公路路面结构破坏可能产生很严重的后果时,可提高一级安全等级。

表 4-30　可靠度设计标准

公路等级	高速	一级	二级	三级	四级
安全等级	一级		二级	三级	
设计基准期/年	30		20	15	10
目标可靠度/%	95	90	85	80	70
目标可靠指标	1.64	1.28	1.04	0.84	0.52

各安全等级路面的材料性能和结构尺寸参数的变异水平可分为低、中和高三级,应按

公路等级以及所采用的施工技术和所能达到的施工质量控制和管理水平,通过调研确定变异水平等级和相应的变异系数,高速公路、一级公路的变异水平等级宜为低级, 二级公路的变异水平等级应不大于中级。确有困难时可按表 4-31 规定的主要设计参数变异系数范围选择相应的变异系数。

表 4-31　变异系数 C_v 的范围

变异水平等级	低	中	高
水泥混凝土弯拉强度	$0.05 \leq C_v \leq 0.10$	$0.10 < C_v \leq 0.15$	$0.15 < C_v \leq 0.20$
基层顶面当量回弹模量	$0.15 \leq C_v \leq 0.25$	$0.25 < C_v \leq 0.35$	$0.35 < C_v \leq 0.55$
水泥混凝土面层厚度	$0.02 \leq C_v \leq 0.04$	$0.04 < C_v \leq 0.06$	$0.06 < C_v \leq 0.08$

2. 结构设计标准

水泥混凝土路面结构设计应以面层板在设计基准期内,在行车荷载和温度梯度综合作用下,不产生疲劳断裂作为设计标准;并以最重轴载和最大温度梯度综合作用下,不产生极限断裂作为验算标准。

3. 交通荷载等级

按疲劳断裂设计标准进行结构分析时,以 100 kN 单轴-双轮组荷载作为设计轴载,对极重交通荷载等级的水泥混凝土路面,宜选用货车中占主要份额特重车型的轴载作为设计轴载。水泥混凝土路面设计车道在设计基准期内所承受的设计轴载累计作用次数应进行调查和分析,按设计基准期内设计车道临界荷位处所承受的设计轴载累计作用次数分为 5 级,分级范围见表 4-32。

表 4-32　交通荷载分级

交通荷载等级	极重	特重	重	中等	轻
设计基准期内设计车道承受设计轴载(100 kN)累计作用次数 $N_e(10^4)$	$>1\times10^6$	$1\times10^6 \sim 2\ 000$	2 000~100	100~3	<3

4. 水泥混凝土设计强度

水泥混凝土的设计强度应采用 28 d 龄期的弯拉强度。各交通荷载等级要求的水泥混凝土弯拉强度标准值不得低于表 4-33 的规定。

表 4-33　水泥混凝土弯拉强度标准值

交通荷载等级	极重、特重、重	中等	轻
水泥混凝土的弯拉强度标准值/MPa	>5.0	4.5	4.0
钢纤维混凝土的弯拉强度标准值/MPa	>6.0	5.5	5.0

(二)我国水泥混凝土路面设计流程

考虑荷载应力和温度翘曲应力,综合疲劳损坏作用的混凝土面层厚度和板平面尺寸确定方法(见图 4-29),可遵循下述设计步骤:

(1)收集并分析交通参数——收集日交通量和轴载组成数据,计算设计基准期内设

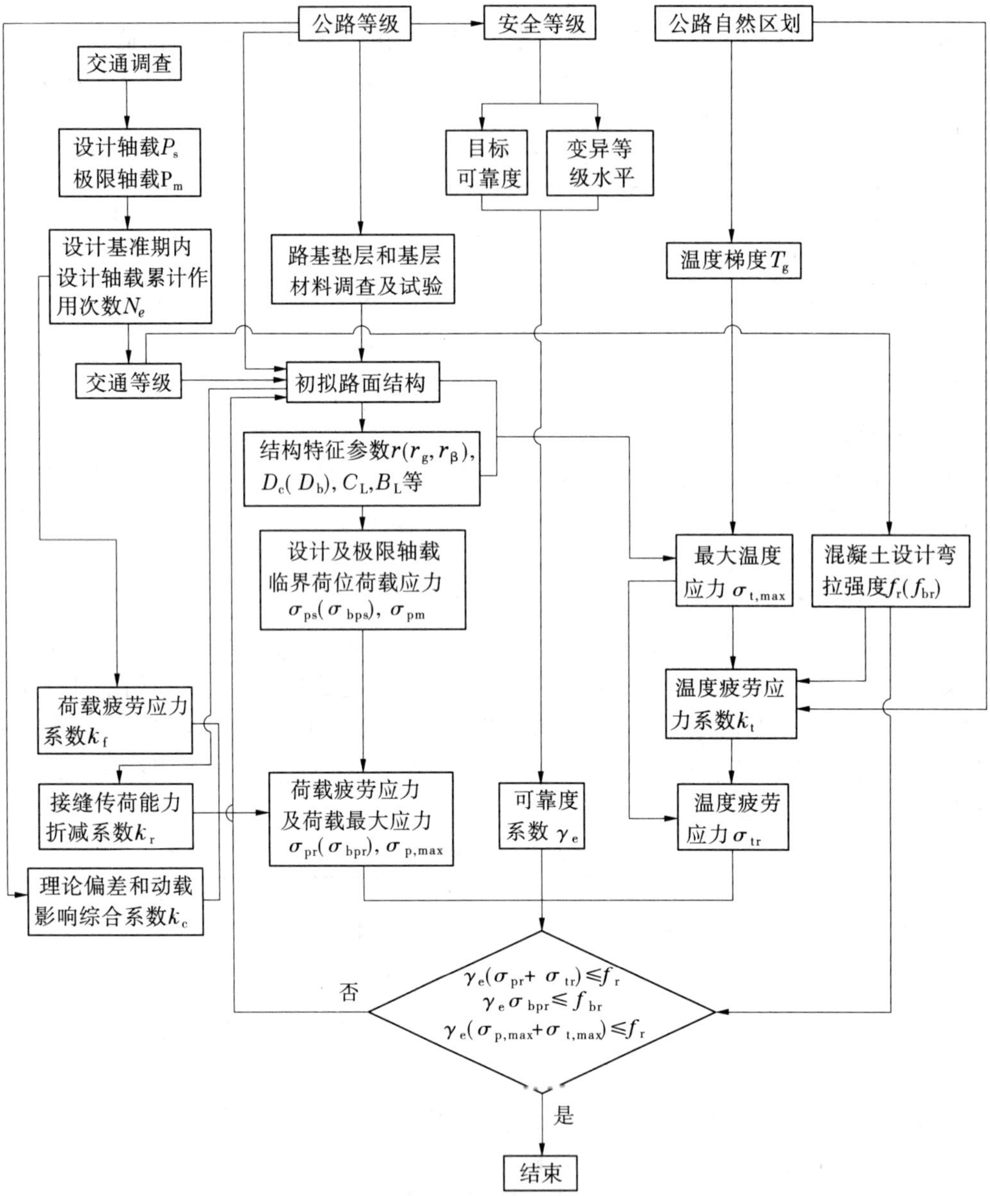

图 4-29　混凝土路面板厚度计算流程

计车道设计轴载累计作用次数,由此确定公路的交通等级,并确定安全等级、变异水平等级和可靠度系数。

(2)初拟路面结构——初选路面结构层次、类型和材料组成;拟订各结构层的厚度、面板平面尺寸和接缝构造,面板初估厚度根据表 4-27 进行选择,依据交通等级、公路等级和所选变异水平等级初选混凝土板厚度。

(3)确定材料参数——确定混凝土的设计弯拉强度和弹性模量,基层、垫层和路基的回弹模量或者测试旧沥青路面表面弯沉值,计算面板下地基顶面的当量回弹模量。

(4)参照图4-29所示的混凝土路面板厚度计算流程,分别计算混凝土面层板(单层板或双层板的面层板)的最重轴载产生的最大荷载应力、设计轴载产生的荷载疲劳应力、最大温度梯度产生的最大温度应力及温度疲劳应力。

(5)检验初拟路面结构——当荷载疲劳应力与温度疲劳应力之和与可靠度系数的乘积小于且接近于混凝土弯拉强度标准值时,同时最大荷载应力与最大温度应力之和与可靠度系数的乘积小于混凝土弯拉强度标准值时,初选厚度可作为混凝土板的计算厚度。若不符合检验条件,则重新拟订路面结构或板的尺寸,重新计算,直到满足要求。

贫混凝土或碾压混凝土基层或者双层板的下面层板,需计算其荷载疲劳应力,并检算荷载疲劳应力与可靠度系数的乘积是否小于其材料的弯拉强度标准值。

(6)若不能同时满足要求,则应改选混凝土面层板厚度或(和)调整基层类型或(和)厚度,重新计算,直到同时满足要求。

(7)计算厚度加6 mm磨损厚度后,应按10 mm向上取整,作为混凝土面层的设计厚度。

四、水泥混凝土路面施工

水泥混凝土路面主要的施工方法有小型机具施工、三辊轴机组施工、滑模摊铺机施工和碾压混凝土路面施工等。

(一)施工准备

1.一般规定

应充分了解并掌握设计要求,对施工现场及其附近的原材料、燃油、水资源储存及供应情况进行充分的调研,收集当地气候特征、中长期天气预报、无线通信条件等与施工相关的资料。根据标段施工条件、场地位置、沿线建筑物等情况,对现场施工便道、拌和站、钢筋加工场、生活与办公区等进行合理的总体布局。根据路面的设计与施工质量控制水平要求、工程规模、进度工期等条件,选择适宜的施工工艺、机械设备及其数量,制订施工方案和施工组织计划。对拌和楼(机)与滑模摊铺机操作手和各特种岗位人员进行培训。未经培训的人员不得上岗操作。制订拌和楼、发电(机)站、运输车、滑模摊铺机、沥青摊铺机、三辊轴机组等大型机械设备的安全操作规程,并在施工中严格执行。基层、封层或夹层应验收合格,并应测量校核平面和高程控制桩,恢复路面中心、边缘等全部基本标桩,测量精度应满足相应规范的规定。

2.原材料与设备检查

水泥混凝土路面原材料主要包括水泥、掺合料、粗集料、细集料、水、外加剂、钢筋、接缝材料、养护材料,对各种原材料,应将相同料源、规格、品种的原材料作为一个批次,按《公路水泥混凝土路面施工技术细则》(JTG/T F30—2014)规定的全部检测项目、检测频率和试验方法进行检测,检测合格并经配合比试验确认满足要求后,方可使用。不合格原材料不得进场。

施工前应对机械设备、测量仪器、基准线或模板、机具工具及各种试验仪器等进行全面检查、调试、校核、标定,并适量储备主要施工机械的易损零部件。

3. 路基沉降观测与基层检查修复

施工前应对桥头、软基、高填方、填挖方交界等处的路基段进行连续沉降观测，当发现局部路基段沉降尚未稳定时，不得进行该段面层施工。

面层施工前，应提供足够连续施工 7 d 以上的合格基层，并应严格控制表面高程和横坡。

4. 试验路段铺筑

二级及二级以上公路水泥混凝土面层施工前，应制订试验路段的施工方案和质量检测计划，并应铺筑试验路段。其他等级公路施工前宜铺筑试验路段。试验路段长度不短于 100 m，高速公路、一级公路宜在主线路面以外进行试铺。

(二)水泥混凝土拌和物搅拌与运输

应根据工程规模、施工工艺和日进度要求合理配备拌和设备。混凝土拌和物应在初凝时间之内运输到铺筑现场。拌和楼(机)出口混凝土拌和物的坍落度应根据铺筑最适宜的坍落度值加上运输过程中坍落度的经时损失值确定，并应根据运距长短、气温高低随时进行微调。当原材料、混凝土种类、混凝土强度等级等有变化时，应重新进行配合比设计及试拌，必要时应重新铺筑试验路段，合格后方可搅拌生产。

照片 4-6　水泥混凝土拌和站

1. 混凝土拌和

拌和站最小生产能力应满足表 4-34 的规定。

表 4-34　拌和站最小生产能力配置　　单位：m^3/h

摊铺宽度	滑模摊铺	碾压混凝土	三辊轴机组摊铺	小型机具摊铺
单车道 3.75~4.5 m	≥150	≥100	≥75	≥50
双车道 7.5~9 m	≥300	≥200	≥100	≥75
整幅宽≥12.5 m	≥400	≥300	—	—

施工单位应编制安全搅拌生产作业指导书，明确混凝土拌和物质量标准和安全拌和生产程序。拌和楼(机)机械上料时，在铲斗及拉铲活动范围内，人员不得逗留和通过。

拌和物出料温度宜控制在 10~35 ℃。拌和物应均匀一致。生料、干料、严重离析的拌和物，或有外加剂团块、粉煤灰团块的拌和物不得用于路面摊铺。一座拌和楼(机)每盘之间，各拌和楼(机)之间，拌和物的坍落度偏差应小于 10 mm。

除拌和楼(机)应配备砂(石)含水率自动反馈控制系统外，每台班应至少监测 3 次粗、细集料含水率，并根据集料含水率变化，快速反馈并严格控制加水量和粗、细集料用量。

拌和楼(机)的水泥、粉煤灰或矿渣粉罐仓除应防止拌和期间撒漏外，在水泥罐车输送水泥时，罐仓顶部应设置过滤布，不得使大量水泥粉或粉煤灰、矿渣粉从仓顶飞散入大气中。

2. 混凝土运输

混凝土的运输应保证到现场的拌和物具有适宜摊铺的工作性。

不掺加缓凝剂的混凝土拌和物从搅拌机出料到运抵现场的允许最长时间应符合表 4-35 的规定。不满足时,可采取通过试验调整缓凝剂的剂量等措施,保证到达现场的拌和物工作性满足要求。

表 4-35　混凝土拌和物出料到运抵现场允许最长时间

施工气温/℃	滑模摊铺/h	三辊轴机组摊铺、小型机具摊铺/h	碾压铺筑/h
5~9	1.5	1.20	1.0
10~19	1.25	1.0	0.8
20~29	1.0	0.75	0.6
30~35	0.75	0.40	0.4

运送混凝土的车辆装料前,应清洁车厢或车罐,洒水润壁,排干积水。混凝土运输过程中应防止漏浆、漏料和污染,防止拌和物离析。在车辆行驶和卸料过程中,当碰撞了模板或基准线时,应重新测量纠偏。

(三)小型机具施工

小型机具施工工艺是水泥混凝土路面施工方式中传统的施工方式。由于小型机具施工技术简单成熟,施工便捷,不需要大型设备,主要靠人工完成,所以一般用于三级、四级公路水泥混凝土面层的施工,不得用于隧道水泥混凝土面层与桥面铺装施工。

小型机具施工的工艺流程如图 4-30 所示。

1. 模板架设与拆除

采用三辊轴机组施工和小型机具施工时,均需要安装侧向模板。

公路混凝土路面板、桥面板和加铺层的施工模板应采用刚度足够的槽钢、轨模或钢制边侧模板,不应使用木模板、塑料模板等其他易变形的模板。

钢模板的高度应为面板设计厚度,模板长度宜为 3~5 m,需要设置拉杆时,模板应设拉杆插入孔。在小半径弯道,为了满足渐变段施工要求,可使用较短的模板。

模板应安装稳固、顺直、平整、无扭曲,相邻模板连接应紧密平顺,不得有底部漏浆、前后错茬、高低错台等现象。模板应能在承受摊铺、振实、整平设备的负载下行进、冲击和振动时不发生位移。严禁在基层上挖槽,嵌入安装模板。

模板安装检验合格后,与混凝土拌和物接触的表面应涂脱模剂或隔离剂,接头应粘贴胶带或塑料薄膜等密封。

当混凝土抗压强度不小于 8.0 MPa 时方可拆模。拆模不得损坏板边、板角和传力杆、拉杆周围的混凝土,也不得造成传力杆和拉杆松动或变形。模板拆卸宜使用专用拔楔工具,严禁使用大锤强烈拆卸模板。拆下的模板应将黏附的砂浆清除干净,并矫正变形或局部损坏。

2. 摊铺

混凝土拌和物摊铺前,应对模板的架设位置、精度、支撑稳固情况,传力杆、拉杆的安设等进行全面检查,并洒水润湿板底。应采用厚度标尺板全面检测板厚,与设计值相符方可开始摊铺。

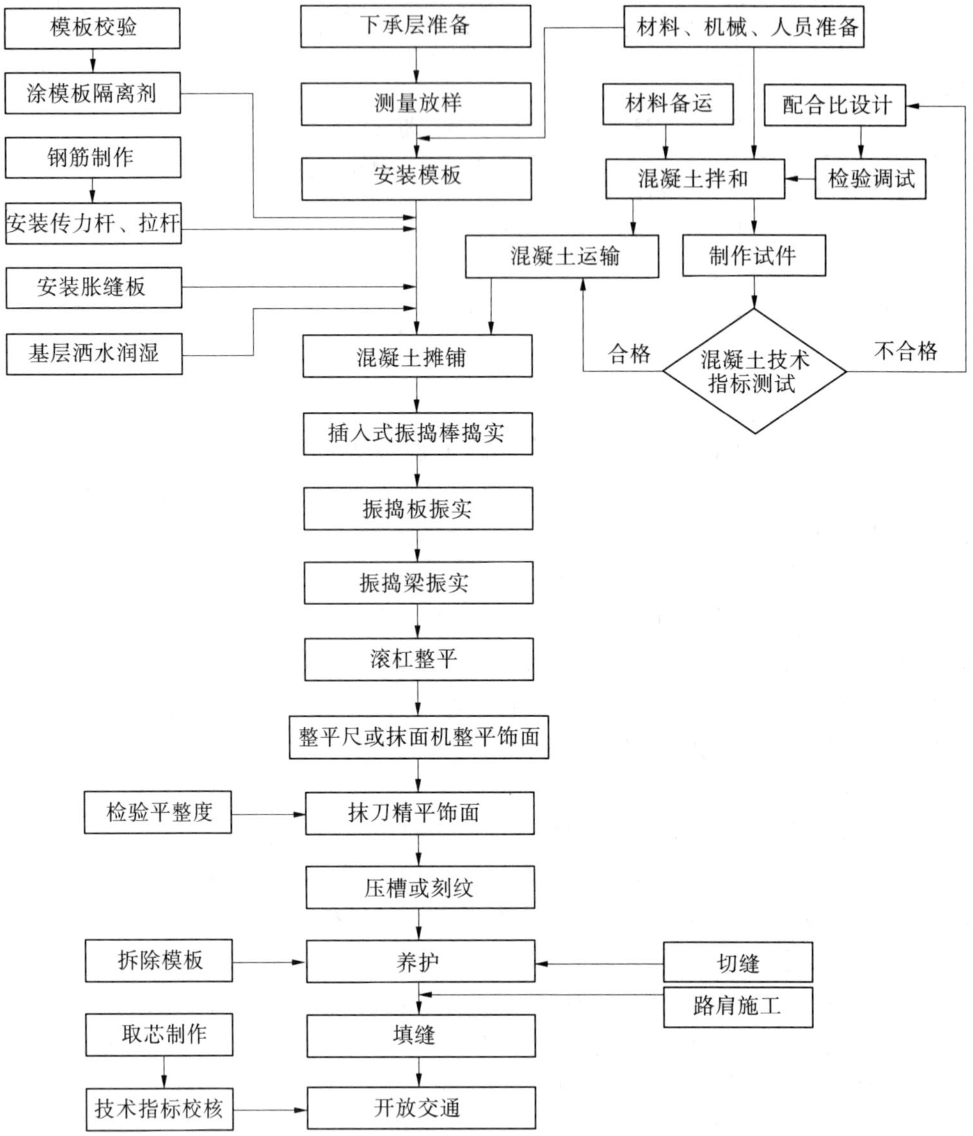

图 4-30　水泥混凝土路面小型机具施工工艺流程

卸料应均匀，专人指挥自卸车，尽量准确卸料。采用人工布料时，应用铁锹反扣，不得抛掷和楼耙。拌和物的坍落度宜控制在 5～20 mm。松铺系数宜控制在 1.10～1.25，坍落度高时取低值，横坡高侧取高值。

小型机具铺筑宽度不大于 4.5 m 时，铺筑能力不宜小于 20 m/h。小型机具摊铺如图 4-31 所示。

3. 振实

小型机具铺筑时，应依次使用振捣棒、振动板、振动梁三遍振捣密实。

(1)插入式振捣棒振实：在待振横断面上，每车道应配备不少于 3 根振捣棒，振捣棒的功率不应小于 1.1 kW，沿横断面连续振捣密实，板底、内部和边角不得欠振和漏振。振

图 4-31　小型机具摊铺

捣时,振捣棒应轻插慢提,不得在拌和物中平推或拖拉振捣。

(2)振动板振实:每车道应配备不少于 2 台振动板,振动板的功率不应小于 2.2 kW。每个振动板应由两名作业人员提拉振动,不得自由放置或长时间持续振动。振动板移位时,应重叠 100~200 mm,每处振动时间不应少于 15 s。

(3)振动梁振实:应配备 1 根振动梁,长度应比路面宽度每侧宽出 300~500 mm。振动梁上应安装 2 台附着式表面振动器,振动器功率不应小于 1.1 kW。振动板振实长度达到 10 m 后,可垂直路面中线纵向人工拖动振动梁,在模板顶面往复拖行 2~3 遍,使表面泛浆均匀平整。

4. 整平饰面

小型机具应采用滚杠、整平尺或抹面机三遍整平,直至面层无任何缺陷,平整度符合要求。

(1)滚杠整平:应在每个作业面配备 2 根整平滚杠,一根用于施工,另一根浸泡清洗备用。滚杠应支撑在模板顶面,用人工往返拖滚,拖滚遍数宜为 2~3 遍,第一遍应短距离缓慢拖滚或推滚,以后应较长距离匀速拖滚,并将水泥浆始终赶在滚杠前方。滚杠下有间隙的部位应及时找补,多余水泥浆应铲除。

(2)整平饰面:应待混凝土表面泌水基本完成后进行,采用 3 m 刮尺收浆饰面,纵横各 2~3 遍抄平饰面,直到表面平整度符合要求,表面砂浆厚度均匀。整平饰面也可采用叶片式或圆盘式抹面机进行,抹面机应按每车道路面不少于 1 台配备。饰面遍数宜为往返 1~2 遍。

(3)精平饰面:在抹面机完成作业后,应使用抹刀进行精平饰面。精平饰面包括清边整缝,清除黏浆,修补缺边、掉角等工作。当烈日暴晒或风大时,应加快表面的修整速度,或在防雨篷下进行。精平饰面后的面层表面应致密均匀,无抹面印痕,无露骨,平整度应达到要求, 并应立即进行保湿养护。

(四)三辊轴机组施工

三辊轴机组属于小型机具的改进形式,是将小型机具施工时的振动梁和滚杠合并安装在有驱动力轴的一台设备上,如图 4-32 所示。它具有横纵向整平、浅表层振实、压实和提浆功能,不具备将中、下层混凝土振捣密实的功能。

图 4-32　三辊轴机组施工

三辊轴机组铺筑工艺可用于二级及二级以下公路的水泥混凝土路面面层、桥面和隧道混凝土面层的施工,也可用于高速、一级公路硬路肩、匝道、收费广场边板、封闭式中央分隔带、弯道超高加宽段硬路肩及局部异形面板等的施工。

三辊轴机组铺筑水泥混凝土面层时,应按照支模、安装钢筋、布料、振捣、三辊轴整平、精平、养护、刻槽(拉毛)、切缝、填缝的工艺流程进行。

1. 设备选择与配套

三辊轴整平机应由振动辊、驱动辊和甩浆辊组成,材质应为三根等长度同直径无缝钢管,并具有足够的刚度和耐磨性。三辊轴整平机的技术参数应符合表 4-36 的要求,并应根据面层厚度、拌和物工作性和施工进度等合理选用。

表 4-36　三辊轴整平机的技术参数要求

轴直径/mm	轴速/(r/min)	轴长/m	轴质量/(kg/m)	行走速度/(m/min)	整平轴距/mm	振动功率/kW	驱动功率/kW	适宜整平路面厚度/mm
168	300	5~9	65±0.5	13.5	504	7.5	6	200~260
219	380	5~12	77±0.7	13.5	657	17	9	160~240

三辊轴机组铺筑水泥混凝土面层时,为了保证该工艺铺筑出各种混凝土结构层的整体密实度,在一般施工场合,常同时配备振捣棒、密集排列振捣棒的振捣机或其他辅助设备。

2. 布料

布料前须将基层清扫干净,并洒水润湿。卸料时应有专人指挥车辆均匀卸料。布料应与摊铺速度相适应,不适应时应配备适当的布料机械。按表 4-37 初选松铺系数,并根据铺筑效果最终确定。弯道横坡与超高路段的松铺系数,高侧宜取表中较高值,低侧宜取较低值。

表 4-37　不同铺筑坍落度时的拌和物松铺系数

铺筑坍落度/mm	10~30	30~50	50~70
拌和物松铺系数	1.2~1.25	1.15~1.20	1.10~1.15

3. 振捣

混凝土拌和物布料长度大于 10 m 时,可开始振捣作业。

振捣机振实后,料位应高于模板顶面 5~15 mm,局部坑洼不得低于模板顶面。过高时应铲除,过低时应及时补料。

4. 安装纵缝拉杆

面板振实后,应立即安装纵缝拉杆。

5. 三辊轴整平机作业

作业单元划分:三辊轴整平机按作业单元分段整平,作业单元长度宜为 10~30 m,施工开始或施工温度较高时,可缩短作业单元长度,最短不宜短于 10 m。振捣机振实与三辊轴整平两道工序之间的间隔时间不宜超过 15 min。

滚压方式与遍数:三辊轴整平机在一个作业单元长度内,应采用前进振动、后退静滚方式作业,最佳滚压遍数应经过试铺确定。

在三辊轴整平机作业时,应由专人处理轴前料位的高低情况,过高时,应辅以人工铲除,轴下有间隙时,应使用混凝土找补。

滚压完成后,将振动辊轴抬离模板,用整平轴前后静滚整平,直到平整度符合要求、表面砂浆厚度均匀。

6. 精平饰面

三辊轴整平机整平后,应采用 3~5 m 刮尺,纵、横两个方向进行精平饰面,纵向不少于 3 遍,横向不少于 2 遍。也可采用旋转抹面机密实精平饰面 2 遍,直到平整度符合要求。

7. 养护

饰面完成后,应立即开始保湿养护。

(五)滑模摊铺机施工

水泥混凝土路面滑模摊铺机施工工艺如图 4-33 所示。

1. 机械配备

1)滑模摊铺机

滑模摊铺机如图 4-34 所示。选择时应根据路面结构形式、路面板块划分等因素,并参考滑模摊铺机的性能确定。选用的滑模摊铺机的技术指标宜符合表 4-38 规定的基本技术参数要求。

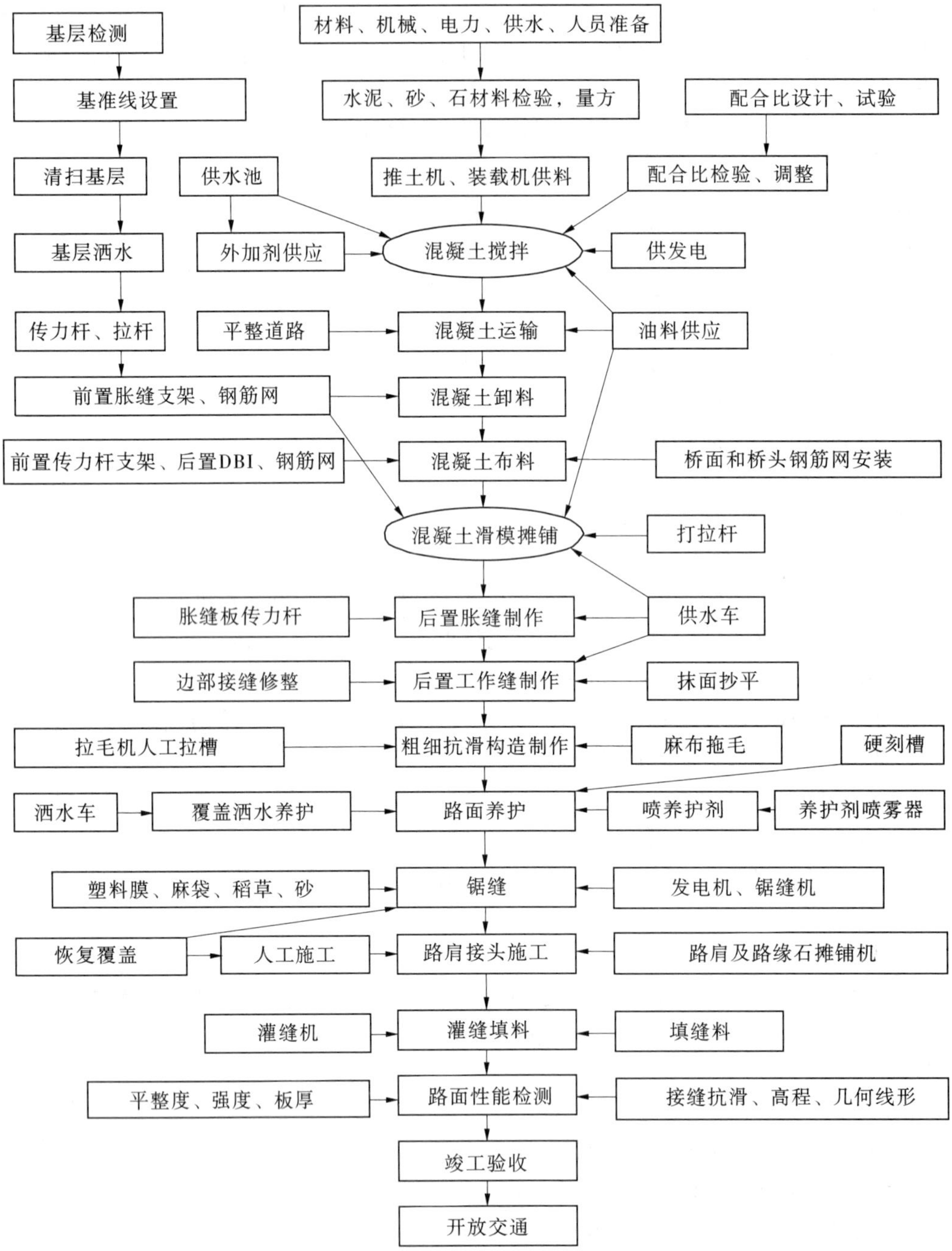

图 4-33　水泥混凝土路面滑模摊铺机施工工艺

图 4-34　滑模摊铺机

表 4-38　滑模摊铺机的基本技术参数

项目	发动机最小功率（kW）≥	摊铺宽度范围/m	摊铺最大厚度(mm)≤	摊铺速度范围/(m/min)	最大空驶速度[(m/min)]≤	最大行走速度[(m/min)]≤	履带个数/个
三车道滑模摊铺机	200	12.5~16.0	500	0.75~3.0	5.0	15	4
双车道滑模摊铺机	150	16.0~9.7	500	0.75~3.0	5.0	18	2~4
多功能单车道滑模摊铺机	70	2.5~6.0	400 护栏最大高度≤1 900	0.75~3.0	9.0	15	2~4
小型路缘石滑模摊铺机	60	0.5~2.5	450	0.75~2.0	9.0	10	2~3

高速公路、一级公路宜选配能一次摊铺不少于 2 个车道宽度的滑模摊铺机。二级公路路面的最小摊铺宽度不得小于单个车道的设计宽度。硬路肩宜选配可连体摊铺路缘石的中、小型多功能滑模摊铺机。

2) 布料机械

滑模摊铺水泥混凝土路面时，可配备 1 台挖掘机或装载机辅助布料。

3) 抗滑构造施工机械

可采用拉毛养护机或人工软拉槽制作抗滑沟槽。工程规模大、日摊铺进度快时，宜采用拉毛养护机。高速公路、一级公路宜采用刻槽机进行硬刻槽，其刻槽作业宽度不宜小于 500 mm。所配备的硬刻槽机数量及刻槽能力应与滑模摊铺进度相匹配。

4) 切缝机械

滑模摊铺混凝土路面的切缝，可使用软锯缝机、支架式硬锯缝机和普通锯缝机。配备的锯缝机数量及切缝能力应与滑模摊铺进度相适应。

2. 基准线设置

滑模摊铺面层前，应准确架设基准线。滑模摊铺高速公路、一级公路时，应采用单向坡双线基准线;横向连接摊铺时,连接一侧可依托已铺成的路面,另一侧设置单线基准线。滑模整体铺筑二级公路的双向坡路面时,应设置双线基准线,滑模摊铺机底板应设置为路拱形状。

基准线设置精度应符合表4-39的规定。

表4-39 基准线设置精度要求

项目	中线平面偏位/mm	路面宽度偏差/mm	面层厚度偏差/mm		纵断高程偏差/mm	横坡偏差/%	连接纵缝高差/mm
			平均值	极值			
规定值	≤10	≤+15	≥-3	≥-8	±5	±0.10	±1.5

基准线设置后,应避免扰动、碰撞和振动。多风季节施工,宜缩小基准线桩间距。架设完成的基准线,不得存在眼睛可见的拐点及下垂,并应逐段校验其顺直度及张紧度。

3. 布料

滑模摊铺机前的正常料位高度应在螺旋布料器叶片最高点以下,亦不得缺料。卸料、布料应与摊铺速度相协调。当坍落度在10~30 mm时,布料松铺系数宜控制在1.08~1.15。布料机与滑模摊铺机之间施工距离宜控制在5~10 m,现场蒸发率较大时,宜采用较小值。

4. 混凝土铺筑

水泥混凝土面层滑模摊铺机铺筑如图4-35所示。

图4-35 水泥混凝土面层滑模摊铺机铺筑

滑模摊铺机起步时,应先开启振捣棒,在2~3 min内调整振捣到适宜振捣频率,使进入挤压底板前缘的拌和物振捣密实,无大气泡冒出破灭,方可开动滑模摊铺机平稳推进摊铺。

在开始摊铺5~10 m内,应在铺筑行进中对摊铺出的路面高程、边缘厚度、中线、横坡度等参数进行复核测量,必要时可缓慢微调摊铺参数,保证路面摊铺质量满足表4-39规定的要求。

在摊铺过程中应随时调整松方高度控制板位置控制摊铺机进料,保证进料充足。起步时宜适当调高,正常摊铺时宜保持振捣仓内料位高于振捣棒顶面100 mm左右,料位高低波动宜控制在±30 mm以内。

滑模摊铺振捣频率应根据板厚、摊铺速度和混凝土工作性确定，以保证拌和物不发生过振、欠振或漏振。振捣频率可在 100～183 Hz 调整，宜为 150 Hz。可根据拌和物的稠度大小，采取调整摊铺的振捣频率或速度等措施，保证摊铺质量稳定。当拌和物稠度发生变化时，宜先采取调整振捣频率的措施，后采取改变摊铺速度的措施。

滑模摊铺应缓慢、匀速、连续不间断地作业。滑模摊铺速度应根据板厚、混凝土工作性、布料能力、振捣排气效果等确定，可在 0.75～2.5 m/min 选择，宜采用 1 m/min。滑模摊铺水泥混凝土面层时，严禁快速推进、随意停机与间歇摊铺。

5. 抹平板抹面

在滑模摊铺过程中应采用自动抹平板装置进行抹面。对少量局部麻面和明显缺料部位，应在挤压板后或搓平梁前补充适量拌和物，由搓平梁或抹平板机械修整。

6. 养护

抗滑纹理做完，应立即开始保湿养护。养护龄期不应少于 5 d，且混凝土强度满足要求后，方可连接摊铺相邻车道面板。

（六）碾压混凝土路面施工

碾压混凝土是利用沥青混凝土路面摊铺、碾压技术施工的一种水泥混凝土路面。它与普通水泥混凝土路面所用材料组成基本相同，均为水、水泥、砂、碎（砾）石及外掺剂，不同之处是碾压混凝土为用水量很少的特干硬性混凝土，比普通水泥混凝土路面节约水泥 30%～100%，且施工速度快，养护时间短，具有很好的社会经济效益。

碾压混凝土可用于二级、三级、四级公路混凝土面层与高速公路、一级公路复合式路面碾压混凝土下面层施工。

（七）面层接缝施工

水泥混凝土面层缩缝应使用切缝机按设计位置、深度、形状切割而成。横向施工缝应与其他横向接缝合并设置。

1. 纵缝施工

（1）纵向施工缝：当一次铺筑宽度小于路面和硬路肩总宽度时，应设纵向施工缝，其位置应避开轮迹带，并重合或靠近车道线，构造可采用平缝加拉杆形。采用滑模施工时，纵向施工缝的拉杆可用摊铺机的侧向拉杆装置插入。采用固定模板施工方式时，应在振实过程中从侧模预留孔中手工插入拉杆。

（2）纵向缩缝：当一次铺筑宽度大于 4.5 m 时，应采用假缝拉杆型纵向缩缝，即锯切纵向缩缝。纵缝位置应按车道宽度设置，并在摊铺过程中用专用的拉杆插入装置插入拉杆。

（3）钢筋混凝土路面、桥面和搭板的纵缝拉杆可由横向钢筋延伸穿过接缝代替。钢纤维混凝土路面纵向缩缝可不设拉杆，纵向施工缝应设拉杆。

（4）插入的侧向拉杆应牢固，不得松动、碰撞或拔出。若发现拉杆松脱或漏插，应在横向相邻路面摊铺前重新钻孔植入。当发现拉杆可能被拔出时，宜进行拉杆拔出力（握裹力）检验。

2. 横缝施工

（1）横向施工缝：每天摊铺结束或摊铺中断时间超过 30 min 时，应设置横向施工缝，其位置宜与胀缝或缩缝重合；确有困难不能重合时，施工缝应采用设螺纹传力杆的企口缝形式。横向施工缝应与路中心线垂直。横向施工缝在缩缝处采用平缝加传力杆形,在胀缝处其构造与胀缝相同。

(2)横向缩缝:普通混凝土路面横向缩缝宜等间距布置,不宜采用斜缝;不得不调整板长时,最大板长不宜大于 6.0 m,最小板长不宜小于板宽。在中、轻交通的混凝土路面上,横向缩缝可采用不设传力杆的假缝形。在特重和重交通公路、收费广场、邻近胀缝或路面自由端的 3 条缩缝应采用假缝加传力杆形。

3. 胀缝施工

胀缝用于释放面层累积的膨胀隆起变形量。胀缝的膨胀量取决于面层混凝土粗集料温缩系数、施工当时气温与来年最高温度的温差值,以及面层底部摩擦约束阻力。高温期施工的混凝土面层,在高温期膨胀量很小,因此可减少胀缝的设置。

4. 切缝

贫混凝土基层、各种混凝土面层、加铺层、桥面和搭板的纵、横向缩缝均应采用切缝法施工。切缝的方式有全部硬切缝、软硬结合切缝和全部软切缝三种,切缝方式的选用应由施工期间该地区路面摊铺完毕到切缝时的昼夜温差确定,宜参照表 4-40 选用。切缝时间应以切缝时不啃边为开始切缝的最佳时机,并以铺筑第 2 天及施工初期无断板为控制原则。切缝施工如图 4-36 所示。

表 4-40　当地昼夜温差与缩缝适宜切缝方式、时间与深度参考表

昼夜温差/℃	缩缝切缝方式与时间	缩缝切割深度
<10	硬切缝:切缝时机以切缝时不啃边即可开始,纵缝可略晚于横缝,所有纵、横缩缝最晚切缝时间均不得超过 24 h	缝中无拉杆、传力杆时,深度为 1/3~1/4 板厚,最浅 60 mm;缝中有拉杆、传力杆时,深度为 1/3~2/5 板厚,最浅 80 mm
10~15	软硬结合切缝:每隔 1~2 条提前软切缝,其余用硬切缝补切	硬切缝深度同上。软切深度不应小于 60 mm;不足者应硬切补深到 1/3 板厚,已断开的缝不补切
>15	软切缝:抗压强度为 1~1.5 MPa,人可行走时开始软切。软切缝时间不应超过 6 h	软切缝深度不应小于 60 mm,未断开的接缝,应硬切补深到≥2/5 板厚

图 4-36　切缝施工

5. 灌缝

混凝土板养护期满后,应及时灌缝。灌缝施工如图 4-37 所示。

图 4-37　灌缝施工

1) 清缝

应先采用切缝机清除接缝中夹杂的砂石、凝结的泥浆等,再使用压力大于或等于 0.5 MPa 的压力水和压缩空气彻底清除接缝中的尘土及其他污染物,确保缝壁及内部清洁、干燥。缝壁检验以擦不出灰尘为灌缝标准。

2) 配填缝料

使用常温聚氨酯和硅树脂等填缝料时,应按规定比例将两组分材料按 1 h 灌缝量混拌均匀后使用。使用加热填缝料时应将填缝料加热至规定温度。加热过程中应将填缝料融化,搅拌均匀,并保温使用。

3) 灌缝的形状系数

灌缝的形状系数(灌缝槽的深宽比)宜控制在 2 左右,灌缝深度宜为 15~20 mm,最浅不得小于 15 mm。先挤压嵌入直径 9~12 mm 多孔泡沫塑料背衬条,再灌缝。灌缝顶面热天应与板面齐平;冷天应填为凹液面,中心低于板面 1~ 2 mm。填缝必须饱满、均匀、厚度一致,并连续贯通,填缝料不得缺失、开裂和渗水。

4) 填缝料的养护与保护

常温施工式填缝料的养护期,低温期宜为 24 h,高温期宜为 10 h。加热施工式填缝料的养护期,低温期宜为 2 h,高温期宜为 6 h。在灌缝料固化期间应封闭交通。

(八) 抗滑构造施工

各级公路行车道与超车道面层表面应制作细观抗滑纹理和宏观抗滑构造,不得遗留光滑的表面。纹理和构造深度应均匀一致,耐磨抗冻,不影响路面和桥面的平整度。

1. 软拖细观构造施工

摊铺完毕或精整平表面后,宜使用钢支架拖挂 1~3 层叠合麻布、帆布或棉布,洒水湿润后作拉毛处理。布片接触路面的长度以 0.7~1.5 m 为宜,细度模数偏大的粗砂,拖行长度取小值;砂较细,取大值。人工修整表面时,宜使用木抹,如图 4-38 所示。用钢抹修整过的光面,必须再拉毛处理,以恢复细观抗滑构造。

2. 软拉宏观构造施工

当日施工进度超过 500 m 时,抗滑沟槽制作宜选用拉毛机械施工,没有拉毛机械时,可采用人工拉槽方式。在混凝土表面泌水完毕 20~30 min 内应及时进行拉槽。拉槽深度

图 4-38　人工抹面、拉毛

应为 2~4 mm,槽宽 3~5 mm,槽间距 1~25 mm。可施工等间距或非等间距抗滑槽,为减小噪声宜采用后者。衔接间距应保持一致。

3. 硬刻槽施工

特重和重交通混凝土路面宜采用硬刻槽,凡使用圆盘、叶片式抹面机精平后的混凝土路面、钢纤维混凝土路面必须采用硬刻槽方式制作抗滑沟槽。硬刻槽施工如图 4-39 所示。

图 4-39　硬刻槽施工

极重、特重和重交通荷载等级公路水泥混凝土面层应采用刻槽法制作宏观抗滑构造。中、轻交通荷载等级公路水泥混凝土面层可使用拉槽法制作宏观抗滑构造。

(九)路面养护

混凝土路面铺筑完成或软作抗滑构造完毕后应立即开始养护,以确保混凝土表面始终处于潮湿状态。

机械摊铺的各种混凝土路面、桥面及搭板宜采用喷洒养护剂的同时保湿覆盖的方式养护。在雨天或养护用水充足的情况下,也可采用覆盖保湿膜、土工毡、土工布、麻袋、草袋、草帘等洒水湿养护方式。

实测混凝土强度大于设计强度的 80%后,可停止养护。

本章小结

路面是在路基顶面的行车部分用各种混合料铺筑而成的层状结构物。路面按照各个层位功能的不同，划分为面层、基层、底基层和必要的功能层。

面层是路面结构最上面的一个层次，同其他层次相比，面层应具备较高的结构强度，抗变形能力，较好的水稳定性和温度稳定性，而且应当耐磨，低透水；其表面还应有良好的抗滑性和平整度。沥青路面的设计工作分为结构设计和厚度计算两大部分，只有路面结构设计工作获得正确的成果，在此基础上进行厚度计算才是有意义的。

基层是直接位于沥青路面面层下的主要承重层，或直接位于水泥混凝土面板下的结构层；底基层是在沥青路面基层下铺筑的次要承重层或在水泥混凝土路面基层下铺筑的辅助层。基层类型有沥青混合料、沥青稳定土、各种集料基层及采用无机结合料稳定集料或稳定土类。

热拌沥青混合料适用于各种等级公路的沥青路面，是由矿料与沥青在热态下拌和而成的混合料的总称。热拌沥青混合料路面通常采用厂拌法施工，施工过程可分为沥青混合料拌制、运输、摊铺及碾压成型等几个阶段。

水泥混凝土路面是指用水泥混凝土作面层的路面结构，也称刚性路面。水泥混凝土面层应具有足够的强度和耐久性，表面应抗滑、耐磨、平整。水泥混凝土面层由一定厚度的混凝土板组成，混凝土板具有热胀冷缩的性质，会产生不同程度的膨胀和收缩。为避免这些缺陷，混凝土路面不得不在纵横两个方向设置许多接缝，把整个路面分割成许多板块。水泥混凝土路面主要的施工方法有小型机具施工、三辊轴机组施工、滑模摊铺机施工和碾压混凝土路面施工等。

复习思考题

1. 什么是路面？对路面的基本性能有哪些要求？
2. 路面结构分哪几层？各有什么功能？
3. 按力学特性，路面分为几种类型？如何确定？
4. 路面的等级如何划分？各适用于哪些公路等级？
5. 路面基层和底基层是如何进行分类的？
6. 什么是无机结合料稳定类基层？其特点是什么？常见的无机结合料稳定类基层有哪些？
7. 什么是水泥稳定土？其强度形成的原理是什么？
8. 沥青路面的损坏模式都有哪些？
9. 路面结构验算的设计控制指标都有哪些？
10. 简述沥青路面结构验算的流程。
11. 沥青路面施工前的准备工作有哪些？
12. 什么是沥青表面处治？简述沥青表面处治的施工程序和技术要求。

13. 什么是沥青贯入式路面？简述沥青贯入式路面的施工程序和技术要求。
14. 沥青混合料配合比设计前后如何检验混合料的使用性能？
15. 沥青混合料运输时如何防止离析？
16. 沥青混合料摊铺时如何控制质量？
17. 简述沥青混合料压实程序与质量控制要点。
18. 简述沥青混凝土路面接缝处理方法。
19. 什么是水泥混凝土路面？水泥混凝土路面都有哪些形式？
20. 水泥混凝土路面的优缺点各是什么？
21. 水泥混凝土面层设置接缝的原因是什么？
22. 简述水泥混凝土路面的设计流程。
23. 水泥混凝土拌和物运输时的要求有哪些？
24. 简述三辊轴机组和小型机具的特点和适用条件。
25. 简述三辊轴机组铺筑水泥混凝土面层程序与质量控制要点。
26. 简述滑模摊铺机的分类和适用的最大摊铺厚度。
27. 滑模摊铺机铺筑水泥混凝土面层时如何控制质量？
28. 简述水泥混凝土路面接缝处理方法。
29. 水泥混凝土抗滑构造施工细观纹理、宏观纹理各有哪些处理方法？

参考文献

[1] 中华人民共和国行业标准. 公路工程技术标准:JTG B01—2014[S]. 北京:人民交通出版社,2014.
[2] 中华人民共和国行业标准. 公路路线设计规范:JTG D20—2017[S]. 北京:人民交通出版社,2017.
[3] 中华人民共和国行业标准. 城市道路工程设计规范:CJJ 37—2012[S]. 北京:中国建筑工业出版社,2016.
[4] 中华人民共和国行业标准. 公路路基设计规范:JTG D30—2015[S]. 北京:人民交通出版社,2015.
[5] 中华人民共和国行业标准. 公路路基施工技术规范:JTG/T 3610—2019[S]. 北京:人民交通出版社,2019.
[6] 中华人民共和国行业标准. 公路沥青路面设计规范:JTG D50—2017[S]. 北京:人民交通出版社,2017.
[7] 中华人民共和国行业标准. 公路沥青路面施工技术规范:JTG F40—2004[S]. 北京:人民交通出版社,2004.
[8] 中华人民共和国行业标准. 公路路面基层施工技术细则:JTG/T F20—2015[S]. 北京:人民交通出版社,2015.
[9] 中华人民共和国行业标准. 公路水泥混凝土路面设计规范:JTG D40—2011[S]. 北京:人民交通出版社,2011.
[10] 中华人民共和国行业标准. 公路水泥混凝土路面施工技术细则:JTG/T F30—2014[S]. 北京:人民交通出版社,2014.
[11] 中华人民共和国行业标准. 公路土工试验规程:JTG 3430—2020[S]. 北京:人民交通出版社,2020.
[12] 才西月. 道路勘测设计[M]. 北京:人民交通出版社,2017.
[13] 凌天清. 道路工程[M]. 4 版. 北京:人民交通出版社,2019.
[14] 赵毅,李中秋. 路面施工技术[M]. 北京:人民交通出版社,2016.
[15] 张金水,张廷楷. 道路勘测与设计[M]. 3 版. 上海:同济大学出版社,2015.
[16] 徐金良,等. 道路勘测设计[M]. 5 版. 北京:人民交通出版社,2019.